查無此史

奧托・英格利希——著　吳盈慧——譯

哥倫布沒有發現新大陸？

印度其實沒有咖哩？

西班牙人沒有滅掉阿茲特克？

深度尋訪歷史上最「偉大」的謊言與真實

歷史裡的一顆棋

我的外祖父母單靠著長壽，就成為「從另一個時代來的」時空旅者。

約在一九七〇年代末期到一九八〇年初期的這段時間，我開始對外祖父母有了認識，但那時兩人都已相當年邁。兩位老人家一直都住在一間有兩間臥房的維多利亞式房屋裡，地點是在史丹佛郡（Straffodshire）的一處地坑莊（pit village，工業革命時圍著礦坑發展的村莊）街上。其實，兩位老人家都是在上個世紀的時候，在這個村莊出生長大。

外祖父母的屋子可說是通往另一個年代的路口，屋子的前廳裡擺滿一九四〇年代，各種準備在特殊場合（但這一天一直沒有到來）拿出來使用的實用傢俱[1]。兩人選擇住在後面燈光昏暗的房間裡，這房間裡的壁爐沒有熄滅過，外頭的風老是吹著窗戶嘎嘎作響，而窗外望去可見到花園和遠方的山谷。

1 utility furniture，二戰過後英國為解決資源短缺所推出的傢俱計畫，只有新婚或是特殊狀況者才能取得的傢俱。

這間屋子沒有電話、沒有中央暖氣系統，兩位老人家一生幾乎都沒用過熱的自來水。他們在廚房一個小小的煤油火爐上準備菜餚，還是在阿姨的堅持之下，才在一九七〇年代初期安裝一間廁所。非常明顯，這對老夫妻對新科技的發明心存疑惑。

每當只有前院柵門擺動打開之際，才會打破兩位老人家的僻靜生活。這聲響表示有鄰居來訪，或是孫子來了，又或是每天上午來照料外婆潰傷的護士到了。

一九七〇年代晚期的某個時間點，外婆的雙腿就不再聽使喚，狹小的房間裡龐然塞入一張病床。外婆可以坐在病床上招呼訪客，但自從開始臥床以來，她老人家的身體卻越來越虛弱。

外公和外婆是有些興趣愛好，外公喜歡看諾曼．溫斯頓（Norman Wisdom）出演的作品，而外婆喜歡聊天講話，就這些了。

他們每天都會把《每日快報》（Daily Express）拿進屋裡，當時它依舊是一份全開新聞報紙，但他們好像從來都不會打開翻讀。那時候我也還小，未曾注意到兩位老人家是否有在談論政治，又或者他們其實是不談政治的。

後面昏暗的房間角落裡，擺了一台黑白電視，也是兩位老人家點頭接受的唯一一樣現代物品。旁邊還有兩台收音機和耳機，但自從電視進屋後它們就未曾再次打開使用過，成為逝去的世紀所遺留下來的電子廢棄物。

母親每年都會開車載著我和姊姊北上拜訪外祖父母，在見到外祖父母的興奮過去後，無聊感很快就會找上我們。前院有一座小矮牆，我和姊姊會在那裡上下亂跳，另外我們也喜歡甩弄嘎吱作響的柵門。除了那台電視之外，外祖父母家的趣味玩樂很有限，而且他們其實也不常打開電視。

有時我會溜進氣氛有一點詭異的前廳，拿起在角落積灰塵的百科全書閱讀。一次，我偶然看到外公放在玻璃杯裡的牙齒，因為沒見過這玩意兒，還以為是什麼新奇的玩具，隨手拿起來把玩揮舞，直到有人制止才放下。

這屋子裡唯一有趣的東西是那把來福槍，至少我這位十歲男孩是被它給深深吸引住了。這把槍就擱在後面房間的書桌後方，正好是我搆不著的位置，但外公不僅拿得到，還常拿在手上擺弄。我哀求要近距離看看這把槍，最好還可以讓我拿一下，更希望有人可以告訴我這把槍的用途。但每當我開口問的時候，大家都一陣沉默，然後就被岔開話題了。

如同其他生長在一九七〇年代的男孩，我小的時候也非常著迷於兩樣東西：《星際大戰》和真的戰爭。除了玩具手槍和公仔，我也會拿姊姊的曲棍球桿當作光劍來玩，還會看「軍人」漫畫，像是《戰神》（Warlord）和《決戰司令》（Commando），這兩本都是在講述英國人打倒邪惡德國人的豐功偉業。我很驕傲我的爸爸曾參與過二次世界大戰，但更自豪我的外公打過一次世界大戰且還活著回來。

也因為這樣，只要發現我真得很無聊的時候，母親就會建議外公：「爸，跟他講講戰爭的故事吧！」

然後，外公便會假裝是聽到媽媽的建議，拿來一張他身穿蘇格蘭裙制服和戴著帽子的照片，相當年輕、俊挺，跟九十歲的他差距很大。在我面前的他，穿的是讓菸斗燙出好幾個洞的針織外套，是努力想要和孫子有些互動的老人家。

一開始是想要讓我不會覺得無聊，所以外公開始講述他是如何入伍，和前往戰場的過程。講到泥濘、壕溝、聲響、朋友這些地方的時候，外公總是滔滔不絕。有時還會拿出一本聖經，裡頭記錄著每一場他參與過的戰役：伊普爾之役（Ypres）、索穆河之役（Somme）、維米嶺之役（Vimy Ridge），另有寫下離他而去的朋友姓名。

外公越講越多，聲音變地越來越有氣無力，眼眶也開始泛紅。再沒多久——我太榮幸了——外公就會開始哭泣，這時坐在病床上的外婆察覺到異狀，就會開始大聲嘟囔。

「他又在講戰爭的事情嗎？真是該死的好戰傢伙！馬丁，不要再講戰爭的事情了！沒有人想聽！」諸如此類可以達到同樣目的的字眼。

這尷尬的氣氛一出現，我就會逃離現場，留下母親安撫外祖父母，然後跟姊姊跑到前院，邊玩著柵門，邊想著到底是怎麼一回事。

有件事情可以確定的，那就是外公的故事跟漫畫裡講的不一樣，跟《戰神》裡畫的完全都不一樣。老實說，我是有幾分失望的。我沒有興趣知道外公的好兄弟、那些泥濘和蝨子，我只想聽赤手空拳的打鬥場面，以及開槍射殺的場景，又或者是否有和阿道夫・希特勒打個照面之類的——你懂的——就是成名前的素人希特勒。

每個人都曉得戰爭非常有趣，但是外公每次談到戰爭的時候，好像就只會開始哭，然後掉淚。

一九八五年的冬天，外婆過世了，之後沒幾週外公也跟著離開。最終，爸媽買下這間舊屋，重新整修一番。拆掉兩間客廳的隔間，重做廚房，安裝中央暖氣系統，並在二樓加建一間廁所。很快地，外祖父母家遺留下來的，只剩下火爐上方的柚木壁爐架，和火爐右方的一處補丁，但被外公倚靠七十多年後，亮光漆已被抹去。

外祖父母離開人世後，阿姨和舅舅甚至我媽終於鬆口開始談論兩位老人家的事。就各方面來說，外公並非我想的那樣，不是一直都是位和藹的老人。早些年的時候，外公的脾氣很火爆，有次和同鄉吵架之後，就直接把對方綁在樹上。

沒有人敢鬆綁這個可憐的傢伙，當晚一整夜都可以聽到這個人嗚咽的抽泣聲：「馬丁、馬丁啊！拜託放我走吧！」這段故事真得很奇特，還深深影響了母親，因為母親總是不斷地一再講上這一段。

外公還非常討厭德國人，那程度是幾近神經質般的厭惡。二次大戰結束之際，十多歲的阿姨結交在附近農場工作的德國戰犯，被外公發現後，阿姨的頭髮就被剃光了！

「他這個人真得很可怕！」阿姨說道：「我們都很怕他。」

外公的謀生方式這點，大家都不是很清楚。母親很喜歡講好的故事，但這方面卻沒有什麼故事可以說。母親的故事版本是這樣的，她的父親繼承一座小農場，變賣後得到一小筆錢，沒多久這筆錢就被揮霍掉了；接著，外公去挖了好一陣子的煤礦，但後來也沒成就什麼大事，成天就窩在酒吧裡喝酒、憂心戰爭的事。

到了一九三〇年代，外公蓋了間空襲避難所，而且一直到一九六〇年代，都還持續不斷往裡頭囤積食物罐頭，為的就是要預防蘇聯人或德國人——又或是其他人——來攻擊。

外公參戰的經歷讓全家人感到驕傲，這乃是勇敢無畏的事蹟呀！這一大段參戰故事的開端是外公和外曾祖父吵架，離家跑去加入英雄氣概十足的「阿蓋爾與薩瑟蘭高地軍團」（Argyll and Sutherland Highlanders），而且還是透過「親戚關係」才順利加入的軍團。外公在戰地壕溝裡度過四年時間，終於搭上「最後一艘船」返鄉，一回到家鄉的農場，便在大門階梯上倒進外曾祖母的懷裡。

家庭這玩意兒，就跟後續章節會談論的一樣，皆有美化家族歷史的傾向，常愛誇大其辭、捏造內容。我小的時候，有好幾年都很愛往外公的這段往事裡頭挑毛病，問到我母親都不耐煩了。

「一九一八年的最後一艘船？什麼最後一艘船？那時候戰爭早就結束了啊！為什麼還會有最後一艘船？」

＊＊＊

十年前，母親病倒，我們不得不賣掉這間舊房。老屋的抽屜裡塞滿了記載每段人生故事的信件和雜物，在清理的過程中，我發現一疊已故舅舅詳細記錄外公參戰經過的文件。母親把這些資料收了起來，未曾開啟、也不曾讀過。這疊文件裡，全都是外公參戰的經歷真相。比起穿上蘇格蘭裙的帥氣農村小伙子，為了國王和國家赴戰場打仗的那段童話故事，這裡頭的真相實在是黑暗許多。

外公的確和阿蓋爾軍團有些關係，但從來就不隸屬於那支知名高地軍團，那是一支歷史悠久、富有戰鬥榮耀的軍團。事實上，外公隸屬於機關槍兵團（Machine Gun Corp），西方戰線（Western Front）的殺人魔，是釀成孤兒、寡婦、家破人亡的罪魁禍首；因為這支兵團在一次大戰裡槍殺了無數的生命。

外公，顯然曾經殺了很多很多人。

機關槍兵團的主要工具是維克斯機關槍（Vickers machine gun），可謂是助長謀殺產業化的裝置。這把機關槍每分鐘可發射五百發子彈，射程超過四千公尺。凡進到射程內者，皆會被擊成肉塊。

該軍團又名「自戕部隊」（The Suicide Club），因為機關槍兵團的傷亡士兵數量，總是高居不下。狙擊手的子彈總是特別針對機關槍兵團，這得歸咎於他們是西方戰線上最惹人憎恨的兵團——至少敵軍是這麼看待他們的。所有的部隊之中，這支兵團的傷亡人數算是相當慘烈，每三人就會有一位被殺或身負重傷。要是被抓了，也甚少有人可以活著到戰俘營區。

一邊翻查著文件記錄，一邊覺得越來越明朗了。外公的憤怒與哀傷，想讓十歲男孩也記得他逝去友人的姓名，以及那無法取得任何意義的挫敗——到底，意義何在呢？外公打從心底憎恨德國人，徹底無法忍受女兒與德國人往來，便把人綁在樹上——是戰時常見的懲罰方式。他也會在火爐前落下眼淚，那時的他只是努力的想講個外孫想聽的故事，但最後還是講了孩提時的我不感興趣的內容。

非常明顯，外公當時患上了創傷後壓力症候群。

＊＊＊

親身經歷過大戰的成年人現在都已經離開人世。過往發生的事件撕裂了外公平靜的心，也造就了數個因為外公而起偏見的人生，而且握有這些事件第一手資訊的人也都已經不在了。

不過，就算只剩下第二手大戰的相關記憶，仍是有未曾參與大戰的人想要了解戰爭細節，以利進一步陳述事件的始末。

在這樣的過程之中，外公和數百萬計跟他一樣的人，不再是這些事件裡的平民。這群人同時被解讀為英雄和犧牲者，他們的生命與身上的傷疤都已被緩減、美化、挪用，甚至在他們死後被拿去打另一場戰鬥。

而且，許多歷史上的「大人物」的角色也被大肆誇大。描述為「偉人」可以守住歐美城市各角落裡放置的雕像，持續讓我們大多數人都知曉過去發生的事情。現代民粹主義的政治人物希望能維持現狀，堅持認為雕像是「歷史」，而會質疑雕像就是想要「抹滅」歷史——講得好像是一堆大理石像和黃銅像便可以定義歷史似的。

我們後續會再來探討這類莫名其妙的自負言論，不過民粹人士鼓吹的是「只管接受不提問」，以及錯誤的陳述內容，這兩點正是揭穿虛構歷史的關鍵，也是本書的主題。

雕像並非是不具殺傷力的工藝品，倒是刻意製作出來支持某些論點的作品。該論點認為所有的歷史和其相關事蹟，都歸屬精心挑選出來的族群，而且族群成員絕大多數都是男性。

在這樣的過程之中，大多數人都會被忽略掉，而最為明顯的就是：歷史把女性忽視到逼近徹底的地步。

我很慚愧，因為我不曾開口讓我的麗茲外婆給我講講她的故事。小的時候，我就是沒感興趣知道她的故事。外婆是我母親的媽媽，我那位從戰場上退役外公的妻子，知道這些就夠了。外婆的角色是次要的，她的人生似乎好像也沒那麼重要。

我從來就不知道外婆父母親的名字，也不曉得外婆嫁給外公之前做了些什麼事。對於外婆的一切，我根本就是一無所知。

想要在外婆過世之後找答案，更是挑戰十足。往家族成員的共同記憶去挖掘也是徒勞無功，很少有幾個和外婆有關的故事，而且都不完整。就跟歷史上的女性一樣，麗茲外婆的人生大多遭人給遺忘了。

我只知道外婆曾在一間「大宅子」裡洗碗，她家很窮。就這樣，其他的就只能用猜的。

撰寫本書時，我多次努力探究其他女性的故事，也是遇到類似的挫敗情況。女性的人生故事往往被同時期的男性給比了下去，或是整個被抹滅、消失無蹤。遭遇的挫折越大，表示女性被忽視的情形越加嚴重；根本幾乎是被匿名，或甚至是查無此人。舉例來說，我們西方人都知道埃及豔后克麗奧佩特拉父親[2]的名字，但她的母親卻全然是個謎。

會演變成這樣的情況，也是因為從古至今，知名歷史學家幾乎清一色都是男性。把女性從歷史上排除，讓大眾有錯誤印象，認為「女性沒有什麼成就」。現今部分男性學者和歷史學家，依舊保有這樣的態度，如今倒也沒變過。

站上檯面的女性之中，無論是伊莉莎白女王一世、凱薩琳大帝、英國劇作家阿芙拉・班恩（Aphra Behn，第一位專業女性作家）、美國非裔詩人瑪雅・安吉洛（Maya Angelou，我敢說這位肯定是），還是柴契爾夫人，全都是比同時代男性優秀，才得以成功在歷史留名。在詳細的審查過程裡，比起那些拚了命爭取青史名留的男性，這些女性自然比較不會有「虛構歷史」。

種族和地理區域方面，也遇到相同的問題。長期以來，學者和紀錄片的製作特別會忽略掉非洲的過往歷史，只關心歐洲人抵達非洲後的歷史。

簡而言之，歷史的「主流陳述」都是被「主流人種」所控制影響，至少過去一千年來皆是如此。這代表，白人男性寫了有關白人男性的歷史，要給白人男性看。

2 即托勒密十二世・奧利提斯（Ptolemy XII Auletes）。

因此，本書探討的「虛構歷史」，就是要來談一談那些人實際上所做的事，而非我們認為他們做了些什麼事——因為我在此的目的就是要對「虛構歷史」提出挑戰。

首先我會先從外公外婆的故事開始，因為有一點很重要，世界歷史不單是「偉人的」，更是「平民的」，即多數人的歷史。每個個體的生命都纏繞於政客、帝王、國王的權力遊戲之中，包含卡洛登（Culloden）和滑鐵盧（Waterloo）戰場上的無名士卒，愛爾蘭和孟加拉地區（Bengal）的飢荒受難者，成吉思汗軍隊裡的蒙古騎兵，比比皆是。

我稱這群人為「歷史小兵」，是歷史裡的一顆棋，全都是在「重大事件」中被貶低成為附加角色的人物。一直以來，這群數百萬計的人蒙受苦難、付出勞力血汗，全都是因為——也可說是為了——其他人的野心。

打破這些過往天大謊言和不勞而獲的自以為是，我們才能進一步解讀歷史，這麼做，我們就能搞清楚自己的存在。虛構歷史的根長非常深，而本書的使命就是要把雕像從底座上推倒，改立起實情與真相。

同時，我們就能更加認識、體認我們的現代世界，以及為何每當我要外公跟我講講他在戰爭裡做了什麼的時候，他老人家就會潸然淚下的原因。

目錄
CONTENTS

謊言成史1

邱吉爾是英國最偉大的首相

TEN GREAT LIES
AND HOW THEY SHAPED THE WORLD

FAKE HISTORY

我們如何蓄意錯記歷史

寫一本理論上得涵蓋整個人類歷史的書，其最大的挑戰就是——那歷史還真是誇張得多。

想抓住過往每一件事情的歷史，就如同給蘇格蘭的福斯鐵橋（Forth Bridge）上油漆一樣辦不到！你得投入整個人生來做這件事，才有可能完成呀！縱使本書就是要談虛構歷史，但或許我該來澄清一下，關於福斯鐵橋油的漆永遠漆不完一事，純屬迷思，根本沒這回事。

多數人學到的「歷史」都是學校歷史課裡隱約記得的內容，或是「那些發生在我外公身上的故事」，又或者是普遍大家認同之「我們認為這就是真相」的敘述。

歷史不單只是門學科，過去所發生過的事件，現今在娛樂領域裡皆已占有一席之地。電視節目和網路直播充斥著各種有關國王與皇后、戰爭與帝王的紀錄片，而且多聚焦在近代發生的事變。原因非常簡單，因為近代歷史不算太遙遠，熟悉感多少會有一些，感覺好像轉個身就幾乎可以觸碰到的距離，也多虧有大量資料與材料保存下來，這對節目製作來說成本會比較低。

在英國，我們有喬治六世（George VI）結巴致詞的音檔、女權運動人士艾米莉・威爾丁・戴維森（Emily Wilding Davison）跑進正在比賽的賽馬跑道影片，還有維多利亞女王（Queen Victoria）在花園派對裡，與賓客致謝時捕捉到的詭異照片。不過，我們沒能聽到一六四九年查爾斯一世（Charles I）因叛國被判處死刑時，他那擅抖的聲音。

近代歷史已逝去，但其屍體到現在都還是溫的。不用搭建搖晃的舞台，推演員上去蹣跚演出，服裝也只要到家族長輩留下來的舊衣櫥裡找就有了，畢竟那是我們祖父母那一輩發生的事件而已。

這感覺就如同，我們認為已經相當熟識、自己喜愛的演員，對舞台中央的主角也感到很熟悉，他宛如就是我們所認識的人。

以英國來說，上個世紀沒有一號人物，比溫斯頓・史賓塞・邱吉爾爵士（Winston S. Churchill）的名聲還要響亮的了。與二十世紀的知名人士貓王艾維斯（Elvis）、桃莉・芭頓（Dolly Parton）、瑪麗蓮・夢露（Marilyn Monroe）相比，邱吉爾一點也不遜色！即使已離開人世間五十個年載，邱吉爾精心打造的形象依舊深植人心，包含他手上的招牌雪茄，以及脖子上的領帶結。邱吉爾不只是一位政治家，更是英國史上最歷久不衰的公眾人物，這男人的故事就跟其他受敬重的人物一樣深不可測！

為此，本書不得不從邱吉爾開始談起，更精確來說是得從為邱吉爾工作的人開始說起。一九四四年，在一個相當寒冷的冬日夜晚，有個人在冷清無人的行人道上，低頭凝視著地上一疊印有「極機密」字樣的文件。

到底是誰把這疊文件遺落在街上，我們不得而知。不過，發現這疊資料的女士是在國防部負責清潔工作的職員，我們應稱呼她為「瓊斯太太」（Mrs Jones），以上可都是邱吉爾的外孫尼古拉斯．蘇姆斯（Nicholas Soames）所提供的資訊。

這天半夜，英國依舊施行著戰時夜間燈火管制，眼睛有辦法看到東西也是很神奇。在一九四四年的倫敦冬日裡，應該是幾乎看不見任何東西的；在沒有月光的夜晚，就算把手擺到眼前也是看不到，因此即便小心沿著街道步步前進，仍然是危機四伏。這燈火管制的目的，其實是為了避免讓德國空軍（Luftwaffe）找到陸面攻擊的目標，但在國內卻已自釀謀殺。

一九四一年，死在英國街上的人口總數多到離譜，高達九千一百六十九人，這是英國史上最多人死於交通意外的一年。即便現今街上車子的數量增加非常多，但比起當今每年死於交通意外的總人數，那一年還是高出了十倍。

一九三九年，國王的外科醫生蘭斯洛特．巴靈頓．沃德（Lancelot Barrington-Ward）在《英國醫學期刊》（British Medical Journal）撰文指出，多虧了燈火管制政策，「德國空軍還能在不派飛機升空的情況之下，每個月殺死六百名英國國民。」

燈火管制也算是送給搶劫犯、小偷、竊賊的禮物，順利逮到機會洗劫自己的同胞，顯然他們都沒有聽說過「要有大轟炸精神」（Blitz Spirit）！

一月的深夜裡，瓊斯太太走在白廳（Whitehall，國會大廈附近）的街道上，她此刻的心情肯定是有幾分不安。或許是出自十足的潛在危機意識，才會察覺到水坑裡有一疊用帶子綑綁的文件。許多年來，瓊斯太太都在白廳街上的辦公室裡清掃檔案櫃，所以一看到這疊文件的時候，就清楚這是一份很重要的文件。這疊文件顯然是要小心看管的那種，但瓊斯太太也不是笨蛋，她知道要是這個時候拿去歸還的話，勢必會被質問一堆奇怪的問題。愛國使命驅使，瓊斯太太抱起這疊文件、塞入大衣，快速左右張望之後，趕緊跳上夜間公車往倫敦東區前去。

此刻的前一年，戰勢發展成對英國有利的局面。希特勒入侵蘇聯（Soviet Union）導致德軍在東邊處於劣勢，不過南邊的狀況稍微有好一些。同盟國軍隊（Allies，中、美、英、俄為主要成員國）一路把德軍向北推離地中海，並於一九四三年九月開始挺進義大利。

一九四三年的初冬，盟軍抵達義大利境內的古斯塔夫防線（Gustav Line）之際，問題便陸續出現。由於德國和義大利早預料到盟軍會入侵，因此在義大利境內架設多道防線，而古斯塔夫防線便是其中一道。這道防線奏效了，盟軍被困住，無法再往前推進。

同年十二月初，邱吉爾飛到突尼西亞，打算勞軍提振士氣，但一落地就生了重病。專責醫師莫蘭爵士（Lord Moran）表示，十二月十四日晚上，首相因為肺病和心臟病綜合病發症狀病危。好在醫生很努力，十六日的時候邱吉爾已逐漸康復。臥床養病期間，邱吉爾不斷在研究如何在義大利打破僵局，而瓊斯太太在街上找到的那疊文件，正好就是相關的策略資料。

有好幾個鐘頭的一段時間裡，盟軍在義大利的命運就落在一位中年女性的大腿上。這位女士，身處倫敦沃平區（Wapping），正把疲憊的雙腳跨在火爐前，享用著餅乾和一杯辛苦掙來的熱茶。

沒多久，家裡的後門開了，是瓊斯太太的兒子，神清氣爽地從酒吧回來。

一進門就指著資料夾問：「那是什麼？」，聽到答案後，瓊斯太太的兒子隨即表示：「最好趕緊把這東西給拿回去！」

一番討論到底怎樣做才比較明智，再加上就算已經有那麼多人死於交通意外事故了，瓊斯太太的兒子還是決定跳上自己的單車，奮力踩踏、前往白廳。

這位有著愛國情操的年輕人，也不是英國史上頭一位遭遇政府官僚作風對待的人，官員一開始只回說：「放那裡就好，你可以走了。」這番話可讓小瓊斯惱怒了，憤而表示除了將軍之外，這份文件他誰都不給。最後終於有一位像是布林普上校[1]之類的人，被迫放下手中的白蘭地，前來收下這份文件。

不出很久的時間，真相便水落石出。

隔日早上，氣氛緊繃，戰時指揮中心緊急召開會議，要評估安全破口造成的損壞，而邱吉爾本人更是勃然大怒！怎麼會發生這種事情呢？誰該負起責任？誰該下台？軍事幕僚長黑斯廷斯．帕格．伊斯梅（Hastings "Pug" Ismay）趕緊安慰邱吉爾，表示祕密沒有外洩，隨即講述了清潔工與她的兒子所做的事；那台搖搖晃晃的單車、夜間燈火管制、熱茶餅乾的小插曲等等，邱吉爾越聽越覺得感動，還掉下了眼淚。這位老先生是有那麼一點愛哭，很容易熱淚盈眶。這段故事講完之後，邱吉爾擦乾眼淚、擤了鼻涕，拍桌表示：「應該要頒給這位女士大英帝國的爵級司令勳章（Dame Commander），就這麼辦！」

隨即便頒布命令下去，指示國防部的清潔員瓊斯太太應獲頒女爵士身分。可是，後來國王誕辰授勳名單出來時，卻只頒發了個員佐勳章（MBE，等級最低的五等勳章）。似乎向來關注授獎清單的邱吉爾也有注意到，更下定決心要實現他的承諾；當他本人的卸任授勳名單公諸於世時，瓊斯太太絕對有分，且就排在爵級司令勳章的第五順位。

1 一九三〇年代，大衛．羅（David Low）創作出來的漫畫人物，性格暴躁、妄自尊大，想法過時、古板。

這是有關邱吉爾的一段精彩故事，展現出他生來就是個正直、有智慧的人。對於一般女清潔工來說，他還是一位承諾會擊敗希特勒的政治人物。邱吉爾就是個實實在在的好人，願意頒發動章的人。

以上這段故事也都是捏造出來的內容。

此段軼聞出自邱吉爾傳記的作者，名叫亞歷山大・鮑里斯・菲弗爾・強森（Alexander Boris de Pfeffel Johnson），此人成功效仿自己的政治英雄，還當上英國第五十五屆首相。二〇一四年，當時還是倫敦市長的強森，寫了一本書推崇邱吉爾，書名為《邱吉爾之道》（The Churchill Factor），為的就是想讓自己可以與這位戰時領導人互作對比。這手段宛如是在某個平靜的週日早晨，在與世隔絕的鄉間裡，拿出電鑽開啟這一天那般巧妙。

根據強森的說法，邱吉爾是英國最偉大的英雄，「拯救了我們的文明社會」，阻擋掉來自英吉利海峽另一端的威脅，這全都是因為邱吉爾有著崇高的人格，以及非常擅長言詞表達。

強森寫道：「光靠他一個人，就可以改變一切。」

這本經過強森美化的傳記，很難讓人信服。知名歷史學家理查・約翰・艾文斯（Richard J. Evans）在《新政治家》（New Statesman）撰文猛力抨擊，認為這本書根本就是「困在雄蜂俱樂部（Drones Club，權貴專屬會所）裡頭，聽著柏第・伍斯特（Bertie Wooster）高談闊論。」好的，或許讀者不大認識伍斯特，這位仁兄是佩勒母．葛蘭維爾．伍德豪斯（P.G. Wodehouse）筆下的經典角色，老是要靠管家吉福斯（Jeeves）出面善後的無腦紈褲子弟。不過，伍斯特雖然是笨了點，但人家至少很善良，沒有任何惡意。

相反地，強森這本書是有目的的。精確點說，這本書具有兩個目的；一是強化邱吉爾的名聲，二是趁機跟風這股傳說的氣勢。

此書令人不舒服之處，乃是書中多有說法不一、與事實不符的情況，許多事件的資訊來源也都很可疑，其中包含了女清潔工這一段，但強森表示內容都是邱吉爾的外孫尼古拉斯．蘇姆斯告訴他的。這段軼聞似乎頗讓傳記作者開心無比，以至於打書期間一直到處講述這段故事，甚至連二〇一五年六月來到牛津郡舉行的第三十二屆邱吉爾年度研討會（Annual Churchill Conference）也還是在講，而且現場的聽眾似乎不疑有他，欣然全盤接受。

結束這段軼聞之前，強森坦言表示，他「已盡了全力，還到邱吉爾歷史資料庫（Churchill Archive）和其他地方確認過內容。」

不過，我也去查過了！正因為去查過了，所以我的結論是，強森先生所盡的「全力」還不夠呀！

凡是能取得一樣名叫網際網路的人，都可以輕易、快速揭穿「瓊斯太太」的案件實情。

授勳清單的資料都儲存在可自由讀取的公共資料庫裡，很容易就可以用 Google 查到的資料。一九四五年，邱吉爾的卸任授勳清單裡頭，爵級司令勳章的女性人數可是一個大大的零。一九四五年八月十四日頒贈出去的三十七個榮譽頭銜之中，只有四個給了女性，其中三個是防衛獎章（Defence Medal），這三枚防衛獎章全給了邱吉爾在唐寧街（Downing Street）的尊貴秘書，而他的私人助理秘書雪莉亞・艾利森・明托（Shelia Allison Minto）則是獲頒員佐勳章。

根本就沒有人拿到爵級司令勳章。

進一步調查的話，你就會發現一九四一年到四六年之間，只有頒出二十一枚爵級司令勳章。其中沒有一枚是頒給住在倫敦東區的女清潔員，全都給了有權、有勢、有背景的「顯赫」知名女性。

從一灘水裡救回一疊機密文件而獲頒女爵士頭銜的這段歷史，真實性並沒有超過米奇老鼠發明雷達的說法，這徹頭徹尾就是一段捏造出來的往事！

或許看來只是一段無傷大雅的虛構故事，一則「好故事」沒有什麼！但影響可大了。

近代發生的事情形塑了現今的我們，面向之多，超乎我們所注意到的。邱吉爾眾所皆知的人生與所作所為，越來越常被用來塑造今日的我們，還用來定義了我們是「誰」。如果我們沒有徹底搞懂邱吉爾，那我們的歷史就沒有東西可以正確遵循了。

＊＊＊

歷史學家安德魯・羅伯特（Andrew Roberts），幾乎畢生都投入研究極受大眾喜愛的邱吉爾，他曾指出「有千本傳記」都是在寫邱吉爾的故事，要是傳記內容都屬實的話，那麼有相當的分量都是邱吉爾沒有說過的話、沒有做過的事，而且近代歷史之中少有幾個人受到這神話般的待遇。

舉個邱吉爾粉絲很愛的趣聞、妙語為例子，其實英國人也都聽說過這段故事。有天深夜，邱吉爾首相在政府高層辦公區域裡，搖搖晃晃撞見工黨（Labour）的資優議員貝絲・布拉多克（Bessie Braddock），布拉多克開口說：「你很醉！」邱吉爾回口說：「你很醜！不同的是，明早我就不醉了！」針對這段軼事，鮑里斯・強森表示確認過這起事件發生的「當下」。這也太精彩了，因為這段對話根本就不可能存在！

邱吉爾是維多利亞時代的紳士，可不是耍寶講笑話的演員，而且這段玩笑話的年紀還比他本人老呢！這段趣聞首次出現在奧古斯丁・哈爾（Augustus Hare）的日記裡，記述一八八二年有兩位匿名議員偶遇的經過，這年邱吉爾才八歲，布拉多克也還沒出生。此則笑話在那個年代十分常見，甚至還出現在一九三四年威廉・克勞德・菲爾茲（W.C.

Fields）的電影《禮物》（It's a gift）裡頭。因此，要是邱吉爾真說過這個笑話，那就是剽竊了一則非常老掉牙的趣聞。

還有一則妙談也是有同樣的狀況。一天保守黨（Conservative）的首位女性議員南希．阿斯特（Nancy Astor）對邱吉爾說，要是他們倆結婚的話，她會在咖啡裡下毒給他喝，而這位首相的回應是，要真是如此的話，那麼他本人會喝下那杯咖啡。多麼一個拒絕對方且讓對方難堪的回答，但這也不是出自邱吉爾。

打從維多利亞時代，這則笑話就不斷在流傳。一戰期間的首相大衛．勞合．喬治（David Lloyd George）也曾給大家講述過，後來竟還傳到美國作家馬克．吐溫（Mark Twain）那邊。此外，名句引述調查網站（Quote Investigator）的宗旨是要負責揪出來源錯誤的名言，該網站發現一九三五年的電影《燈紅酒綠》（Bright Lights）曾出現這麼一段對話：

> 派翠西亞．艾利斯（Patricia Ellis）：「如果你是我老公，我會對你下毒。」
>
> 喬伊．布朗（Joe E. Brown）：「嗯……如果我是你老公的話，我會吃下肚。」

以上這些都只是暖場而已！邱吉爾也不曾說過「用萊姆酒、肛交和皮鞭」就可以操控皇家海軍，也沒說過「要是你到二十五歲都還沒加入自由民主黨（Liberal）的話，那你就是既沒心也沒肝」，更沒說過「要是你到三十五歲都還不是保守黨黨員的話，那你就是個無腦的人」。不過，如果他真的說過這些話，那麼就真的是在耍白痴了，因為他自己是在二十五歲時成為保守黨黨員，然後在三十五歲時才加入自由黨。

邱吉爾並沒有因為擔心他的男性雄風會被國有化，而在英國國會西敏寺（Westminster）的男廁裡請走社會黨（Socialist）議員，更沒有因為被批評寫的句子是用介系詞做結尾，而寫信到出版社表示「我無法忍受的就是這種英文文法規定」。

雖然網路上用邱吉爾照片做的梗圖有數百萬之多，圖片上還說邱吉爾曾寫道：「若你正走在地獄裡，那就繼續往前走！」不過，他從未說過這句話。這句話似乎是出自美國基督教報刊的文章，談論有關宗教的議題，進到一般大眾的意識之後，在一九九〇年代中期才開始被說成是源自邱吉爾的一句話。還有，這位首相從未說過「坐下傾聽所需要的是勇氣」、「一台空蕩蕩的車輛在唐寧街停了下來，接著艾德禮（Attlee）就從車裡走了出來」，也沒說過他的這位戰時同盟，工黨領袖艾德禮是「披著羊皮的羊」。

把一句相當和氣的話，壓在名人照片上頭，感覺就很有價值。就跟佛洛伊德（Freud）、愛因斯坦（Einstein）、馬克·吐溫一樣，邱吉爾似乎也很有這方面的運氣。

邱吉爾是個了不得的名言製造機，不同於許多現代政治人物，邱吉爾會親自提筆寫演講稿，從他的書——至少有幾本是他自己寫的書——看來，這個人的確談話風趣。

不過，在我們大眾心目中，那個誇大成卡通人物般的邱吉爾，其真實性不亞於茱莉・安德魯斯（Julie Andrews）才是「真的」瑪麗亞・崔普（Maria von Trapp，安德魯斯在電影《真善美》飾演她）。邱吉爾幾乎就是個虛構出來的角色，就像夏洛克・福爾摩斯（Sherlock Holmes）和詹姆士・龐德（James Bond），而打造這個角色的工作也沒假他人之手，正是邱吉爾本人。

邱吉爾曾被認為是非常偉大的政治家，但他最在行的其實是自我吹捧。

許多資料指出，一九四八年一月，邱吉爾在英國下議院（House of Commons）站起來表明：我們應該「把過去留給歷史，我特別提議由我來寫這一段歷史。」不過，議會議事錄（Hansard）沒有收錄到這一段，或許因為只是一段插話罷了，可是後來竟成了這位男士的名言。

這段話倒也預知了一九六二年的西部片《雙虎屠龍》（The Man Who Shot Liberty Valance），當中有個角色對荒野大西部（Wild West）的民間傳說做了個結論：「當傳說已成事實，那就加深這段民間的傳說吧！」

沒有比這更能總結邱吉爾的作為了。

邱吉爾真的是操控了《第二次世界大戰回憶錄》（The Second World War）的陳述內容，這套書共計有六冊，陸續於一九四八年到一九五三年間出版。整本書的角度都是以作者為中心，但實際寫作卻不是邱吉爾一人所為。這套寫作角度相當主觀的書，在全球各地都相當熱銷。作者大豐收，賺進數百萬英鎊之餘，更捏造出自己的傳說。

邱吉爾是許多位戰時領袖當中的一位，而且在描述一九三九年至一九四五年之間發生的事件時，核心人物卻永遠是他自己。根據他本人的敘述，他的決策看來皆相當正確、不容置疑。這位偉人把自己在挪威和希臘犯下的錯誤，和招致的埋怨全都轉移掉，接著又認為他做的正確政策全都應該歸功於自己，甚至跟他關係不大的好決策，他也都邀功。

事實上，對於一九四四年諾曼地登陸（Normandy）的計畫內容，邱吉爾交代不清，該次攻擊的發動代號為「大君主作戰」（Overlord）。當時邱吉爾並不完全認同這項計畫，持續藉故拖延，甚至還打算無限期延宕。可是《第二次世界大戰回憶錄》卻扭轉風向，大肆強調他本人非常支持此項攻擊計畫，還稱頌作戰大為成功。

接下來的數年期間，邱吉爾每本傳記的作者和粉絲，全都很開心樂意配合這套說法。人們就是喜歡聽了不起的故事。另外，還有一則關於英國鬥牛犬（British Bulldog，邱吉爾的暱稱）的故事；此人在荒野過著隱士般的生活許多年，為的就是要帶領類似神聖十字軍的軍隊，攻打言語難以描述的邪惡納粹分子。此乃一段虛構的故事，但隨著時間往前推進，這故事竟演變成越加神聖不可侵犯，守護這段故事的人像異教一般膜拜，而且性格還特別好鬥。

二〇〇二年，邱吉爾的好名聲再次獲得鞏固，因為BBC2電視台舉辦的電視投票結果，顯示這位戰爭時期的首相正是最偉大的英國人。這項全國性的投票之中，邱吉爾的名次只超過遠房表妹黛安娜王妃（Princess Diana）兩個位子，名單上還有出演《某些媽媽確實天兵》（Some Mothers Do 'Ave 'Em）的麥可．克勞福（Michael Crawford）、歌手克里夫．李察（Cliff Richard），以及——令人費解的——U2主唱波諾（Bono）排名第八十六位，但他可是愛爾蘭人呢！

有了電視投票結果的加冕，邱吉爾成了我們的「國家英雄」。對此想提出質疑的人，等於是在冒著被貼上「不愛國」標籤的風險。

蘇格蘭思想家湯瑪斯．卡萊爾（Thomas Carlyle）寫道：「這世界的歷史，只不過就是一堆偉人的傳記罷了。」因為有了鮑里斯．強森、安德魯．羅伯特，以及海內外許多人的喜愛，所以邱吉爾成為永垂不朽的人物，至今仍是深具影響力的政壇神明。

不過，就真實歷史的角度來說，十大「偉人」清單與記述，可說是危險的自負表現。

＊＊＊

溫斯頓．邱吉爾，首位家財萬貫與任人唯親之下的產物。

一八七四年十一月三十日出生於英格蘭深具權勢與人脈的家族，邱吉爾是個不折不扣的政治世家富家子弟。父親蘭道夫（Randolph）曾被認為未來會成為首相，但短暫當了個財政大臣（Chancellor of the Exchequer）後便英年早逝。邱吉爾的祖父是第七任馬爾伯勒公爵（Duke of Marlborough），曾是愛爾蘭總督（Lord Lieutenant of Ireland），也曾是兩任首相的內閣大臣。邱吉爾和史賓塞（Spencer，邱吉爾母親這邊的家族）兩大家族，可說是偉大領導者、政治人物、將軍的製造工廠，並可一路追溯回推到十五世紀。

許多位傳記作者都寫得很清楚了，求學階段的邱吉爾過得慘澹、不順遂，但卻賣力克服學業上的不足，終於在第三次遞出申請後，順利進入桑德赫斯特皇家軍事學院（Royal Military College Sandhurst）。這段捏造的故事裡，邱吉爾就跟灰姑娘一樣處於弱勢，藉由努力不斷征服各種艱難，才得以順利爬到頂端。可是，要不是他家族有顯赫的人際關係，這一切是不可能發生的。邱吉爾不是童話劇主角迪克．惠廷頓（Dick Whittington，街頭打拚的窮小子），他可是來自牛津郡上流社會的公子哥兒，有擔任過財政大臣的父親，而且還有個會到處打電報幫忙找工作的母親，全因小溫尼（Winnie）成績不好被貴族學校退學了。

邱吉爾是個享有特權的孩子，在校表現也不用太優秀，因為不論發生什麼難事，還是有萬貫家財可以當靠山。只不過，這樣的內容寫不出什麼故事，所以邱吉爾的早期生平後來就被修改成一路在「克服萬難」和「學習寶貴經驗」，走在命運安排的道路上。

刪修過後的陳述，往往與實際發生的情況有所出入。這位後來被稱頌為自由的救世主，其實早年都在剝削他人自由。

一八九五年，古巴正在對抗西班牙、爭取獨立，邱吉爾這位年輕軍官被派往古巴擔任觀察員，而這也是他人生參與的第一件大事。在涉足多場軍事衝突之後，邱吉爾獲頒第一枚勳章，十字軍功勳章（Cross of the Order of Military Merit），事由是協助西班牙平息叛亂。此時的邱吉爾是站在暴君這一邊，這無疑是糟蹋了他強力守護自由的身分，以及對抗迫害暴君的形象。

一八九六年，邱吉爾前往印度，加入西北部征戰行動，平息地方起義，守護住英屬印度的疆界。一八九八年，又派往蘇丹，參與恩圖曼戰役（Battle of Omdurman）；該場戰役中，大英帝國的軍隊（與埃及軍隊）裝備機槍——也就是現代化的栓動式來福槍——以及大砲，而前來迎戰的是當地伊斯蘭教導師（Mahdi）所帶領的薩爾運動（Ansar）支持者，他們手無寸鐵、沒有什麼裝備，但大英帝國依舊趕盡殺絕，最終英國損傷了四十八名士兵，而薩爾運動的支持者死了一萬兩千人。

對於這場屠殺，邱吉爾的態度似乎十分曖昧不清，所以才會寫道：

「他們是人類史上偉大的一群人。我衷心相信這群英勇戰死的人，他們的主張一點也不比我們國民所能做的事情遜色。」

即便是稱讚了「當地人民」的英勇事蹟，願意站出來對抗有機械裝備的大英帝國，但對邱吉爾來說，到底誰才是好人肯定是無庸置疑的。

一八九八年九月二十九日，在寫給表親馬爾伯勒公爵的信件裡，邱吉爾誇耀自己參與英國軍隊最近一次對付薩爾運動支持者的機械化裝備攻擊行動，與其他屠殺行為比較起來，自己的單位既團結又受敬重。這份憐憫不禁讓人懷疑，多是為了安慰傷亡者的家屬或是蘇丹人民。然而，這些人民唯一得到的安慰，就是最終被英國人和埃及人統治、剝削，而非當地的伊斯蘭教導師，或是其他在非洲崛起的歐洲新勢力，例如：比利時。

邱吉爾是帝國產物，深信自己的文化道德比地球上其他人都要來得優越。

比起在英國貴族和私立學校體制裡，被灌輸自我中心觀念的產物，邱吉爾年紀雖輕，但自以為是的程度卻大幅超前，這股驕傲之氣實在是太盛了。現今有位記者，專為《新聞紀事日報》（Daily Chronicle）撰文，直接稱呼邱吉爾是「不可一世的公子哥兒」（Pushful the Younger）。

這人從沒錯過推銷自己的機會。一八九九年，布耳戰役（Boer War）爆發，此時這位前任軍官的新身分是名記者，還從倫敦《晨報》（Morning Post）想辦法弄到等同十萬英鎊的資金，贊助他為期僅四個月的活動開銷。後續被抓到戰俘營和逃脫的經歷，全給了邱吉爾好處，很快就被推崇成時下有著《男孩畫報》[2]（Boy's Own Paper）精神的化身。

又過沒多久，邱吉爾步入政壇，展開他人生的第二段傳奇。

一九一一年以前，國會議員都是沒有支薪的，意味著政治這檔事是有錢人才有辦法做的休閒嗜好。一九〇一年，二十五歲的邱吉爾當選奧德漢市（Oldham）的保守黨議員，隨即展開大規模的自我宣傳活動，進而讓他在一九〇四年再度當選，成為對手陣營自由黨的議員。邱吉爾這時間點抓得真是好！過沒多久，托利黨（Tory，保守黨的前身，亦為保守黨的暱稱）政府就垮台了，於一九〇六年輸掉大選，而當時邱吉爾所屬的自由黨，在亨利．甘貝爾．班納曼（Henry Campbell-Bannerman）的帶領之下，成功取得政權。過了兩年，只有三十三歲的邱吉爾接任貿易委員會主席（President of the Board of Trade）一職，成為一八六六年以來最年輕的一位內閣大臣。

2 《男孩畫報》於一八七九年至一九六七年間在英國發行，專門為男童編寫各種誘人探險故事的刊物。

但是，這可不是什麼「命運安排的道路」。首先，邱吉爾一直以來都是名政客，出發點都是為了自己的抱負，行事都是為了滿足個人的野心。即便跳了黨派、換了崗位、提了又提的內容，其核心目的自始至終都是為了他個人利益，持續擴張自己的野心，直到握有領土上最高權力的那一天。

這段漫長的政治路上，邱吉爾的態度多變，從鮮明的「保守黨」轉往強烈的改革派傾向。

打從一開始，他便具備了猶如光照的本能，但其實也是深受勇敢堅定的妻子克萊門汀（Clementine）所影響。克萊門汀一輩子都是自由主義派，要是誕生在另一個時空裡，其自身特質便可脫穎而出，甚至很有可能入主唐寧街。

在丈夫的一生裡，克萊門汀・邱吉爾多半是扮演首席政治顧問的角色。考量到克萊門汀一生都痛恨保守黨，這顧問角色顯得相當特別。

兩人初次相見時，克萊門汀就已展現出極度仇恨「托利黨人」的想法，視之為邪惡，而且並是一群只想討好她的人。一九〇八年，邱吉爾給未婚妻的信件裡，對自己以前所屬的政黨，這樣寫道：

「盡是些走路搖搖晃晃的老人、滑頭的金融大亨、油腔滑調的牽線中人，以及有著肥胖大鼻的釀酒商，全都是追求進步的敵人，既懦弱又狡猾、懶惰、享安逸、自以為重要。」

寫完這段話後過了兩年，當時擔任內政大臣（Home Secretary）的邱吉爾催生出許多顯然是激進、自由導向的改革，包含區分政治囚犯與一般犯罪囚犯、禁止囚禁孩童等，而且在他任內通過的死刑數量減了一半。

一九一一年，擔任貿易委員會主席期間，邱吉爾扛起社會福利國家的初期建設工作，能夠在政黨內達成共識，克萊門汀必定有介入其中。

往後五十年的政治生涯裡，邱吉爾的妻子給他寫了幾百封信，而且通常都是在關鍵時刻提筆寫的，這說明了有一隻冷靜下著指導棋的手在掌控一切——即便她丈夫老是在議題上來回擺盪，她依舊提筆寫著信。

如同歷史上眾多的妻子和女人一樣，克萊門汀是邱吉爾傳奇裡未被稱頌的英雄，躲藏在幕後出主意，展現出她令人生畏的深謀遠慮和直覺反應，多數邱吉爾傳記作者都低估了克萊門汀扮演的角色。

邱吉爾的粉絲清一色男性，比較喜歡聽一個男人與他的命運的故事，而不是一個男人和一個非常聰明的女人一起奮鬥的故事。可是，若沒有克萊門汀在身後幫忙，反覆無常的邱吉爾很難走這麼遠，更別想被立在倫敦國會廣場（Parliament Square）上了。

單靠邱吉爾的直覺與手段的話，其自身的矛盾直覺會讓同時跨足多個政營的他，多次深陷複雜的政治龍捲風。

女性投票權這個議題便可以佐證；女性爭取投票權許多年，邱吉爾多堅定表態反對，表示女性想要投票這點，就跟男性想要擁有生小孩的權力一樣。可是，當輿論風向轉為支持女性擁有投票權之際，他便鬆口了，指出只要全體男性選民在公投裡同意的話，那他也願意全力支持。

邱吉爾非常在意公眾的看法，也就是我們今日所稱的「大眾觀感」。形象對他而言就是一切，所以在自我宣傳的這條長路上，邱吉爾一定不會放過任何一個可以露臉的噱頭。然而，他時常搞錯方向。

一九一一年一月，警察在圍攻西德尼事件[3]（Siege of Sidney Street）裡，圍困一群拉

3　倫敦東區一處老舊公寓發生槍戰，警方（與後來到場的武裝軍隊）與拉脫維亞犯罪幫派成員對質，釀成三名警察、一名槍手、三名幫派分子身亡。

脫維亞（Latvia）暴力群黨。邱吉爾與其私人秘書匆忙趕到斯特普尼區（Stepney）現場，後頭還跟著一名攝影師，上演了一齣「現場指揮」秀，叫來了皇家砲兵（Royal Artillery）轟響寧靜的倫敦東區，還放火燒掉排屋。

邱吉爾被狠狠抨擊在現場干預這次的行動！以影片方式做報導的先鋒「百代新聞社」（Pathé News），當年把錄製到的現場影片拿到電影院播放，果然引來觀眾的陣陣噓聲和粗俗問候。

圍攻事件發生後兩週，調查工作展開，前保守黨首相亞瑟．貝爾福（Arthur Balfour）認為，該由行為不當的內政大臣負起責任，並大聲罵道：

「我了解這位攝影師在幹嘛！但是，那位尊貴的紳士在那裡幹嘛呢？」

這位仁兄後來有天被說成是有史以來最偉大的英國人，然而卻常被發現無法勝任職責。舉例來說，一九一四年戰爭爆發之際，邱吉爾擔任的是海軍大臣（First Lord of the Admiralty）一職，這是一份特別不適合他的工作。

一九一一年時，許多保守黨報刊攻擊邱吉爾的此項就職任命，認為他的性格無法扛起這麼大的職責。政論雜誌《旁觀者》[4]（The Spectator）如此寫道：「他不忠誠、沒有自尊心、也不堅定，無法讓這個大職位有效運作。」目標是鎖定在錢財上，邱吉爾在戰爭爆發之後，清楚展露出這最糟糕的一面。

他樂於誇口承諾，但不會付出行動來實現諾言。

一九一四年十月，邱吉爾前往比利時，參訪當時被圍困的安特衛普市（Antwerp），在場允諾會增強軍力，鞏固對抗德軍的防線。但是，差不多就在他前腳剛走沒多久，英軍便撤退了。

隔年則發生的事情更淒慘。邱吉爾個人支持的作戰計畫是放鬆對俄羅斯的壓力，改去攻擊達達尼爾海峽（Dardanelles）的土耳其陣營，開啟第二條戰線。可是，由於嚴重錯估加利波里港（Gallipoli）的情勢，後果慘烈，共計有五萬名法國、澳大利亞和大英帝國的軍人喪命。

各界譁然，抗議聲浪四起，要求邱吉爾下台，後來就被貶為蘭開斯特公爵郡大臣（Chancellor of the Duchy of Lancaster），直到一九一五年十一月他本人辭職為止。

邱吉爾一直都積極想親筆寫下邱吉爾傳奇的第一份草稿。他後來表明自己是正確的，

4 曾是編輯的鮑里斯・強森親手竄改了內容，這點大家都知道。

並指出只要當時他本人可以掌控全局的話，那麼出擊加利波里港計畫必會成功，緊接著就把自己描繪成代罪羔羊，是被誤解、被誤會了。可是，歷史學家大多非常不同意這樣的說法。

官方傳記作者馬丁・吉伯特爵士（Sir Martin Gilbert）寫道：「攻擊達達尼爾海峽和加利波里港的事件，成功說服許多當時的人，認為邱吉爾就是喜歡使用暴力，缺乏明智的判斷，根本無從勝任這麼高的職位。」其他人，包括也從事寫作的歷史學家克里斯多福・貝爾（Christopher Bell）在內，則認為邱吉爾是意外「竄出頭」的人物，但這顯然不是一場美好的意外。無論是否算得上是一場災難，一九一五年是邱吉爾神話發展關鍵的一年；加利波里港慘劇發生後，邱吉爾穿上制服，前往法國的西方戰線參戰。

真正崇高的傳奇故事裡，政治人物是會懺悔的，會承認自己的決策導致許多人喪命的事實，並接受大家的批評，以示悔過。然而，邱吉爾待在戰場濠溝裡的真相，其實跟大眾的認知有著很大的出入。

由於焦心勞思於晉升為準將[5]，邱吉爾積極到處遊說，但終究得將就一下，接受自己僅是名上校的事實。不過，很不幸，他卻反倒證明了自己對軍職非常生疏。邱吉爾是間隔

5　上校之上、少將之下的軍階。

了十六年的時間，才又重返軍職，因此當要在遊行隊伍中，對自己的步兵下指令時，他竟然脫口喊出早已過時的上世紀騎兵指令！下場就是步兵邊行走邊相撞，場面混亂不堪。

一九一六年一月，邱吉爾被派往比利時波魯捷斯特（Ploegsteert），算是西部戰線比較平靜的地區，距離伊普爾（Ypres）南部八英里（約十二公里），也是他距離實際戰場最近的一次。

對士兵來說，邱吉爾無疑是個重大打擊，對軍紀不嚴厲，但卻喜歡戴上法國軍隊的頭盔，領著軍隊指高氣昂行進、唱唱軍歌。這段在沙場上的日子算是過得安穩，所以邱吉爾大多數時間都在畫油畫，以及寫信給克萊門汀。

不過鮑里斯．強森寫的傳記裡，描述的卻是不同的情景。《邱吉爾之道》一書裡，強森指出邱吉爾曾到無人之地去探險大約「三十六次」，這似乎不大可能，因為邱吉爾上校只在前線待了六週，而且大多數的時間裡就只是待在預備軍裡。

強森表示，邱吉爾非常忙碌，可是在被派往前線的這段期間裡，波魯捷斯特一帶也沒發生過什麼大事。有時天上會意外降下一些炮彈，偶爾也會遇到子彈飛過，但硬要說成強森等人所描述的「持續處在槍林彈雨之中」，那就太假了，根本就是憑空捏造的情節！

邱吉爾派駐前線的這段傳奇故事，依舊是有趣，但恐怕不是真的。不過，也有人推論表示，國會議員一般是不會在大戰裡參與這類型的任務，因此邱吉爾願意到前線去，可說是相當獨特、果敢，由此可見到他與其他議員的不同之處。

這全然不是真的，邱吉爾上校壓根兒就不是唯一一位穿上制服的國會議員！一九一五年一月，共計有一百八十四位來自不同黨派的國會議員是現役軍人，而且與邱吉爾不同的是，整個戰爭期間許多議員都一直是在當現役軍人。總計來說，共有兩百六十四位國會議員在國際衝突期間從事相關職位，約占整體國會議員的百分之四十。

此外，還有不少人因而喪命，共有二十位國會議員在執行軍務時罹難。其中有一位是黑伍鎮（Heywood）的自由黨議員哈洛・考利（Harold Cawley），在加利波里港被土耳其狙擊手槍殺。其死因正是因為自己那位尊貴的朋友，為了自己的野心，惡劣策劃出來的不幸事變，而考利卻成了犧牲品。

邱吉爾與多數跟自己同樣有服役的同事相比，其服役期間實在是相當短暫。可是，才抵達前線沒幾週，邱吉爾就開始覺得無趣，急著想要回到西敏寺。

一九一六年三月，邱吉爾回到倫敦休假，到處遊說、尋求內閣職位的機會。隔月短暫回到前線後，又再次尋求去職。此時，連克萊門汀都出面勸說，在一封措辭嚴厲的信件裡，她告訴邱吉爾要「有耐心」，因為「太簡單的人」可能會搞砸。

克萊門汀寫道：「你想到法國去的動機很容易理解，但你要回來的理由需要一番解釋。」

邱吉爾給朋友和同事寫信，尋求大家的意見。非常明顯，他是希望大家講些他個人想聽的話，但多數人給的回覆都是要他留在法國。

後來，邱吉爾意外中風了。春天之際，其所屬營部與其他營部合併，這下邱吉爾顯得很多餘。一九一六年五月七日回到西敏寺，結束他那時間不長、沒發生什麼大事的前線時光。

如同圍攻西德尼事件，以及那些他沒開口說過的妙語一樣，這段「換上卡其軍服，派往前線」的故事在邱吉爾的神話裡，具備關鍵性作用。不斷重複被拿出來講，就是為了要證明他是正直的人，但只要經過一番查證，就會跟雪茄的菸灰一樣，隨風而逝。

當發現我們從小聽到大的故事，若不如我們期望中的精彩或撫慰人心，的確會讓人感到失望。相信邱吉爾神話能讓人感到安心，因為做為「我們最偉大的英國人」，其光芒也會照到我們身上。邱吉爾是我們的吉祥物，我們重要且傑出的現代英雄，為何要拿那些煩人的實情和查證工作來毀掉這一切呢？

其實，並沒有要否認邱吉爾在二十世紀英國政治史上的重要性，正是因為他光芒萬丈，所以才會在我們集體意識中鶴立雞群，但是我們還有更多值得喜愛與推崇的對象。

邱吉爾絕對是個聰明人，有著廣泛的興趣，對事物的關注有著男孩般的熱忱。寫了非常多本書，有著充沛的精力，被推倒了無數次——既是種比喻，也是他的實際經歷——但總能站起來、拍去身上的灰塵之後，重新再次來過。

邱吉爾的執著確實讓人欽佩，那股狂熱肯定是與生俱來的，不過那是史賓塞與邱吉爾家族才享有的特殊待遇與權利。

戰後職涯裡，邱吉爾在海軍大臣任期內，沒有端出值得炒作的作為。一九二四年到一九二九年任職財政大臣時，倒是搬出慘不忍睹的決策。一九二五年四月，邱吉爾決定讓英國返回到金本位制[6]（Gold Standard），本是很受到期待的政策，但後來卻導致英鎊價格飆升、出口大幅衰退、失業情況猛然加劇、貨幣貶值等問題，進而在一九二六年引發「大罷工」（General Strike）。

不過，邱吉爾職涯裡的這類失敗作為，並沒有被拿出來討論，因為他在一九四〇年五月成為戰時國家領袖這件「大事」，順利掩蓋一切。交出心心念念的官位之後，無可否認的是邱吉爾終於擁有了真正屬於自己的政權。

邱吉爾做得最成功的就是仿效一戰時期比較有效的良策，包含組建戰時聯盟，帶領國家度過危機，運用值得讚揚推崇的職責與目標，團結整個國家。另外，把自己形塑成很有能力，凡事皆親力親為，總是位處核心的指揮官，更彰顯危機出現時重要的就是要有這番

6 大家原以為大戰結束後，會恢復戰前的金本位制，政府的所有財政問題便可迎刃而解，殊不知因執行細節不縝密，導致嚴重通膨。

作為。

邱吉爾在這方面做得非常好，傳遞出來的訊息也很清楚，扮演了非常棒的號召角色，直接告訴大家要如何遵循。他對戰爭有自己的定義，以善抗惡、民主對抗暴政、文明世界對抗專制世界；他也向大家承諾，會有希望、勝利以及最後的光榮，更激勵人民要繼續一直往前邁進。

顯然，邱吉爾本人很享受這一切，非常喜歡待在閃耀不已的核心，擅長當個大人物，他有好戰的言語、不接受批評的言論，又會拿機槍擺弄以及比出V的勝利手勢。可以肯定的是，當國家在打戰時，就是非常需要這麼一位號召型人物，他在這方面也的確在行。邱吉爾非常適合戰時首相這份工作，因為他的才能很合適，無可否認他真的做得相當好，至少成為了政府核心內部的象徵與燈塔。

邱吉爾在英國多數地方都受到人民的喜愛，原因就是因為有像鮑里斯．強森這樣的人存在，才讓邱吉爾展現出具有討人喜歡的詭祕特質。

時間讓這位有利人物變成了一道神話。這麼一個需要英雄的國家，期望他們完美之人的分量，比其他的都要來得大——外形要跟卡通一樣很大很大，還要具備各種超能力。接著，邱吉爾就成了虛構人物。他的聰明才智被誇大，他的遠見、正直、直覺、對民主的熱愛，以及面對納粹戰爭機器的堅定魄力等各方面都要來一點，以利造就這麼一位超自然神人。

神話不代表是真相，而且國會廣場上那尊三公尺高的邱吉爾雕像代表的真實度也不大。不過，正如我們在本書裡會讀到的，人們常常寧願採信神話，也不願意接受實際發生過的實情。

＊＊＊

二〇二〇年夏天，倫敦街頭出現抗爭活動「黑人的命也是命」（Black Lives Matter）。這座城市的某些角落裡，有些人開始擔心激進分子會把西敏寺國會大廈外頭的邱吉爾雕像給推倒。

這股擔憂的氛圍之中，某些部分是被刻意營造出來的。

新冠病毒（Covid）危機籠罩全國，此時已成為首相的鮑里斯．強森剛從鬼門關 回來，正好逮到機會再次讚揚邱吉爾一番，藉由為這位戰時領袖辯護，提高自己的政治基盤。

強森更把這項議題帶上推特。

他寫道：這尊雕像乃是要「永遠提醒我們，是邱吉爾的努力，才把這個國家以及整個歐洲，從法西斯主義和有種族偏見的暴政之中，給拯救出來。」並指出：「我們不能去刪改、重寫我們的過去。」

邱吉爾過世五十五年之後，儼然已成為神聖的托利黨之神（Tory God），歸屬大家所有。凡企圖質疑其歷史地位，即構成褻瀆。「尋覓真相的人」，豈敢提出「實情」這個棘手的字詞。想要真相的話，那就要「重寫」我們的過去，或至少得修改我們「認知的過去」，也就是邱吉爾把這個世界從暴政之中救贖出來的這段過去。然而，鮑里斯．強森這位「邱吉爾替代人」，需要邱吉爾本尊形象保持坦直、不可被批評，如此一來就能讓自己化身成為邱吉爾後繼者。

要是邱吉爾被推翻了，那麼這位效仿他的仁兄可能也會跟著倒下，所以實在是值得征戰。

隨著「黑人的命也是命」抗爭運動越演越烈，有人在邱吉爾雕像基座上寫下「是個種族主義者」（**was a racist**）字樣。已故首相的外孫女艾瑪．蘇姆斯（**Emma Soames**），也開始思考是否該把這座雕像移出國會廣場。

強森給《每日電訊報》（**The Daily Telegraph**）撰文寫道：他會「用盡全身氣力」來保全這座廣場上的雕像。隨即，推特上爆發爭吵，宛如木偶戲《潘趣和朱迪》（**Punch and Judy**，描述一對冤家夫妻整日鬥嘴吵架的日常），評論家還要求把贊成留下這座偉人紀念雕像的軍人全都公諸於世。

強森挑起的這場論戰，卻也無意間揭開邱吉爾的虛構神話。原本關在灰塵滿布圖書館裡的學者與歷史學家，紛紛走了出來，點出許多有關邱吉爾的矛盾說法。

托利黨支持者直呼邱吉爾「不是種族主義者」，又強調他是「自由言論與自由主義的守護者」，更是「民主主義的守護者」，但證據卻清楚指向相反方向。

讓我們來看看邱吉爾處理愛爾蘭民族主義議題時所留下的記錄。

一九二〇年五月，愛爾蘭這時仍歸屬聯合王國（United Kingdom），時任戰爭部大臣（Secretary of State for War）的邱吉爾負責招募輔助軍「黑褐軍」（Black and Tans），並派往愛爾蘭鎮壓獨立運動。

黑褐軍就是——如同羅伊．傑金斯（Roy Jenkins）在邱吉爾傳記中所描述的：

「跟德國自由軍團（Freikorps）有點雷同；對他們而言，戰爭帶來的暴力還不夠多，和平帶來的就業機會也不夠多。」

一九二〇年十一月，這支政府授權的暴力軍團，在都柏林一場蓋爾足球賽事（Gaelic football，不同於十一人一隊的英式足球，蓋爾足球一隊有十五人）裡，殺了十四位平民。隔月又在愛爾蘭南方的科克市（Cork）縱火，並射殺一名全力滅火的消防員。

殘暴行為在英格蘭引起軒然大波，更進一步刺激愛爾蘭島上的獨立運動腳步。大概就是因為邱吉爾官方授權的暴行，原本的制衡關係也跟著毀了。他也忽略妻子克萊門汀的懇求，不肯去協調促成首相大衛．勞合．喬治接受公平合理的和平關係。

英國保守黨稱呼邱吉爾是「自由的救世主」（savior of freedom），但他卻授權輔助軍以暴行鎮壓愛爾蘭當地人，兩者顯得相互矛盾。另外，聲稱邱吉爾不是種族主義者的人，也同樣面臨費解的情事。

一九三〇年代末期，邱吉爾支持鎮壓澳大利亞原住民：「我不認為這有錯！一個比較強大的種族、等級比較高的種族、比較通曉整個世界的種族，進到該地、取代原住民，這作法沒有錯！」

此人據悉是一位偉大的自由守護者，但卻也以暴力方式壓制印度獨立運動。邱吉爾很看不慣甘地（Gandhi），說他是個「邪惡的煽動型極端分子」，還希望甘地有天「被超大隻大象給踩到」。

邱吉爾相當熱衷於把同一個議題反覆提出，或者找理由跟議題扯上關係的工作。一九三一年到一九三五年年初，他一直積極參與討論印度的未來，可是本人卻對印度的認識卻相當淺薄。邱吉爾曾去過一趟印度，形容印度人是「令人討厭的族群，他們還有令人討厭的宗教」。

依據邱吉爾傳記作者羅伯特・羅茲・詹姆士（Robert Rhodes James）的敘述，一九三三年在印度聯合委員會（Joint Select Committee on India）上，邱吉爾「對議題缺乏深度了解的情況，展現無遺、慘不忍睹」。後來，邱吉爾的態度也轉傾右翼，不停對印度的國家地位施壓，也壓制印度人想要自行管理的權力，自此成為保守黨右翼之中非常不友善的成員。

「邱吉爾偶像崇拜」（Churchill idolatry）這一派人，為邱吉爾堅持壓制千萬印度人想要自主的作為，找了個「那年代向來如此」的推託藉口。但事實上，一九三〇年代，下議院兩方多數的理智國會議員皆已接受這項無可避免的發展趨勢。至於邱吉爾，不同於當時各方政治人物，幾乎是一個人堅持反對到底。

這聽起來或許有點難接受，但是邱吉爾所相信的民主與自由，其起點與終點真的都是落在英吉利海峽。

美國的公民權領袖理查・班傑明・摩爾（Richard B. Moore）提出論點，認為「最美好的時刻」乃在真相之中，但有個「罕見但幸運的巧合」就發生在「大英帝國極其重要的利益（符合）極大多數人類利益」的當下。

有一點我們可以確定的是，這位理當是民主的守護者，但卻非常樂意在戰時與約瑟夫・史達林（Joseph Stalin）結盟。史達林是蘇維埃社會主義共和國聯盟（USSR，蘇聯）的領袖，他可是奴役、謀殺、監禁了數百萬名自己的國民和其他民族的人民。

邱吉爾不是民主的守護者——他是大英帝國的守護者；兩者不盡相同。

二〇〇九年，巴拉克 歐巴馬（Barack Obama）成為美國總統後所做的頭幾件事情之中，就包含移除橢圓形辦公室（Oval Office，美國總統辦公室）裡的邱吉爾半身畫像。當時的說法是把東西歸還到原本的位置，就白宮裡的其他地方而已。但這也太巧了，歐巴馬的爺爺正巧就是被稱為「不列顛古拉格」（Britain's gulag，古拉格為叛國分子的勞改監獄）的倖存者，而不列顛古拉格就發生在一九五〇年代的肯亞，當時邱吉爾正任職第二任期首相。

這段不堪的過往裡，大英帝國勢力在東非設置了許多「拘留營」，有數千萬名公民在違背本人意願的情況下，被拘禁和殘忍對待。非常多人被迫閹割，政府還合法化施虐行為。囚犯有些被菸頭燙，有些被處以電刑死亡，還有許多人被就地處決或毆打致死。

有些人試圖掩蓋英國殖民後期在肯亞的欺壓行為，另有些人則表示雖然不捨憾事發生，但是邱吉爾已經老了，也不再握有大權，所以很難對他咎責。

打造英雄需要的是剪輯作業。邱吉爾是種族主義者，邱吉爾是無用的戰後領袖，邱吉爾鎮壓了愛爾蘭人、肯亞人、印度人的自由。傳奇要能運作，這些內容也都要被剪下來，留在剪輯室裡才對。

＊＊＊

虛構歷史，正反兩面皆有。這些年來，針對邱吉爾的公開譴責與惡意批評之中，有些並不屬實。常被提到的一起事件是一九一〇年邱吉爾派遣部隊到威爾斯隆達谷（Rhondda Valley）一座名叫東尼潘帝（Tonypandy）的小鎮，去鎮壓罷工礦工引發的暴亂。事實上這道命令邱吉爾喊停，他並沒有派軍隊前往該地。

蘇格蘭有一段虛構歷史，至今仍未消弭，那就是「喬治亞街之戰」（Battle of George Street）。這段錯誤全賴到邱吉爾頭上，但這件事情壓根兒沒有發生過。

這段謬誤史認為邱吉爾在一九一九年一月，派遣了軍隊前往蘇格蘭格拉斯哥市（Glasgow），去處理工會示威活動。社群媒體上，詳細記載的經過，還常會附上坦克車開上市區廣場的照片。但是，這些照片的拍攝時間點是在前一年，當時是為戰爭在募款。伊曼紐．欣韋爾（Emanuel Shinwell）是推崇工會組織的蘇格蘭人，他在一九七三年傳記首次講述這段派遣坦克的故事，然而隨著時間過去，這段書中的內容被加油添醋，演變成「英格蘭」士兵開槍，甚至有人因而喪命，但實際上根本就沒有傷亡，也沒有士兵去到現場，只不過確實有發生示威暴亂，當地的蘇格蘭警察也的確有介入處理。整起事件之中，邱吉爾根本就沒有參一腳。

本書中，我們將發現那些歷史上被視為大人物的人，不免被各方人馬拿來利用，有些是讚美，有些是指責，邱吉爾也不例外。

邱吉爾這段頗長的政治生涯之中，常遭遇變動的時代與變動的態度，而他本人也常隨之跟著變動。在下議院的六十二年裡，面對歐洲、猶太人、愛爾蘭、伊斯蘭、讓步政策、女性投票權各種議題，邱吉爾的意見看法全都變動過——而且幅度還不小。

歐盟公投後幾年，支持與反對脫歐的陣營都聲稱邱吉爾是他們那邊的人，雙方人馬各自挑選符合其訴求的邱吉爾語錄。某種程度來說，兩方都是沒有錯。邱吉爾的確曾呼籲要成立歐洲合眾國（United States of Europe），也曾表示過英國不應該成為一員。跟宗教人物有點類似，如何解讀邱吉爾說過的話、寫下的字，方法有很多種，端看你想要證明什麼。

有一點我們可以確定，沒有人真確知道邱吉爾對於英國脫歐的看法為何，因為早在這件事情發生之前，他就已經過世五十一年了。

二〇〇二年 BBC 電視台民調，把邱吉爾列為英國人之首，隨後出現更多「偉人」清單，但作法太粗糙、太簡單。歷史可不是 iTunes 排行榜，也不是歷代偶像排行爭奪戰。指稱某個人是「最偉大的英國人」或是「最偉大的首相」，等於是把歷史變成選美競賽。

邱吉爾肯定是很夠分量，是具有歷史重要性的重量級人物。某種程度上來說，就連金．卡拉漢（Jim Callaghan）和亞瑟．貝爾福兩位首相都無可匹敵。一九四〇年的邱吉爾可是一時之秀，在遭逢空前危機之際，大概也只有他這位國會議員才有辦法統合上下議院了。

之後所發生的事情都非常複雜，不同於粉飾美化過後的陳述。邱吉爾這位戰時領袖並非完美毫無瑕疵，他個人犯下的錯誤和政治疏失都不少，還常常釀大禍。他太在意小細節、判斷常出錯，此外也過度依賴直覺，所以一戰在加利波里港鑄下大錯，然後又在挪威和希臘造成重大傷亡，阻礙了許多有利資源。

一九四三年起，美國持續要求攻下法國，速速終結戰爭，但邱吉爾和其指揮官比較想要從義大利北上，以利鞏固英國在地中海的位置，此舉延宕了戰事。因為邱吉爾執著於加強空軍攻擊力道，想藉由轟炸來協助地面攻占，這檔事無疑與戰事拖延上，脫離不了關係。

邱吉爾最後還是批准了諾曼地登陸（D-Day）和大君主作戰，但這真的是因為美國堅持的緣故，美國可是一個比英國還要強大的國家。

我們所相信的，絕大多數都不是真的，而是因為邱吉爾成功給後代塑造的傳奇故事。邱吉爾撰寫一套六冊的時代歷史暢銷書，把自己打造成有著偉大貢獻的人物，給了我們錯誤的遐想。在這方面，他可說是無人能敵。

如同歷史學家大衛·雷諾斯（David Reynolds）的著作標題所示，由於邱吉爾努力寫作，所以能「指揮歷史」。邱吉爾把自己放置在每起事件的中心位置，抹去當代對他的質疑，創造出既聰明又是天生領袖的形象。

雷諾斯指出，邱吉爾從這套六本書上，賺取約當現今幣值一千兩百萬英鎊。這個套書是由一群研究人員合力完成，為邱吉爾打造好他所嚮往的餘生，此外也幫助邱吉爾贏得戰時關鍵人物的地位。記者邱吉爾，有夠會編寫自己的人生。

邱吉爾雕像的放置位置，還是他自己親自挑選的，位在國會廣場邊緣最明顯的位置。就算離開人世間了，他仍可持續發亮，成為英國民主永恆不滅的人物。

邱吉爾的重要性能持續這麼久，原因是因為一段短暫——但當然是非常之關鍵——的時期，也就是希特勒和納粹主義綁架德國，試圖攻占歐洲，對數百萬人民施以專制統治的這一段期間。

領導力和象徵主義也是關鍵，邱吉爾和他長期磨練出來的行為，就團結英國來說非常重要，也讓人民有個東西和人物可以追隨。

贏得戰爭，不是單靠邱吉爾一個人。邱吉爾具備的長項之中，有一樣是委派工作。他或許會干預太多細節，但只要是他那無所畏懼的軍心和戰時核心五人閣員所做出的決策，他都非常願意——如果被說服的話——去貫徹執行。

最後，邱吉爾的名聲最終是給毀了，毀掉的人正是那群想把他變成「第一名」的群眾。政治可不是流行排行榜，電視台的才藝比賽節目才需要做排名，才要給人冠上最偉大的頭銜，但政治不是這樣運作的。首相排行榜是個適得其反的作法，排在最前面的完全是喜惡所致，也深具個人的政治偏見。

不同於柴契爾夫人、艾德禮、勞合・喬治與托尼・布萊爾（Tony Blair），邱吉爾並沒有為英國帶來什麼實質上的「不一樣」。他並沒有為這國家帶來突破性變革，而是帶領這個國家走過風暴。

想要理智探討邱吉爾傳奇已不可行，就跟本書後續將會討論到的人物和事件一樣，邱吉爾基本上已經成了宗教性人物，無法論證、也無法套用邏輯辯思。

二〇二一年一月，美國的拜登（Biden）總統也移除白宮橢圓形辦公室裡的邱吉爾半身畫像，此舉被許多英國人視為蓄意挑釁行為，威脅兩國所謂的「特殊關係」。先是歐巴馬移除畫像，後來川普擺了回去，現在拜登又把畫像撤了下來，邱吉爾的這幅畫像儼然已成為政治風向球。

英國以前也發生過風向球的事情。邱吉爾與其名聲被當作武器，這是英國其他首相和近代歷史人物未曾有過的待遇，而「相信」邱吉爾及其所作所為與否，可決定你是哪一種英國人。「相信邱吉爾」還是「反對邱吉爾」，一定要做出選擇，沒有中間地帶。

我在研究資料、撰寫本章內容的過程裡，驚訝發現英國歷史學家在談論到戰時首相時，為了降低招致批評的可能性，都會特別再三向讀者說明邱吉爾是一位偉人、做了許多偉大的事，無一例外！敘述歷史的時候，若是冷調處理邱吉爾，就會被視為近乎異端之舉，沒有所謂的中立的立場。

這情況很不幸、也很危險。

許多人希望歷史就是他們所看到或讀到的，而負責傳播歷史的人則選擇迎合許多人已有的偏見看法。

不過，我們所謂的偉大歷史人物，在以前未必有獲得認同。邱吉爾就是個例子，在他的年代裡，他這個人其實不如我們想的那樣受到歡迎。

一九四五年大選，工黨獲得壓倒性勝利，邱吉爾無法提供英國人所想要的未來，收到了「捲鋪蓋走人的指令」；緊緊占著保守黨領袖位置，但卻無法明確為戰後時期定出願景，並且還輸掉一九五〇年大選。隔年邱吉爾終於贏了大選，重新掌權，但大家常忘記邱吉爾其實輸掉了公眾的得票數；當時工黨獲得的總票數多出了二十萬張，而邱吉爾能夠重新回到唐寧街，乃是拜早已過時的簡單多數制（first-past-the-post system）之賜。

數年來，邱吉爾的名氣和聲望持續延燒，但艾德禮卻沒有相同的待遇，這都得大大感謝邱吉爾自己與其支持者的努力，持續不斷熱情推廣邱吉爾傳奇，一路推向歷史行列的前頭。

我們認為以前發生過的事情，以及我們被鼓吹要相信的內容，都未必是發生過的事情。所有的事件都不是經過訂製而來，也無法預先下指令執行。就跟編造歷史的人類一樣，歷史具備著複雜性，有許多細微差異之處，但也因此顯得格外有趣。

不過，大多數人並不喜歡「複雜與細微差異」。因此，世界上越來越多民粹主義人士、說客、權威人士和有影響力的人，想盡辦法拆解複雜的事件、加深虛假度、鞏固錯誤思想，全都是為了追求能符合自己現有的利益。

這過程之中，歷史被足球化——請允許我用這個詞來描述——歷史成為一場賽事，有兩方人馬，各有嘲弄人的支持者。為了能夠吻合其陳述，確保自身的權力，民粹人士會詆毀細節、損害真相、重新塑造事件經過。

強森認為邱吉爾的名聲是神聖不容侵犯這點，真得是錯了。反之，我們需要更進一步審視邱吉爾才是。沒有一個人可以不用被檢視，就算是邱吉爾也不能例外。當編撰的軼事，以及一段記憶模糊的奇聞故事，被誤認是真正的歷史時，我們麻煩可就大了。

謊言成史2

古代人認為地球是平的

TEN GREAT LIES
AND HOW THEY SHAPED THE WORLD

FAKE HISTORY

虛構歷史的故事

一九三九年八月的最後一個禮拜，歐洲往後來釀成重大影響的戰爭傾倒之際，德國考古學家奧托・沃爾辛（Otto Völzing）人在德國南方斯瓦比亞阿爾卑斯山（Swabian Alps）的一處山谷裡，埋首挖掘工作。沃爾辛在洞穴後方乾掉的泥沙裡，找到一些長毛象的象牙碎塊，小心翼翼放進雪茄盒裡。

帶領這次挖掘工作的是四十一歲的羅伯特・維澤爾（Robert Wetzel），這位古生物學教授在德國杜賓根大學（University of Tübingen）主導史前歷史研究，也是一位忠心耿耿的納粹分子，於一九三三年加入希特勒的納粹黨（NSDAP）。納粹黨裡的海因里希・希姆萊（Heinrich Himmler）組織了親衛隊（SS[1]），至於智庫阿內那本（Ahnenerbe）是親衛隊底下的特殊單位，受命要為納粹領導人找出證據來佐證他們對德國人種族起源的瘋狂想像。

---

1 SS是Schutzstaffel的縮寫（係指「保護中隊」），歸屬希特勒的精英輔助軍組織。

至於維澤爾，他正是阿內那本的領導人物。

納粹政權並非是第一個為了政治目的金援虛構歷史的政府單位，也不是最後一個。不過，納粹黨所投入的精力和金錢，以及包括維澤爾和沃爾辛在內，這群無從尊敬起的人所展現的積極程度，或許可說是歷史上未曾見到過的。

親衛隊領袖（Reichsführer）海因里希．希姆萊，從小就被父親灌輸日耳曼人的傳奇故事，所以篤信是德國人創造了人類的文明。奧地利神祕學家卡爾．馬立亞．維利古特（Karl Maria Wiligut）酗酒、家暴妻子，而希姆萊則是在一九三〇年代初期，沉迷於維利古特和荷蘭史前學家赫爾曼．沃斯（Herman Wirth）的論點，致使其荒謬幻想越發加劇。

沃斯主張，德國人種有兩百萬年歷史，創建了遺失的文明「亞特蘭提斯」（Atlantis，柏拉圖筆下的失落帝國）。維利古特則是認為，《聖經》新約和舊約裡的一切都是發生在德國，耶穌基督是雅利安人（Aryan）的神，名叫克里斯特（Krist）。

一九二〇年代的時候，維利古特曾被送進精神病院，至於沃斯則是被同期學者揪出其「研究」中使用了顯然是捏造出來的論證。不過，到了一九三〇年代中期，兩人成為德國具有相當大影響力的人物，還收到國家提供的龐大資金。

智庫阿內那本派人去尋求考古學的支持，以利維繫這些納粹分子想像出來的無稽之談。他們前往芬蘭、瑞典、西藏考察，搜查那遺失的祖國，找尋亞特蘭提斯人民遺留下來的足跡。亞特蘭提斯根本是偽考古學，完全沒在理會、實證研究的方法和推論，以及縝密研究的要求，全然只是在追求確認偏誤（confirmation bias）。古藝品隨意歸類，隨意斷論研究發現，就只為了要滿足受命的敘述內容。

考古學家有個極致重要的祕密武器，那就是偵測瞎扯的本領，他們的心智要有能力質問證據：「真如表面上看來的那樣嗎？是否支持我相信的論點，還是只是我希望能用在我的論點而已？」

要是證據沒有經過嚴謹評估，卻拿來支撐既有的理論，又或是因為證據會推翻原有假設或相信的內容，所以就丟棄的話，所謂的確認偏誤便成立了，理論或內容也可說是一般大眾所稱的「撒謊」行為。

會讓你訝異的是，納粹其實不只有撒撒謊而已。當找不到想要的結果，納粹就捏造考古研究。親衛隊的成立就是要鼓吹中世紀騎士精神，非常需要一個漂漂亮亮的聖杯，所以他們找人製作一個基姆湖大鍋（Chiemsee cauldron）。這個精細製作而成的鍋子重達十公斤，材料是18K黃金，上頭的鋪張裝飾走的是中世紀塞爾特民族（Celtic）風格。佯裝成古代文物，為的是要展現現代的雅利安人，乃是從先進文明演化而來。

一九四五年，武裝親衛隊（Waffen-SS）撤退的時候，把這口鍋子丟進巴伐利亞（Bavaria）的一座湖泊裡。二〇〇一年，一次潛水活動發現這口鍋子，學術界摸不著頭緒，曠日費時花了好一段時間才揭開這場騙局。

想當然爾，雅利安人種跟住在你家木地板底下的藍色小精靈差不多。這金髮碧眼的古代印歐種族全是十九世紀種族主義者編造出來的，接著又被二十世紀法西斯主義拿來支撐惡毒、凶殘的思想。

悲傷的是，至今還是有人對此深信不已。

基姆湖大鍋只不過就是在幫偽考古學的納粹鬧劇鍍金罷了。

決心要證明德國文化的優越性，智庫阿內那本變得更加恣意妄為，同時也感到時間緊迫。只不過是比十六世紀路德宗（Lutheran）神學家隨便寫寫的筆記，或是十二世紀岩石上的刻畫多了幾分的證據，希特勒的考古學家便認定條頓堡森林（Teutoburg Forest）自然堆積而成的砂岩是塊聖地，這砂岩又稱為伊克斯坦岩石（Externsteine）。在希姆萊的一聲令下，智庫阿內那本就在該區做詳盡調查，用以證明此處是雅利安人觀測星動的地方。

這場挖掘行動的負責人是一位精神錯亂的七旬老人，兼職牧師的威廉．泰德（Wilhelm Teudt），他的論述一直遭到大力批評。直到他七十五歲生日，阿道夫．希特勒授予教授職位之後，批評聲浪才變小。

要是這些內容聽起來有點像比較不精彩的《印第安納瓊斯》（Indiana Jones）前傳，那麼原因就是史匹柏（Spielberg）的拍攝靈感有部分是來自這幾起事件。不過，納粹真正無人性的殘暴行為，絕對比劇情還要狠毒殘酷。希姆萊為了加速實現自己異想天開的想法，遂把數千數萬名被奴役的囚犯送上死亡之路。比倫市威維爾斯堡（Büren-Wewelsburg）郊區的尼達哈根（Niederhagen）設置一處集中營，囚犯出動勞力建造「希姆萊的卡美洛」（Himmler's Camelot，卡美洛是中世紀圓桌騎士傳說中亞瑟王的王國），一座讓親衛隊領袖痴戀於亞瑟王美夢的城堡。

這處集中營內，至少有三分之一的囚犯都喪命身亡了。

為了追求個人的野心，考古學家、歷史學家等正當學者都願意與胡說八道掛鉤。可別忘了，就是這樣的瞎扯、瞎說論調處決了數百萬計的猶太人、同性戀者、吉普賽人和其他所有「不樂見」的人。

在得覓尋能支持那惡劣虛幻想法的期間裡，沃爾辛在斯瓦比亞阿爾卑斯山腳下的洞穴裡，踩到了長毛象的殘骸。

數十年來，我們都知道隆納塔山谷（Lonetal valley）裡的霍蘭史坦－史泰德（Hohlenstein-Stadel）山洞，富有冰河時期考古價值。多次挖掘工作皆有令人興奮的發現，包含馬匹、野牛、犀牛的雕刻像等等。不過，沃爾辛最後一天的挖掘工作顯然倉促，因為戰事只有一周之遙，而他本人居然沒有注意到自己挖掘的東西有多重要！

那個雪茄盒，裝著象牙碎片的雪茄盒，一直被放在維澤爾家裡。三十年載的時間，從未再有人去觸碰過。

維澤爾和沃爾辛都從戰爭裡倖存了下來，但他們的研究生涯深受親衛隊經歷的影響，因此戰後數十年裡，兩人的精力都花費在勉強維持生計上頭，渾然不知他們不小心踩到的東西有多寶貴，所以就一直留在雪茄盒裡，放在維澤爾家裡深處積灰塵。

維澤爾於一九六二年過世，其畢生收藏都捐給了烏爾姆博物館（Ulm Museum）。過了幾年，西德史前學家約阿希姆・哈恩（Joachim Hahn）著手整理維澤爾的物品和造冊。一九六九年的某一天，哈恩打開了雪茄盒，立即認出沃爾辛和維澤爾錯失的寶物。

結果，塵封的象牙碎片是Löwenmensch——或稱史前獅子人雕像（Lion Man）——的一部分。這雕像可是上期舊石器時代的文物，乃是一群早期人類所珍視的寶貝。數萬年以來，這群人類已被遺忘，但這座雕像可是現存最古老的藝品。

可是會讓人感到頭暈目眩般的遠古等級。

這群早期人類來自歐里納克時期（Aurignacian），大約在四萬年前製作了這尊雕像。在此給個概念，最後一隻長毛象已於兩萬三千年前滅跡。

「史前獅子人雕像」的價值不單單是年代非常之久遠！這還是用了一整根象牙雕製的成品，想必得花上超過四百小時的時間才能完成。可見到當時投注了相當可觀的時間，完成這麼一件顯然沒有實用功能的物品。此雕像流傳數百個世代，數千數萬人都用手撫摸過，因此表面顯得相當光滑。在在顯示出，即便雕刻的人辭世了，雕像的價值仍延續了很長一段時間。

我們不清楚到底這尊雕像的用途為何，但很明顯是用在宗教儀式裡，這也描繪出我們一千兩百個世代前的祖先模樣。石器時代的人類可不只是像一九六〇年代拉寇兒・薇芝（Raquel Welch，《公元前一百萬年》女主角，One Million Years B.C.）演的電影那樣，他們不是拿著棍棒、披上動物毛皮、不會講話只會咕噥的刻板印象！這尊雕像告訴我們石器時代的人類，就跟後代的我們一樣，都在詢問同樣的問題：「我們是誰？我們來自哪裡？我們有什麼目標？」

即便生活辛苦，縱使得外出採集莓果、狩獵，還得閃避藏在火堆之外的暗處獵捕者，這一小群石器時代的人類仍努力想搞懂所處的混亂世界，也想了解自己到底是誰。

後來，出現第一批先知、講故事的人、科學家、歷史學家，以及瞎扯蛋的人。

我們的祖先出生於混亂之中，也是從混亂之中而出。人類處在亂世之中，面對恐懼的不確定因素，需要的是秩序、邏輯與慰藉。夜空裡，我們看見各種動物形狀的星斗，以及北斗七星——但卻根本就摸不著。許多人會祈禱，都是因為有需求。祖先就跟我們一樣，在為無法理解的一切尋找秩序，因而創造了神明與靈體。

演化發展而成的直覺，帶領人類借用迷信和說故事的方式，來克服自己無助的存在感、面對黑暗。走進樹林之前，祖先會先敲擊木頭，喚醒三位靈體來保護自己，所以至今我們依舊會透過「觸碰木頭」的儀式來祈求今天會有好運氣。

史前獅子人雕像是精密心理防衛機制下所完成的產物，可是第一個展示了人類兩項神奇能力的證物，即創造力和自我欺騙。隨著文明成長和書寫與語言的發展，各種記得不是很清楚的事件，以及祖先的所作所為，在無可抗拒的情況之下，與各時代普見的信念與迷思交織。正如同那台從未開上格拉斯哥市喬治亞廣場的坦克車一樣——事物都會被放大、誇飾。

美好的營火說故事時間裡，大家都喜歡誇而不實的內容。人類出現之後，有超過百分之九十五的時間都居住在黑暗的洞穴和大地。但是，當我們終於脫離黑暗，卻始終沒有擺脫喜愛聽虛幻故事的習慣。

舉個例子來說，特洛伊戰爭（Trojan War）是青銅器時代的重要故事，可能是由真實事件演變而成，不過一旦落入說書人的手，那就成了轟轟烈烈的內容。

古代歷史都是策士寫出來的。《伊里亞德》（Iliad）和《奧德賽》（Odyssey）皆是荷馬（Homer）的作品，荷馬或許真有其人，也或許根本是沒有存在過的人物，但兩部作品都是口傳歷史與習俗下的產物。各個世代的詩人一而再、再而三流傳故事，內容再經修改、調整、修飾，就跟史前獅子人雕像一樣，遭世世代代人的手給抹平了。最後西元前七世紀，荷馬終於提筆寫下文字，懷舊遙想那逝去的世界，那裡有偉大的神明、勇敢的英雄締造宏偉的事蹟，那時的小孩都不必浪費生命呆呆望著蠟面版牘[2]（wax tablet）。

既不是宗教典籍，也不是歷史文本，《伊里亞德》和《奧德賽》有部分是帶著娛樂作用。同時，也被用來捏造普世價值觀，傳播英雄主義和行事為人的準則，但它的基礎卻是那已逝黃金年代裡的例子。

就各個面向來說，荷馬作品的影響相當巨大，不僅成為歐洲文學與西方思想的根基，也是虛構歷史的開端。不過，公平點說，古希臘人創作這作品，至少是帶著正義感，試圖表達問題所在。

希羅多德（Herodotus），約出生於西元前四八五年，常被稱呼為「歷史之父」（Father of History）。大家一般都同意希羅多德是頭一位嘗試採取嚴謹學術研究態度和準則，來探討過往發生的事件。

希臘文中的「歷史」一詞，意思係指「詢問」。希羅多德的著作即是選用「歷史」一詞作為書名，算是創了該詞的使用。此著作後來共分為九卷，探討一百五十年來發生過的事件與衝突醞釀出波希戰爭（Greco-Persian war），以及西元前四七九年波斯在普拉台亞戰

2 可折疊雙面木製記事本，中間蠟面可以加熱軟化、抹平的方式重複書寫用。

役（Battle of Plataea）戰敗；戰役結束後十年，希羅多德就出生了。該著作可說是早期雅典文學和學術研究的傑出之作，由於敘述內容橫跨交織地中海一帶與中東地區，所以演變到後來，調性也變了，裡頭也收錄遊記、趣聞、八卦、性愛、暴力、美食報導，還有一些很精彩的復仇故事。

有些趣聞小故事至今持續在發光，舉例來說，在一卷一百三十三行裡，希羅多德聲稱波斯人遇到重大決策時，會分兩次下決定：

「再者，他們習慣在酒醉的時候，認真思索重大議題。隔日酒醒後，由他們喝醉酒所在屋子的主人告知前日思索的內容。若酒醒後，依舊接受酒醉時的決定，那麼就會付諸執行；要是不願意接受的話，他們就會放棄。」

這種酒醉式決策治理方式聽起來很像川普執政之下的美國，也和法國現代總統選舉方式相差不遠。法國總統選舉共計有兩輪；第一輪基本上就是酒醉式競賽，隨便來一位湯瑪斯（Thomas）、理查（Richard）或是亨利（Henri），全都可以參加競選；第二輪是由勝出的兩位候選人在「酒醒」的選舉之中較勁，由法國人做出選擇。

不過，波斯到底是不是真得採取此種治理方式，我們不得而知，因為很遺憾的是，希羅多德寫的一些趣聞不禁讓人想到一九六〇年代的背包客，因吸食阿富汗黑哈希（Afghan Black，阿富汗的原生植物大麻）而亢奮不已，講述著他在山坡帳篷裡，從神智不清的嬉皮那邊聽來的內容。

希羅多德談了許多關於蛇的事，有會飛的蛇、能吞下一頭馬的蛇、長了角的蛇，還說埃及有鳳凰，波斯有挖金礦的巨蟻，另外就是性感的人魚——斯基泰人（Scythian）的祖先——遇到有人往生時，便會把自己變成幻覺、幻聽的古怪模樣。此外，還講了一個有關歌者阿里昂（Arion）的故事，那是被海盜拐走後，又被海豚救下的歷程，然後還有一則有關使用女人的尿來醫治瞎眼國王的敘事。

請不要在家裡嘗試以上說法。

另外，有些希羅多德的著作竟擴展為劣質小說。有則故事在講呂底亞帝國（Lydian Empire）的坎道列斯國王（King Candaules）對皇后的美貌著迷不已，所以說服自己最疼愛的侍衛蓋吉士（Gyges）去偷看光身子時的皇后，蓋吉士不情願的接受任務。當皇后發現蓋吉士從寢室縫隙偷窺的無理行徑時，劇情大翻轉，皇后提出更加無理的建議，表示蓋吉士如此惡劣的偷窺行為可是會被處刑，不然就成為她的戀人，去把國王殺掉、奪取王位。

蓋吉士當然不是笨蛋，自然是選擇了後者，成功弒君奪位，統治呂底亞帝國長達四十年的時間。過了四個世代，天神遲來到，得知他們之間發生的事，遂把蓋吉士的後代克羅索斯（Croesus）給殺了，作為報復。真是暴力！

趨近荷馬的創作方式，外加上過於熱愛引用諸神的神諭和作為，此作招致許多批評。大喜劇家亞里斯多芬（Aristophanes）在歐洲劇院裡無情批判希羅多德，即便已過世四百年，希臘哲學家蒲魯塔克（Plutarch）仍在〈惡意的希羅多德〉（The Malice of Herodotus）一文中，斥責希羅多德的研究過程太過草率，太容易輕信、上當，而且顯然過於偏頗波斯。數百年來，批評和護航希羅多德的人一直都在，蒲魯塔克說他是「謊言之父」的形象也深刻人心，但這麼說並不完全公平。

希羅多德有風光的時候，但也是有能力提出質疑，他寫道：「我沒有義務一定要被說服……而且這些都是我被告知的內容。」

似乎，那些看似怪異的論述其實是有些根據的，像是那會挖金礦的巨蟻即是一例。一九八四年，法國民族學家米歇．派索（Michel Peissel）沒有發現「巨蟻」這玩意兒，但在現今巴基斯坦境內，印度河（Indus river）上游的丹索平原（Dansar Plain）找到了巨型土撥鼠[3]，這土撥鼠挖洞穴的時候，的確會挖出金礦。或許是希羅多德的翻譯出錯，把土撥鼠翻成「巨型山蟻」，因為這兩個詞彙在波斯文裡，聽起來幾乎一模一樣。

3 大型嚙齒類動物。

同樣的，斯基泰人的「魔幻霧氣」讓大家都進入恍神狀態，這無疑就是舊時代的大麻毒品了。有可靠的證據可證明斯基泰人會把麻類植物堆成一堆來使用，以利進入神智恍惚的狀態，這或許是喪禮的部分儀式，又或者喪禮只是個藉口罷了。

考古學也證實了希羅多德所描述的埃及。希羅多德花了好些版面，詳細描述在尼羅河（Nile）上有一艘非常不尋常的船隻。數百年來，這二十三行記述被許多學者認為是無稽之談，只不過是想像出來的罷了。可是，二〇一九年，一次潛水行動進到消失的港口何拉克萊奧（Thonis-Heracleion）時，卻驚奇發現一艘保存下來的船隻，竟吻合希羅多德的描述。

即便是「會飛的蛇」也可能是真的，當然了，現今亞洲和中東地區已經沒有這種生物，但在東南亞森林裡的確有不少。因此，若說希羅多德是把從旅客那邊聽來的故事，胡亂拼湊成書的話，其實也不精確。

希羅多德乃是首位「社會歷史學家」，對於一般民眾的習俗、八卦、習慣深感興趣，也被戰爭和大事件吸引。就這樣，希羅多德的傳奇有時會被遺棄，但與他時代相近的雅典歷史學家修昔底德（Thucydides），倒是發現學術研究可是大有助益。

希羅多德著迷於虛構的故事，但修昔底德卻是鐵了心執著於找尋真相，完全不停歇。有關修昔底德的資料不多，幾乎都是在講述自己人生故事的內容。歷經雅典大瘟疫（Plauge of Athens）——一場殺死雅典政治家貝理克（Pericles）的瘟疫——的倖存者，擔任軍隊裡的將軍，參與伯羅奔尼撒戰爭（Peloponnesian war），後來遭遇不公平對待，被怪罪未能守住安菲波利斯（Amphipolis），最後就被驅逐了。包含希臘學者維斯雷克（H. D. Westlake）在內的部分歷史學家都相當好奇，修昔底德講述的事件內容，到底是不是因為城鎮敗給了斯巴達人（Spartans）而在自責所致。不過，或許歷史本身根本就無法達到完全客觀。

不過，無可爭議的是，由於被流放，修昔底德可以坐下來好好寫伯羅奔尼撒戰爭的歷史。他幾乎單靠自己一個人的力量，完成了事件報導、有根據的歷史記載、政治理論與批判思考，採取按年代編制，不帶情感或情緒的方式來寫作。不管忠誠與否，他尋求的是為近期事件，留下不帶偏見的描述記錄，審視衝突的緣由，調查參與其中各個人物的動機。

在二十一世紀裡，釀成大規模損害的隱形凶器，包含有英國脫歐、中美角力、虛構歷史。這時間點，修昔底德又重返潮流了。記者和歷史學家，甚至連政治人物，都很愛引用修昔底德，期望藉此攀點關係，喚起修昔底德的精神。川普的首席策略長[4]史蒂夫．班農（Steve Bannon）表示自己是修昔底德的粉絲，然而他同時也是布萊巴特新聞網的執行董

4　二〇一七年一月至八月。

事長[5]（Executive Chairman of Breitbart），該網站特別愛製造假新聞。另外，鮑里斯・強森也表示相當崇拜修昔底德。到底是他們完全誤解了修昔底德，還是刻意要借助修昔底德的歷史遺產，說明「他們的」歷史是「真歷史」？這點尚不明朗。

修昔底德在二十一世紀紅到不行，甚至還出現在電影《神力女超人》（Wonder Woman）裡，邪惡的魯登道夫將軍（General Ludendorff）對神力女超人喃喃說道：「和平只是未了結戰事之中，暫時的停戰罷了。」此刻，神力女超人立即發現，這可是偉大雅典歷史學家說過的話！看來這位實事求是之父，聽到了會很不開心，因為這是不實的引述。

英國埃克塞特大學（Exeter University）的古典學與古代歷史學教授內維爾・莫立（Neville Morley），以研究修昔底德出了名，自發性去追溯這句話的源頭，尷尬的是，來源其實是美國一間頗負盛名的軍校牆壁，莫立在二〇一五年的一篇文章中寫道：

至今，我找到最早一個表示這句話是出自修昔底德的，其實是在西點軍校博物館（West Point Museum）的「戰爭的歷史」（History of Warfare）陳列館，其牆面上印有這句話。我才得知，這是在一九八八年陳列館翻修時，一位歷史系成員所提供的引言。

5 二〇一二年到二〇一七年一月，以及二〇一七年八月至二〇一八年一月。

修昔底德的書很不好讀，這本書的目的不是為了要衝銷售量，也不是讓那些不會低頭認錯的精英分子，在地中海沙灘上拿來殺時間娛樂用。修昔底德的目標受眾是統治者、領袖、專家學者，文字不受天神與神諭的阻礙，以命運觀念做為慰藉。這位作者對希羅多德那些非必要的東西不感興趣，人們吃了些什麼、到水裡找尋騎著海豚彈奏魯特琴的年輕人，這些他都沒興趣。

就許多面向來說，那種整日埋沒在灰塵裡且很容易被輕視的學者，修昔底德就是他們的先驅。這類學者常躲藏在推特的小角落裡頭默默發光，為資訊不足的人提供實情、邏輯解釋與各種圖表說明。

希羅多德未能從神話之中，把歷史解放出來，而修昔底德則是想讓大家注意到真相。修昔底德的作品可以用以說明一小群統治者，而且這些當代和往後的統治者會讀修昔底德的書。用修昔底德的話來說，這本書是「可以永久保存的物品」。

該作品可作為警世故事，警告戰爭與爛領導人對社會的影響，而且在錯誤訊息（misinformation）的年代裡，在有川普這種粗暴行為和英國脫歐這種自大態度的時代裡，這個著作和他倆的關聯性特別深遠。

依據修昔底德的記錄，早在英國脫歐之前的二千五百年，即西元前五世紀，在地中海城邦之中，早已見到促成英國特殊主義（exceptionalism）的傲慢與自大。

西元前四一三年，雅典不明智的決策就是進攻西西里（Sicily），因為他們說服自己，認定自己比敵人還要優秀、強大，因此很快就能讓對方形成分裂，打到對方撤退。二十一世紀英國則有「法拉奇主義和投票脫歐者[6]」（Vote Leavers and Faragists），這場災難的批判和反對聲浪被指責、被忽略。然而，事態惡化的速度非常快。雅典人有著最重要的自信與自大，進攻失敗了，灰頭土臉回到家鄉，沒多久雅典政府便於西元前四一一年遭人推翻政權。

馬克思（Marx）和ABBA樂團皆在他們的主要作品之中表達主張和看法，而且書架上的歷史書籍總是不斷重複陳述的內容。就這點來說，修昔底德犯了點小錯，他認為現今會不斷重複播放過往的曲調——但也不是真的就只是重複。歷史，不是點唱機，而是爵士樂。特徵、特性或許會有所改變，但人性和人類的蠢性是不會改變的。

＊＊＊

6　奈傑爾　法拉奇（Nigel Farage）的支持群眾，法拉奇曾為獨立黨（UKIP）和英國脫歐黨領袖。

羅馬帝國的消逝，基督教的興起，導致傑出希臘學者的作品被長期忽略，主因是許多人不再講希臘文了，許多作家的作品也跟著消失不見。在大眾的想像裡，有這麼一段「黑暗時代」（The Dark Age），大約是從西元五百年一直延續到西元一千年。一般認為，這段不堪的歲月充斥著混亂，類似集體沉淪、一起變成笨蛋的感覺，沒有人擁有好東西，整天只會種大頭菜，或是呆呆望向空曠地。不過，事實上，黑暗時代並不是那麼地黑暗。

羅馬帝國衰滅之後，歐洲的確是跌入一千年之久的基督教神權政治。是的，知識是「消失了」，但卻也不是什麼新鮮事。以前，就曾出現過數次「黑暗時代」。

西方稱美索不達米亞為「中東」，第一個美索不達米亞文明興起之後，數個帝國與文明興起又消逝。西元前十一世紀，邁錫尼文明（Mycenaeans）成為歐洲第一個文明，歷經五百年先進又複雜的文化，後來也化為灰燼。不過，一定會發生的是——總有其他文明興起取代之。

歐洲羅馬帝國垮台，這不代表所有一切就停滯不前了。帝國消逝後的四百年間，大多數人過上的日子，不比先人的黑暗。

「黑暗時代」這個詞彙是十四世紀佩托拉克（Petrach）事後所下的定義，此人對希臘和羅馬文化相當偏頗，認為這段古代時期是人類文明的「黃金年代」（golden age）。因為，即便是在十四世紀，人們還是會回首想著那些逝去的「美好舊時日」。

事實上，黑暗時代縱使是有些茫然、環境是有幾分辛苦，但這段時期依舊是有好東西出現。北歐農業技術迅速發展，食品製造出現突破性的進展。科學與數學整體進步非常多，跨越橫跨歐洲大陸上的國境限制，有些是出自伊斯蘭學者和科學家——甚至還有來自中國的新觀念逐步傳進歐洲。

到了修道院的時代（Monastic age）——慘的是這段日子的特徵被認為是男人剃了頭、穿著拖鞋，整天在畫著華麗裝飾的信件，等著維京人（Vikings）來打劫的一段時期——算是進步、發展達到巔峰的時刻。早期的修士是西方首批學者，埋首於文化研究與學術領域。歐洲各地收藏豐富的圖書館成了他們待最久的地方，不單單只是抄寫詩句和《聖經》經文，同時也從事著作編寫，其中包含了第一本真正的英國大歷史，畢德（Bede）所寫的教會史。

可敬的畢德（Venerable Bede）這位博學之士，隸屬於英格蘭聖本篤修會修士（Benedictine），於七至八世紀從事撰寫工作。他最為出名的作品，探索了基督教起源的細節，成為中世紀早期的巨作。

畢德善加運用位在韋爾茅斯—賈羅（Wearmouth-Jarrow）的修道院圖書館，清楚、精確記述「英格蘭」的歷史，以及基督教的出現，一路討論他的年代為止。閱讀畢德的作品，宛如是被帶回到從前。不過，最讓人感到詫異的是，他雖然是一位修士，但其研究方式竟跟修昔底德很近似。其著作在日期、事件、名稱等方面的資訊都極為準確，內容盡是有憑有據的描述。畢德非常重視證據，能把支離破碎的資訊整理成來龍去脈很清楚的敘事，這就是為何其著作能成為英國與歐洲歷史的重要基石之一。

不過，綜觀歷史上所有採取與修昔底德相同精神的學者之中，隨時都可以找到幾個只是為了鼓吹目的的笨蛋。英國的話，當然就是編年史作家蒙茅斯的傑佛里（Geoffrey of Monmouth），他的瘋癲之作《不列顛諸王史》（Historia Regum Britanniae）的成書時間點是在十二世紀，比畢德的著作晚，但卻創作一大堆有關特殊主義的有害迷思，導致至今還是得不時地釐清、解說；這部分本書稍後也會談到一些。不必多說什麼，就是傑佛里捏造了沃蒂根王（King Vortigern）的傳說，講述這位國王邀請虛構的盎格魯薩克遜（Anglo-Saxon）貪財兄弟檔衡吉斯特與賀薩（Hengist and Horsa）前來王國。同時，也是傑佛里想出亞瑟王與其騎士的蠢故事，還讓希姆萊對此著迷不已，而且傑佛里也為《李爾王》（King Lear）和許多英國虛構統治者的故事，提供不少材料。

傑佛里和畢德所代表的拉鋸戰，永無終止之日，這場介於真實歷史與虛構歷史之間的拉鋸戰，開始於修昔底德和希羅多德，至今也仍會繼續延續下去。

不能單單因為邱吉爾的孫子告訴「伊頓公學」（Eton College，英國貴族中學，以培育王室成員、政經界菁英出名）出身的前倫敦市長，說邱吉爾給一位清潔女工頒了勳章，那麼這檔事就是屬實了。以騎著海豚的歌手或是傑佛里的「薩克遜人的到來」的例子來說，一旦被放進「讀起來像是真相」的書籍裡，時間越久，就會越難澄清。人們比較喜歡「好故事」的陳述，因為平淡無奇的事件無法順應其偏見看法。這種愚蠢主義發展很快且很難控制，還會播下對過往一切都忽視的惡性種子。

沒有比「地球是平的」更好的例子了！問問你旁邊的人或是臉書上的朋友，請他們猜猜人們是從什麼時候開始接受地球是圓的的觀念。

我問過四十位有所見聞的親朋好友，大多會猜：

「十五到十七世紀之間。」

大家都知道，一四九二年，為了「證明地球是圓的」，克里斯多福·哥倫布（Christopher Columbus）航海前往西方，所以答案一定是在此之後。

我們許多人都是聽哥倫布的故事長大的，心生恐懼的水手死命抓住繩索求生，深怕船隻航行到世界邊界的時候會跌下去。即便是一派胡言，但也還算是個有趣的故事，這位義大利水手讓我們整個笑歪。

哥倫布會出發航向西方，不是為了證明地球是球的，這想法根本就排不進他的「待辦清單」，因為在當時「圓地球」這觀念早已是人盡皆知。

觀星的歷史就跟視力的歷史一樣久。史前歐里納克時期拿在手裡的長毛象牙，即可證實此點，顯示人類在三萬八千年前就想要標示出獵戶座（Orion）。一九九九年挖掘出土的內布拉星象盤（Nebra sky disc），描繪了三千六百年前的天體，這是青銅器時代一項非常了不起的物件，完美到不禁讓人擔心是偽造品。古薩克遜人（Ancient Saxony）不會因為失去亞特蘭提斯而感到哀痛，但可以肯定的是，他們有標示出星星的位置。

到底誰是頭一位發現地球是球體的人，這點不是很清楚。或許是想繞著非洲航行的腓尼基文明（Phoenicia）水手，但也有可能是哲學家畢達哥拉斯（Pythagoras）。但是希臘人習慣把每件事情都歸功給畢達哥拉斯，所以有點半信半疑就是了[7]。但可以確定的是，西元前三世紀，人們已普遍接受地球是球體的觀念，至少在希臘世界是如此，此觀念還一直延續到羅馬時代和其後代。

畢德沒有因為完成了有依據的歷史書籍就停下腳步，他還涉獵月亮盈缺和時間丈量這兩件事，並此寫了《時間推算》（The Reckoning of Time）一書，書中指出地球：

7 有些地區的人相當懷疑到底畢達哥拉斯是否真有其人，目前尚無第一手資料可佐證。

「不像盾牌那樣的圓狀，也無法敞開像輪子那樣，但看起來很像是一顆球，每個方向都是一樣圓。」

那麼，為何我們會認為他們不知道呢？

始作俑者就是美國作家華盛頓．歐文（Washington Irving），他最出名的作品，包含短篇小說是《沉睡谷》（Sleepy Hollow）、李伯大夢（Rip Van Winkle）系列故事，還讓「無與倫比的美元」（almighty dollar）說法遠播，歐文是美國第一位土生土長的「作家」。

歐文長期寫作職涯裡，完成多本著作，其中有一本還幫忙強化哥倫布發現美洲這個錯誤想法。該本書完成於一八二八年，是一本離奇怪異、經過美化的傳記，內容更是錯誤百出。不過除了傷害，也有侮辱，因為歐文表示自己是照著修昔底德的風格寫作的：

「我避免讓自己僅靠著臆測……」且努力「……採用真相實情的觀點，好讓讀者可以吸收這其中的美好，然後自行得到結論與原理。」

歐文的書等於是為美國迷思創造，開了第一槍。當時的美國非常需要起源的故事，而歐文就為這個年輕的國家提供這麼一則故事。

哥倫布並沒有「發現美洲」，因為維京人比哥倫布早了五百年，所以首位航海抵達美洲的是維京人。哥倫布甚至沒有踏上美洲大陸，因為他只待在加勒比海地區（Caribbean）而已。只要想到哥倫布抵達時，已有六千萬人居住於此，而且這些人早已在該地生活了一萬六千年，然後還說出哥倫布「發現美洲」的話，實在是無知又可笑。

哥倫布也很難稱得上是個英雄或是航海家。

西元前二〇〇年，希臘智者拉托賽尼（Eratosthenes）估算出地球的大小，誤差在百分之一以內。一四九二年，哥倫布從西班牙出發的時候，他自己也做了同樣估算，但誤判率卻高達百分之二十五，這意味他抵達的地方是西印度群島，但哥倫布本人卻以為是中國大陸，或是日本東岸一帶。像極了討人厭的司機，死不肯開啟導航系統，然後堅持自己知道怎麼開，但實際上卻是在繞圈圈。

義大利人從沒有踏上北美洲或是南美洲大陸。即便在一四九七年，義大利探險家喬瓦尼．卡博托（Giovanni Caboto，即約翰．卡柏特／John Cabot）代表英格蘭亨利七世國王（King Henry VII）航行來到北美洲海岸線的時候，哥倫布也就只是在繞圈航行，自以為抵達了印度，還把亞馬遜河流域誤認為恆河三角洲。

哥倫布並非真的是一位探險家，也沒打算做些有意義的事情，像是證明地球是圓的之類。那麼，要是大家都已經知道是圓的了，那他為何要出海了？他的動機其實是為了錢財。

許多人都把哥倫布想成是冒險家，有人甚至認為他是侵略者，但鮮少有人知道哥倫布是個凶狠的暴徒、殘忍專橫，還是個喪心病狂的資本主義者。

作為印度群島總督暨首長（Viceroy and Governor of the Indies），哥倫布欠缺領導能力，而且相當野蠻。凡是嘲笑他出身卑微者，哥倫布便下令將其殺害或重殘致死，還下令把這些支離破碎的軀體拖上大街展示。

要幫哥倫布說點好話的話，那就是他在大西洋上搭建起橋樑，開啟了美國貿易和航海時期。至於歐洲人到南美洲的探險遠征，揭露當地原本是豐盛樂園之說，則具有嚴重瑕疵，本書後續會討論。若就哥倫布所處的時間來說，他對待初相識族群，可是相當瘋癲、殘忍。

在伊斯帕紐拉島（island of Hispaniola）包含現今的海地（Haiti）和多明尼加共和國（Dominican Republic），哥倫布把該島居民當做奴隸，還允許手下綁架、強暴加勒比海女性。

即便秉持著崇高基督美德，但哥倫布卻吹噓自己把九歲女童賣去當性奴隸。由於濫用職權，不當對待居民，他的下場就是被解除職位，逮補、上銬送回西班牙。

此時，哥倫布的金主伊莎貝拉女王（Queen Isabella）和費迪南國王（King Ferdinand）等許多人已經開始疏遠他。但他的宗教狂熱已失控，深信世界末日已近，自己還是神的先知，認為神會直接與他對話。這時，哥倫布簽署信件時，會改為Christo Ferens，意思是「基督的信差」，可見他的精神狀況顯然已相當扭曲，整日胡說八道。

一五〇六年，五十五歲的哥倫布離開人世。這號被忽視、邊緣化的人物，成為大家羞於討論的對象，但對一小群死忠支持的人來說，可不是這麼一回事。

隨著時間過去，瘋癲、失敗、殘忍、愚蠢，這些都已被遺忘，哥倫布變成美洲開墾之父。這角色明明還有其他人選，諸如義大利探險家喬瓦尼‧卡博托和維京人萊夫‧艾瑞克森（Leif Erikson）都可以。但是在美國剛興起的時候，哥倫布比較合適。不同於卡博托，哥倫布的金主不是美國所仇視的英格蘭，誰會想要讓戴著滑稽帽子的掠奪野人來當自己的祖先呢？

到了十九世紀，哥倫布被塑造成北美洲的偉大英雄，因為他「發現了」這塊大陸，並把基督的光帶進黑暗之地，還證明地球不是平的。至於那些礙事的實情，像是他根本就沒有看到北美洲、當時大家已經都知道地球是圓的了、哥倫布奴役人民、草菅人命，還被上銬帶回西班牙，這些全都已被刪改修除。

歐文替「哥倫布」大肆虛構一個新角色，成了一個有害的作品。就跟史前獅子人雕像一樣，哥倫布是被創造出來的，目的是為了要解說美國早期歷史，讓這個新興國家有一套建國的說詞。就這點來說，歐文有一點點不同於編年史作家傑佛里和智庫阿內那本；與納粹的基姆湖大鍋相比，他的著作沒有比較真實，意圖也沒有好到哪裡去。

人們願意相信錯誤的想法，無論是亞瑟王的卡美洛王國，還是神聖的哥倫布，原因就只是因為比起複雜的真相，錯誤觀念比較好消化接受。可是，錯誤一旦開始生根就會逐漸變成真相，接著就會有越來越多人上當，視之為確立的實情。有兩百年的時間裡，歐文形塑的哥倫布成為獨有的說法，即便持不同意見的人和惹事生非的歷史學家努力要說服大眾並非如此，但總是困難重重。想要挑戰已經建立起來的謊言需要非常大的氣力，且接受謊言的時間越久，其頑強的程度就會越深。

數億美國人皆已投入哥倫布的虛構歷史，要是被告知自己錯了，沒有人會開心。想要挑戰集體錯誤共識，那就是冒著招來責難與怒火的風險。與其如此，一起守護錯誤與謊言，從中獲得好處，這樣不就輕鬆多了！有許多人就這樣做了！

二〇二〇年十月，隨著敗選威脅步步逼近，唐納．川普（Donald Trump）企圖尋求找回那一位不具歷史性的哥倫布。

在紀念這位義大利探險家的這天，這位總統在白宮發表演說，表示：

「非常讓人傷心！這幾年來，激進分子一直想要破壞克里斯多福．哥倫布的傳奇。這些極端分子想要用談論他的缺點取代哥倫布的眾大貢獻，用暴行取代他的偉大發現，用違反道德取代他的成就。」

川普之所以想要保住這位虛構人物，那是因為用謊言架構起的美國歷史，對他個人是有好處的。川普的支持者對真相極度不感興趣，只對伴隨著他們一路成長的「真相」有感；也就是美國這個地球上最偉大的國家，是白人基督徒男性創建的、是白人基督徒牛仔開創的，被自由黨和「黑人的命也是命」的激進分子背叛、被一位橘色肌膚的地產大亨，從Antifa亂民手中拯救出來的！

「偉人」傳說的編造，可出於貪心、愚蠢、暴戾。在說謊的人、掩蓋真相的人持續支持下，錯誤觀念得以遠播滋長，但這對絕大多數的一般大眾而言沒有什麼好處——這些人都只是「歷史裡的一顆棋」。

在川普執政的期間裡，另類事實（alternative facts）與另類歷史（alternative history）持續攻擊專業和真相。要說，這段極為失敗的任期，以及川普的傷心與不捨，能給我們點什麼教訓的話，那就是要告訴我們：真相很重要呀！

謊言成史3

當初英國
可能會戰敗

TEN GREAT LIES
AND HOW THEY SHAPED THE WORLD

FAKE HISTORY

為何民族主義既不理性又適得其反

一九五四年十二月二十四日傍晚，美國伊利諾州芝加哥市（Chicago, Illinois）一位名叫朵樂希．馬丁（Dorothy Martin）的中年婦人，領著一小群人，站在她家門前的馬路上，迎接來自克拉利恩星球（Planet Clarion）的飛碟。

這是朵樂希和同夥——追尋者（The Seekers）——第四度準備迎來外星人，因為先前幾次的等待都撲了個空。回到十一月的時候，由於搞錯克拉利恩星球和伊利諾州郊區的時間差，導致迎接失敗。十二月十七日這天，一夥人接到訊息，表示太空船已落地，但有事得立即離開，所以等到大家跑到外面的時候，克拉利恩星球的外星人已經溜了。這些外星人對於金屬，有給了很明確的指示——堅持在碰面之前，身上所有的衣飾都得脫光——然後某個人就剛好忘記胸罩裡面有金屬。

第三次預言把日期改到十二月二十一日，但是因為克拉利恩星球的外星人太過忙著和跟上帝聊天，所以忘了時間，後來外星人表達歉意，並保證會趕緊在二十四日下來。這次可不是胡扯，就是十二月二十四日這天了。追尋者成員皆深信不已，於是把工作辭了，婚也離了，變賣掉房屋和資產，還烤了一塊飛碟造型的蛋糕，作為啟程前的見面禮。

地球會被毀滅，只有朵樂希和同夥能獲得倖免。追尋者準備要搬去克拉利恩星球居住，在遙遠、遙遠的銀河系建造新家。

這群顯然非常與眾不同的科幻迷和怪胎，正是天選的一群人，註定為人類延續生命，並在克拉利恩星球宣揚人類文化。在這群人享受太空之旅的同時，地球會被淹沒吞噬，被洪水、大火、地震和世界末日裡普遍會看到的一切災難給吞沒。

本質上來說，追尋者算是正經人，想要讓更多人知道世界末日即將到來的消息。所以，他們就偷偷把消息給了電視台和當地的報刊雜誌。

結果，十二月這天傍晚，數百位越來越不安的芝加哥人，來到朵樂希家門前的街道上聚集。晚上六點一到，傳出有人在群眾中看到「綠色小矮人」，可是當追尋者成員跑去找尋的時候，小矮人已經不見了。

首次碰面的時間到了，然後時間也過去了。追尋者查看手錶，哼唱讚美詩歌，又過了一段時間，抬頭望向天空，再低頭看看手錶，經過一番簡單的討論之後，大夥回到朵樂希溫暖的屋子裡，吃起飛碟蛋糕。屋外滿是失望的芝加哥人，把平安夜浪費在等待沒有前來的太空船，後來還被芝加哥警局驅離。

里昂·范士庭（Leon Festinger）是位社會心理學家，想辦法潛入追尋者的行列，觀察接續發生的事情。

前幾度迎接外星人未果，追尋者成員沒有質疑預言的真偽，而是在為外星人無法前來找原因。或許他們有來，或許是群眾把他們嚇跑了，或許那位成功潛入到屋子裡的神祕「記者」就是外星人。追尋者與克拉利恩星球的外星人溝通，乃是透過通靈寫下訊息的方式。正當一夥人在吃飛碟蛋糕時，朵樂希突然有股衝動要寫下接收到的訊息，也就是要轉達給追尋者成員的資訊。

克拉利恩星球的外星人一直都有在跟上帝對話，結果就是朵樂希與她朋友的行為成為模範「……照耀出許多光，所以神拯救了世界，免於被毀滅。」

烤塊蛋糕、脫掉胸罩、站在寒冷的冬日街頭，追尋者真的就拯救了世界。這夥人的付出並沒有白費；走出沒能上太空旅行的失望之後，這群異教徒拍去身上的蛋糕屑，帶著被再生的能量，開始勸導他人改變信仰。

范士庭把這起事件的研究，寫入著作《預言失效時》（When Prophecy Fails），架構起心理學理論「認知失調」（cognitive dissonance）的基礎。打從雕刻史前獅子人雕像開始，人類的內在就有想要相信的衝動，但是當有證據可以反駁自己所相信的事物，那麼就會出現失調。因此，我們會藉由調整我們所相信的，來抵銷心中的不適，這樣才能回到平衡。

「有堅定信仰的人，就是很難做出改變的硬漢。」范士庭繼續寫道：「告訴他你不贊同，那麼他就會離你遠去。拿圖表或實證出來，他會質疑你的資料來源。訴諸於邏輯道理的話，他完全無法明白理解你的觀點。」

認知失調會發生在每一個人身上。你的心被一位女孩傷害了，你就會說服自己說這女孩配不上自己。吸菸會害死你，但你就是需要香菸來穩定自己焦慮的神經。基督徒一路以來都相信耶穌曾經是、現在也還是一個完美的存在，可是你在《約翰福音》（Gospel of John）二章15節，發現基督（耶穌和基督可視為同一位）被聖殿裡的商人給惹怒了，遂把東西全部都砸爛了。

基督拿著鞭子發狂的形象，跟耶穌的樣貌，實在很不搭。所以，多數教會選擇忽略《約翰福音》，改用沒有提及此一情景的《馬太福音》（Gospel of Matthew）經文。

有關異教和認知失調的研究指出，范士庭下的結論錯了，該結論認為預言要是失效了，一定就會產生認知失調，或是抵銷失效的需求。但事實上，信徒要是打從心底「就是相信」，那麼他們眼中就不會出現預言失效這檔事，因此就不會有校正的需要了。堅定十足的異教徒很少會去質疑，反倒會把發生的事件，納為敬拜儀式的一環，視之為信條，或者——在納粹智庫阿內那本的例子裡——就是會創造點什麼東西來填補空缺。

不去理會這種幻覺想法很容易，嘲笑追尋者和納粹智庫阿內那本的癲狂、太超過，也會讓自己感覺好過。我們會想要安慰自己，因為自己不可能那麼容易受騙、自欺欺人。我們的祖先、納粹那群瘋子、芝加哥家庭主婦才會有幻覺，但我們是現代人、很理性，不會變成這種無知想法的犧牲品。可是，就算是我們當中最理性的人，也是會被異教給誘拐的。

＊＊＊

一九七〇年代晚期，我還是個沉迷於《星際大戰》的小男孩，對上學感到興致缺缺，但是有位老師轉變了一切。海厄姆老師（Mr Higham）不只是教歷史，他還會讓你愛上歷史！

海厄姆老師上課的時候，那間位在赫特福德郡（Hertfordshire）有著厚厚灰塵的教室，瞬間就變成了亞金科特戰役（Agincourt，英法百年戰爭中，英國以寡敵眾的勝戰）的戰場，或是瞬時轉變成瘟疫肆虐的倫敦暗巷。

海厄姆老師講金雀花王朝（Plantagenets）時特別生動！經由老師的解說，國王亨利二世（Henry II）和大主教托馬斯．貝克特（Thomas à Becket）之間所發生的悲劇，處處細節都精彩，宛如黑武士斯達維達（Lord Vader）對上行天者路克（Luke）一樣，這段歷史就跟電影情節一樣精彩。這位有著超凡氣質的英格蘭國王，期盼能改革王國內的不公正問題，由於十二世紀英格蘭的神職人員數量占總人口達五分之一，但要是他們犯罪了，卻不受一般法庭審判，而是由當地主教法庭（管理者是未經遴選、好管閒事、遠在天邊的羅馬主教）的主教負責審理。主教法庭肯定不會判處死罪，而且往往傾向判無罪，所以殺了人的神職人員幾乎真得就可以一走了之。如果神父犯下世俗裡的罪，處罰就是禱告，但要是一般人犯了同樣的罪，那可是得被剁下一隻腳的。

亨利二世希望可以公平一點，因此請來好朋友，坎特貝來大主教（Archbishop of Canterbury）托馬斯幫忙。貝克特是一位相當隨興的人，亨利相信貝克特會接受他執意要做的事。可是大主教卻熱衷於禮拜禱告，拒絕介入黑暗面。過了七年，兩方爭執不下，流放與憤怒把故事帶到最高潮。

一一七〇年，在酩酊大醉的聖誕節這天，亨利二世在法國諾曼地的巴里斯（Bures, Normandy）城堡裡，大聲吼問：「誰要去幫我除掉那個惹人厭的神父？」後來，有四名騎士橫越英吉利海峽，一路騎馬來到坎特貝來，冷血殺害掉大主教，這時他人還在大教堂的聖壇上禱告。

沒多久，這件震驚人心的大事被發現之後，大主教便被封為聖者。每年到這一天，亨利二世就會公開被修士鞭打，以利洗淨其「主教屠[1]」（episcopicide）的詛咒。

---

1 係指屠害主教的兇手。

海厄姆老師的故事深深擄獲十歲的孩子，在其他時間都表現得懶洋洋的那個孩子心裡，即時在他講課的時候還是會有許多疑問——有些地方就是很不合理。

如果亨利二世是英格蘭國王的話，那他為什麼一直都住在法國？不是應該要蓋新城堡給他嗎？《末日審判書》（Domesday Book，成書於一〇八六年）不是應該要出續集嗎？不只是亨利二世，其他人也都要記錄進去才對。還有，為什麼善戰的理查一世（Richard I）是死在十字弓兵的手裡，然後死的時候手裡還緊握著一口鍋子，地點還是法國里摩日市（Limoges）的郊區？另外就是（英國）比沙斯托福（Bishop's Stortford）這地方有什麼不對勁？

到底法國有什麼好的？我去過法國，那裡的味道聞起來怪怪的，牛奶的味道也很奇怪，而且我媽說，用法國的水刷牙會中毒。法國人靠生吃牛排和一種特別綠的蔬果為生，那個蔬果叫做酪梨。此外，看來是因為還沒有發明餐具，所以法國人會把糕點浸泡在熱巧克力裡。

法國人不知道道路哪一邊才是用來開車的，電視上也不是講英文，而且完全不懂英國在打造現代世界這檔事上，可是扮演著核心重要角色。

我太膽小了，不敢舉手發問找答案，而且為什麼法國人一直跑來入侵的這些問題持續困擾我許多年。過了好一段時間，我才把一切連起來，也才明白這其中牽扯到「選擇性歷史工程」（selective historical engineering）。海厄姆老師也不是真的跟我們撒謊，但他在真實（vérité）這方面真得很有所保留。

正如同一九六〇年代和一九七〇年代的許多孩童一樣，我小時候就相信英國是最棒的，而且學校的歷史課也是在加深我們這方面的想法。

我們被告知的內容是，一〇六六年征服者威廉（William the Conqueror）入侵，有點像是想從經濟艙升等到頭等艙那樣，不再區區只當個法國西部的公爵。威廉現在是地球上最強大國家的統治者，自從他來到這裡之後，我們就過著幸福美滿的日子。

海厄姆老師刪除掉一〇六六年一些不重要的實情，使得英格蘭不再只是個被（法國）諾曼地貴族治理的殖民地，那些貴族講的是諾曼第法文（Norman French），而貴族的統治者就住在法國。至於被征服的族群，我們現在稱之為「盎格魯薩克遜人」（這部分稍後會再多談一些），他們講的語言是北海另一側「民族」易於理解的語言。

幾百年來，諾曼地國王們所不想要學的語言，就是盎格魯人講的語言，真是侮辱！一直到一三九九年，亨利四世（Henry IV）這位君主才肯講這個語言。

我長大的英國，時值一九七〇年代晚期、一九八〇年代初期，整個國家被遺失掉的帝國陰魂給糾纏，掙扎著找尋自己的道路。這個當時被稱為「歐洲病夫」（sick man of Europe）的國家，深陷在經濟不振、政治無力的潮汐拍打之中，載浮載沉。就像是上了年紀的搖滾巨星，非常需要找到意義。所以，整個國家和學校課綱，回頭去找以前成功的事蹟，用以補償缺乏生氣的新材料，例如：「週休四日」（three-day week）、「不滿的冬天」（winter of discontent）。

虛構歷史提供了強有力的鎮定作用，抵銷掉認知失調。

海厄姆老師，就跟我父母一樣，都是生長在英國還是相當舉足輕重的年代。

我父親的大半生之中，地圖上都是粉紅色[2]的，而且倫敦就處在世界都看得到的偉大帝國核心。英國就是優秀的代名詞，父親和母親——以及許多人——就是會上當相信我們就是無與倫比。

父親生前是個理性的人，但遇上國內工程技術時，英國無疑是擁有至高的地位。縱使一再有不好的經驗，但父親還是堅持購買英國車。一九八〇年代期間，父親購入金屬感十足的奧斯汀（Austin），那是輛藍色的蒙特哥（Montego），這個決定看來就是展現了英國特殊主義（British exceptionalism）之下的認知失調。這輛車很醜，但父親堅稱它很美。車子裡的東西不斷脫落，但父親發誓說這不是車子本身的問題。有一回，父親繫安全帶的時候，駕駛座的椅子斷成兩截，這時候他就怪自己太用力往後靠。還有，這輛車很難發動，

2 粉紅色表示是英國勢力所及之處。

但這也不是蒙特哥的問題，而是所有一切的問題，但就不是車子本身的問題，更不是神聖英國工程技術的問題。

被教條洗腦、被勸說能自我補強的強大咒語，相信我們這座島嶼就是厲害。我的父親不知不覺中，成為「英國特殊主義」這個異教的忠誠教徒。這異教的信念相當直接了當，內容大概是這樣：英國人是天選的子民，是地球上最偉大的國家。能夠成為英國人，就是人生中了樂透。

「英國可不是另一個國家而已，它從來就不只是另一個國家！」這是柴契爾夫人在一九八七年BBC訪問中所做的宣示，自此以後就變成廣為接受的觀點。我小的時候也是相信這段話，我想，這無疑就是我成長環境所導致的結果。

＊＊＊

人類歷史之中，大多數的時間裡都沒有國家這個概念存在，而且多數人類也不會很在意。

我們的祖先忙於務農，努力想辦法上繳所得給封建制度下的莊主，同時還得為家人尋求溫飽，所以根本就不會有時間思考自己是來自哪個國家。人民對自己的認同就是居住的村莊，並對莊主誓言忠誠。

到了一四〇〇年代開始，歐洲人定義了國家，又或者說非常在意國家這東西——但在意的這些人就是時間很多的統治者。

國家這概念對君主來說非常方便，有了認同感的人民比較容易管理，也易於動員指揮。不過，要創造集體共識，並打造「國家」這招牌，人民得願意相信才行。

盎格魯愛爾蘭（Anglo-Irish）的政治學者班納迪克．安德森（Benedict Anderson），將國家（或帝國）定義為「想像的共同體」（imagined communities）——帶頭的人和人民本質上想像出來的社會架構，認為自己就是群體的一部分。

基本上，想像的共同體捏造出本不存在的東西——那是一種特殊主義，我們應稱之為「我們的驕傲自負」（the conceit of we）。該想法堅持國家內的人民行動都要一致，想的和做的都要統一一個樣。人民會養成「習慣」，大家共享一起的傳統，有同樣的認同。

「我們」喝茶；「我們」發明了民主；「我們」的幽默感比你們好；「我們」沉得住氣；「我們」打戰贏了；「我們」是基督教國家；「我們」從來就不會做那種事；「我們」向來如此；「我們」比較有歷史；「我們」——面對現實吧！——就是比「你們」還要棒！

在面對危機之際，政治人物最喜歡用到「我們」。鼠疫、二戰大轟炸（Blitz）、拿破崙的攻擊，「我們都熬過來了」，所以「我們」也可以挺過脫歐，以及新冠病毒。

「我們」的想法是種異教思想，可悲的是有數百萬人都相信了，發展至極或許就是大家比較曉得的「民族主義」了。

喬治．歐威爾（George Orwell）在其〈民族主義短文〉（Notes of Nationalism）中指出，此種條件的中心就是「無視現實」（indifference to reality）。

「面對成套類似的實情，民族主義者全都具備了看不到其中相似之處的能力。英國托利黨在歐洲會為了自我定義捍衛，但到了印度就反對自我定義，且還不自知矛盾。」

愛因斯坦將民族主義稱之為「幼稚的病、人類的痲疹」，最嚴重的病症就是背棄道理。出生在同一地區的人會有共同的態度、也會有共同的命運，這想法根本是在胡扯，可是卻是個廣被接受的胡鬧想法。

一九九六年，這年是英格蘭在世界杯足球賽（World Cup）輸給西德的第三十個年頭，也是英格蘭主辦歐洲國家盃（European Championship）的日子。時值英國流行文化和酷不列顛尼亞（Cool Britannia，係指一九九〇中後期英國文化巔峰）的高峰期，有股命運之星就定位的感覺浮現，也就是英格蘭要翻轉三十年傷痛的神聖公義時刻來臨了！喜劇演員大衛．巴迪爾（David Baddiel）和法蘭克．史肯納（Frank Skinner），以及音樂人伊恩．布勞迪（Ian Broudie）一起創作了歌曲「三獅軍團」（Three Lions）。這首歌富有神諭之情，很快整個國家就出現了「足球榮歸」（football was coming home）的預言般想法。

英格蘭在準決賽對上德國統一後的新隊伍之際，正是五十年來極端愛國主義滾燙至沸騰的時刻，同時神經錯亂的仇外之情，也確立了。

《每日鏡報》（Daily Mirror）在編輯皮爾斯．摩根（Piers Morgan）操作之下，向德國發起「足球戰」。那原本是打算在德國柏林發送傳單的計畫，但後來改成在頭版做報導，英格蘭足球隊員穿上迷彩服，標語就是「小心了！投降吧！」（Achtung! Surrender），內頁更有激進的言論：

「柏林市裡的味道聞起來真奇怪，不只是香腸的怪味，還有那股懼怕的味道。」評論報導還丟出令人困惑的誇張用詞：「他們要是不喜歡，那就捅！[3]」這是引用瓊斯下士（Corporal Jones）的口頭禪，這位仁兄是BBC長青喜劇《老爹軍團》（Dad's Army）裡的一個英國人角色，該影集是有關英國國民軍（British Home Guard）的故事——我們後面還會談到更多。

《太陽報》（The Sun）也不落人後，大聲疾呼：「轟他個粉粹！」（Let's Blitz Fritz）此舉招來德國領事館的不滿，德國隊隊長尤根．克林斯曼（Jürgen Klinsmann）也表

3　出自軍事影集的台詞，係指來福槍前方裝上短刀「捅」敵人，但實際上含有「撿肥皂」的性暗示恐嚇。

示擔憂，指出這類煽動性語言可能會引發暴力。下議院的緊急動議[4]（Early Day Motion）會議上，工黨和保守黨的議員譴責表示：

「盡是些極端愛國主義的狂熱，小報上的反德國無稽之言尤其明顯！」

但是，英格蘭太過於沉浸在即將到來的預言之中，所以完全沒有注意到。最後，證實克林斯曼——而非皮爾斯．摩根——是正確的。英格蘭輸掉比賽，下場確實是十分難堪。英格蘭沒能在足球場上勝出，那就要在場下贏回來——為了消弭失調，暴力就爆發了。倫敦特拉法加廣場（Trafalgar Square）發生暴亂，觀光客被攻擊。英格蘭南方的布萊頓市（Brighton），還有一位俄羅斯學生因被誤認為德國人，竟被暴民刺傷。

預言失效，自我信任受到屈辱，然後便陷入恣意的酒醉暴力。

沒有人可以選擇出生的地方，國籍只是個恰巧的結果，但民族主義卻可以把數百萬人馴化成相信自己的族群就是比其他人的好，這樣就會創造出一個凶暴、危險的極端主義環境。

4 這類動議一般不會進行辯論，而是把議員的意見給記錄下來，常會引發公眾關注與媒體報導。

要是一九九六年歐洲國家盃準決賽上，英格蘭對上的是西班牙或是義大利，那麼可能就不會有人被傷害了。那一晚發生的事件都是起於我們的對手是德國，因為一九九六年的英國，以及二十一世紀的英國仍對自己的國家有著危險等級的癡迷，對於與世界大戰相關的迷思和錯誤想法也是相當執著。要是說我們的病是民族主義，那麼恐懼德國就是病徵。

第二世界大戰已於一九四五年結束，可是英國還有許多人從來沒有逐步接受戰勝這一回事。英國有個看來無法治癒的戰爭幻想，每年幾乎十月整個月一直到十一月初都會沉浸在「戰爭聖誕節」（war Christmas）裡頭，大肆揮舞國旗，戴上罌粟紀念花，雙眼通紅的遙想那個百分之九十八的人都記不得的衝突戰事。

要是質疑戰爭聖誕節或是一九一四年至一九一八年一戰的相關神聖言論，也就是我祖父和外祖父都有參與過的那場戰爭，然後直接點出我們不該再沉溺了、應該要走出了，那麼你就是在冒險點燃巨大的怒火。

幾年前，我在《獨立報》（The Independent）發表一篇文章，對於我們還要這樣繼續紀念多久表達不解，畢竟參與過戰爭的人都已經過世了。後來，我受邀到 BBC 三郡電台（Three Counties Radio）討論這篇文章，很快就接到一位來自貝德福郡（Bedfordshire）的老先生打電話進來，表示他應該把我壓在牆壁上槍決。

我並不是提議要廢除陣亡將士紀念碑（Cenotaph），我只是認為這個現況越來越不健康、越來越糟糕，可見到現今政治人物為了現代政治目的，盜用那些過去發生的戰事和犧牲的生命。我的看法是，我們這是在冒上把戰爭中死去的人轉變成犧牲者和聖人的風險。

我也提出建議，認為我們需要多一點平衡、真相、當時的背景，也表示一直回首、老被戰爭的迷思給束縛，相當不健康。

可是，這位老先生無法承受這些回應，後來打電話進來的聽眾也無法接受。

詭異的真相是，英國所紀念的不再與戰爭有關，已演變成民族主義的族群縱容。罌粟紀念花已成為展現對這異教信仰的忠誠徽章，電視節目主持人的衣領要是沒有這朵花，就會被揪出來責難，沒有別上這朵花的人都會被罵是「不愛國」。

沒有其他一種象徵，比這更感情用事、更武器化、更被用來指指點點。

英國人不再上教會，因為沒有需求，這個國家的宗教實際上就是兩場世界大戰。大戰的象徵就是我們的意象，大戰的事件就是我們的經文。

現在，我們要來讀的是「敦克爾克福音書」（Gospel of Dunkirk）。

一開始的時候，英國是在很不情願的情況下，出現在戰場上。一九四〇年五月底，狀況一團亂，納粹時代的德軍（Wehrmacht）在法國土地上開了一個洞，把同盟國軍隊一分為二。上萬名英國大兵憂心不是被殺、就是被擄，一路撤退到法國小鎮敦克爾克（Dunkirk），等待命運的安排。這麼多人擠在海岸線，納粹空軍（Lufwaffe）很容易成功發動攻擊。正當英國皇家海軍還在傷腦筋要如何從淺水域撤回三十萬大軍的時候，德國飛行員已在海灘上撒下子彈，英國人的血染紅了沙灘。

接著，奇蹟發生了。

數百艘小船出現，這支前來救援的船隊，混雜了小型手作船隻和休閒用途的遊艇。勇敢、堅定、勇氣十足的英國平民，把災難逆轉成勝利，在法國海岸成功解救大兵。

這些「小船隻」確立了敦克爾克傳奇，並與一〇六六年事件和蓋伊．福克斯（Guy Fawkes），並列為民族意識（national consciousness）。

不過，有非常非常多我們所深信的事情，以及我們所認識的事件，只不過都是迷思罷了。

確實沒錯，德軍出其不意，於一九四〇年五月擊破同盟國軍隊，迅速攻入法國。僅花了六週的時間，納粹德軍便擊潰敵對手，把同盟國軍隊一分為二，數十萬名大軍因而撤退至敦克爾克港，等待救援。可是，隨之而來的「敦克爾克奇蹟」，其實並不是奇蹟。

一九六五年，也就是自法國撤退後的二十五年，當年前往援助的船隻所組成的船隊，重現敦克爾克航程上的「小船隻」情景。數百位水手和漁夫花了一天的時間航往法國，法國媒體《百代新聞社》用短片記錄此景，形容這些人是「朝聖者」。

前往倫敦南區的帝國戰爭博物館（Imperial War Museum），你就可以看到短片裡的其中一艘船陳列於此。

「添仁號」（Tamzine）是一艘非常小的漁船，船身不及十五英尺（約四公尺半），最多或許只能載上八個人。自從在短片上現身過後隨即成名，船主雷夫．班尼特（Ralph Bennett）在一九八一年把這艘船遺贈給博物館，做為該館的永久陳列品。

望著展示的船身，實在是很難想像由手工打造的小船隻組成的船隊，如何救出數十萬名大兵，安全送他們回家！然而，其實這些小船隻並沒有送大兵回家鄉。

「小船隻」當年的用途，只是把士兵從岸邊接到在一旁等待的運輸船和驅逐艦，根本就沒有橫越英吉利海峽。此外，儘管你或許在戰爭電影裡看過，但開船的其實不是「一般平民」。當年掌舵「添仁號」與其他船隻的人都不是船主，而是皇家海軍和海巡隊，他們在沒有通知船主、沒有取得同意的情況之下，直接徵用了船隻。

敦克爾克小船協會（Dunkirk Association of Little Ships）點頭承認：

> 「只有少少幾位船主親自開船，漁夫之外，還有一兩位其他人。」

這「一兩位其他人」包含查爾斯．萊特勒（Charles Lightoller），萊特勒曾在「鐵達尼號」上擔任二副，也是一位受過表彰的前皇家海軍中校（Royal Navy Commander），乃是一位真英雄。一聽到海軍需要私人船隻前往協助撤退行動，萊特勒便跳上自己的動力遊艇，航往法國，另外兒子和海軍軍校學員也一起前來幫忙，估計從戰火之中救出一百二十七位戰士。

萊特勒的這段歷程，啟發了二〇一七年電影《敦克爾克大行動》（Dunkirk）裡頭的道森先生（Mr Dawson）一角，由馬克・勞倫斯（Mark Rylance）擔綱演出。可是，一九五八年拍攝的版本裡，經歷豐富的萊特勒卻成為一位普通至極的英格蘭大兵——並且還是眾多大兵中的一位而已——單純聽從命令行事。

萊特勒其實非常與眾不同，可不是泛泛之輩。

這在英國歷史上是黑暗的篇章，杜撰虛構歷史時，也不該小看這一段。一九四〇年五月十日至六月二十五日期間，有六萬八千名英國士兵在法國戰役（Battle of France）之中，喪命、身受重傷或是被俘虜，還有大量的重要裝備跟著不見。就各個面向來說，這是場大災難。但是，英國特殊主義的異教觀念是無法容忍「英國失敗」的說法，正如同我父親無法接受自己的車子其實很糟。

這段故事刻意編寫過，轉變成有膽勢的英國人勝出，超越了納粹戰爭機器。儘管困難重重，但「我們」一路都在贏，因為「我們」向來就是贏家，「我們」在險境之中，奪得勝利。

撤退行動結束之後，情節發展的編寫工作就開始了。為要掌控期望的風向，六月四日首相邱吉爾在下議院發言表示，預期「可能只有兩萬到三萬人可以順利登船」，但多虧了海軍和空軍的努力，有超過數十萬人被送了回來，他們的努力令人敬畏。

「會打勝戰並不是因為撤退」，邱吉爾提出告誡，另外還說了一句沒有很出名的話：「必需要知道，這場緊急救援行動中，我們勝利了。」

隨即全國與地方報紙大肆報導此起事件，稱頌「我們」到底有多棒。《西部早安日報》（The Western Morning News）於六月五日大聲表示：「英國的英雄拒絕在法國加萊投降」。《濱海貝克斯之丘觀察家日報》（Bexhill-on-Sea Observer）則是大為稱讚一位當地小夥子有多勇敢，負傷在溝渠裡爬了一英里（約一千六百公尺）才獲救。同時間，美國感到同情的記者和作家也在宣揚「小船隻」的故事，編織出強壯、忠誠、正直的英國人獨自對抗侵略者納粹的內容。一九四二年，好萊塢電影《忠勇之家》（Mrs. Miniver），劇中女主人的丈夫與其他人一起駕駛休閒小船到法國去救援。這是壓根兒就沒有發生過的事情，可是人們卻逐漸認為真有其事。

事件滿二十五週年時，這支船隊的任務已演變成神聖事件，「添仁號」也不再只是艘漁船，而是聖物。

調查「添仁號」這段故事的過程中，讀得資料越多，我的疑問就越多，這當中有幾個地方看來很不合理。只有已故的船主班尼特，表示自己曾到過敦克爾克——下一章我們會看到許多家庭都有接受「故事歷史」的傾向。其實，一九四〇年大多數小船和划槳船都被丟棄在法國海岸邊，而官方記錄有個驚奇之處，那就是「添仁號」這一艘手工打造的小船是被比利時拖網漁船拖回英國馬蓋特港（Margate），與船主在此重逢。然而，這一段時間裡，戰事肯定是相當急迫又混亂。

戰事期間裡，在如此緊迫的撤退行動之中，比利時團隊有可能花時間特地駛來他們的船，只為了讓這艘划槳船可以在馬蓋特港物歸原主？真得可信嗎？

有關「添仁號」的傳說還有很多，包含船上有「士兵鮮血」的血漬，但沒有人可以證實那真得是人類的血液。撤退的士兵並非全都是負傷的，有傷口的也是有包紮處理。

這些血漬比較有可能是數十年來，船靠岸前在船上清理魚內臟時所留下來的，畢竟漁船上殺魚很普遍。不過，還是有不少發想一直圍繞著撤退官兵的鮮血，不肯罷手。

「添仁號」是不是有可能根本就沒到過敦克爾克呢？或許，一九六五年紀念活動時，船主情緒太激動了，所以才聲稱自己的船到過敦克爾克呢？

我向帝國戰爭博物館的伊恩．菊池（Ian Kikuchi）提出我的疑問，菊池與其同事尚恩．雷林（Sean Rehling）給的回應簡直就是欺瞞：

「（要是這樣的話）從一九四〇年代晚期到一九六五年，然後又一直到船主過世，船主就是不斷在捏造「添仁號」有參與其中的故事。」

這也是很好的一點，但是，或許這一點也不重要了。

就跟大主教貝克特被謀殺、邱吉爾傳奇一樣，敦克爾克事件已經把真實昇華了，變成神聖事件。在此信仰之中，「添仁號」既是一樁奇蹟，也是一樣聖物。

從一九四〇年起，事件被宗教化的腳步從未放慢過。到了二〇二〇年，事件滿八十週年之際，甚至還可以買到護身符——八十週年「紀念金幣」（quarter sovereign），還取來「敦克爾克沙灘上的沙子做了噴砂」，要價九十九英鎊（約新台幣三千六百元）。我寫信給護身符的供應商，詢問這紀念幣的含義為何，可惜沒有收到回應。

就跟所有很厲害的異教一樣，敦克爾克信仰也直接忽略與它所說的有所出入的內容。四萬名法國士兵在後方硬撐，好讓撤退行動得以成功，但這樣的角色在電影和紀錄片中鮮少被提及。有關敦克爾克的敘述裡，大多都不會提到有十四萬名法國人、波蘭人、荷蘭人、比利時人也都在沙灘上，也同樣跟著成功撤退，也忽略掉來自比利時、荷蘭、法國、挪威的漁夫所扮演的關鍵角色。另外，一九四〇年五月，敦克爾克沙灘上，印度人、波蘭人、加拿大人、北非人的存在，也都被忽視了。

阿道夫・希特勒的無心，反倒幫了同盟國，這部分也同樣被視而不見。希特勒是在一九四〇年五月二十四日下達「休止命令」，當時坦克部隊距離敦克爾克僅僅只有十二英里（約十九公里），但卻只能接受命令，乍然停止前進。希特勒為何會下這個決定，已引發非常非常多的臆測與猜想，但最有可能的原因是元帥蓋德・倫德施泰特（Field Marshal Gerd von Rundstedt）為了保護坦克車，所以才給出的策略性決策。

不管動機為何，休止命令騰出非常關鍵的三天。

能夠打勝戰且成功撤退，可說是敵軍的失誤所致，也可說是因為勝出方行動果斷。「我們的驕傲自負」核心裡的獲天選的族群，寧可相信這是神給的緊急救援行動。沉浸在該種想法裡比較輕鬆，與其浪費幾個小時的時間，試著搞懂事件之間的實際關聯性，釐清一九四〇年春末那一艘小船到底有沒越過英吉利海峽，那根本是在找自己麻煩。

＊＊＊

敦克爾克事件是一段受到讚揚的陳述，然而其中有部分是在主張說「我們」可能是會輸掉這場戰爭。

一九六八年，BBC開始播放《老爹軍團》，這齣喜劇講的是戰爭期間一支虛構出來的隊伍，也就是國民軍，如何奮勇抵抗的故事。現實生活中，國民軍的組成是免役人士，以及太老或是太年輕的平民。

到了一九七〇年代，這齣喜劇成為大眾周三必看的節目，後來更變成周五深夜的節目。由於後續又接著重播了四十五年，因此被冠上「國寶」的地位。

《老爹軍團》主要是繞著銀行經理曼瓦林（Mainwaring）發展而出的故事，曼瓦林住在虛構的小鎮濱海威靈頓（Wilmington-on-Sea），自發性在當地集結防衛軍，抵擋德國的入侵。曼瓦林指派自己擔任隊長，並獲取周圍的人支持，包含有銀行職員軍士威爾森（Sergeant Wilson）、新進人員列兵派克（Private Pike）、當地的屠夫下士蘭斯・瓊斯（Lance Corporal Jones），還有殯儀員、服飾店的退休男店員、黑市裡的奸商。沒過多久，這支防衛軍隊伍就抓到從天而降的德國空軍飛行員、潛水艇船員，他們甚至還對抗過更大的威脅，即當地民防隊員豪吉斯（Hodges）。

雖說一開始遭逢許多辛苦，但真實世界裡的國民軍，並不像《老爹軍團》所描述的那樣滑稽、倒楣。許多國民軍所操作的高射炮，具備積極、有用的功能，並賦予關鍵策略性的角色；共計有一千二百〇六名國民軍死於任務之中，多數都是為了保護大眾躲避戰火而犧牲。其成員並非全都是行動不便的老人，就是那種隨時都可以在椅子上睡著的老人家，其實一共有超過一百萬名的煤礦工人、碼頭工人、學校教師等，皆因被列為「免役」而無法正常從軍，所以國民軍中有一半是年齡介於十八到二十七歲的個人。

有些國民軍成員還被挑選加入輔助部隊（Auxiliary Unit），這是一支菁英組織，接受暗中破壞與游擊作戰的暗黑技能訓練。要是德國真的入侵了，他們的任務就是要建立反抗組織。所以比較像是特種空勤部隊（SAS），才不是北海小英雄那種北歐傳奇故事（SAGA）。

《老爹軍團》的目的，不是為了展現極端愛國主義。故事寫得很好，介於悲慟與粗俗詼諧之間的喜劇。就描述戰時英國部分人民的生活情況上而言，算是相當精確：黑市的功能、心胸狹窄、階級嫉妒——以及恐懼——至少在一九四〇年夏末時，確實是如此——因為德國人已經在來的路上了。

可惜的是，雖然不是蓄意的，但該節目深植在數百萬名觀眾心中的，是一道難以摧毀的戰事迷思——暗示著「我們」差一點就要被入侵了。

喜劇《老爹軍團》的片頭動畫，能見到三個有納粹黨徽的巨大箭頭越過英吉利海峽，朝英國國旗推擠，害得英國國旗逐步退後縮小。這支五十七秒的片頭動畫，有超過五十年的時間，不停在英國電視上重複播放，帶出來的訊息是一九四五年戰時的英國「孤立無援」。隊長曼瓦林及他的隊伍是最後一道防線，這座英國小鎮得赤裸裸地迎戰侵略者，只能靠一般民眾的勇敢堅毅與奮不顧身，起身抵抗、戰勝困境。

英國人所取得的印象就是小蝦米在對抗納粹這條大鯨魚。納粹乘坐的是軍車，但我們的士兵只能綁緊褲管，騎著單車上戰場。這樣的劇情相當強而有力，但卻不是實情。戰爭爆發時，英國可不是用膠帶和斷弦綑綁組合而成的，當時英國可是世界三大強權之一。

英國當年是製造強國，擁有充沛的煤礦和鋼鐵，還領導一個坐擁卓越資源的龐大帝國。一九四〇年七月的時候，英國軍隊人數達到一百六十五萬之強。

來自法國、波蘭、比利時的服役軍人，從敦克爾克逃出來後，便加入已經駐紮在英國的印度、加拿大、紐西蘭軍隊。綜觀全球，英國擁有上千支「帝國」軍隊。到了戰爭的高峰點時，英王的非洲步槍隊（King's African Rifles）有三十萬軍，英王的印度軍隊更有兩百五十萬支部隊，組成史上最大規模的志願軍，但不是因為印度人對英國特別忠誠，只不過是軍隊裡的薪水相對高出許多，從軍生活對於較為貧窮的偏鄉地區人民來說也比較好過。然而，這些數百萬名士兵被忽略、遭剪輯去掉——兩次世界大戰都一樣——顯然是嚴重輕視這群人對英國打勝戰所付出的重大貢獻，此種忽略性說法至今都沒有修正。

一九四〇年七月十六日，希特勒頒布「第十六號元首訓令」（Führer Directive 16），接著就出現了「海獅作戰」（Operation Sea Lion），此為侵略英國的作戰計畫。

希特勒是希望邱吉爾願意協商，推估認為英國要是進入拖延戰的話，不會有什麼好處，並推斷比起和德國打戰，務實的邱吉爾應該對於治理帝國比較感興趣。邱吉爾最大的成就和名留千史的傳奇——就是他並沒有協商——絕大部分的原因是他個人，也跟德國最高統帥部（German High Command）一樣，做了同樣的推測與判斷。

希特勒跟將領都很清楚，侵略會失敗。

當時皇家海軍的規模可是德國納粹海軍（Kriegsmarine）的兩倍以上，英國無疑就是海上霸主。此外，德國海軍那時剛經歷兩次納維克戰役（Battle of Narvik）重創，這是一九四〇年四月十日至六月初期間，接續在挪威發生的衝突事件。當時的局面就是，隔著一道窄窄的海峽，地球上或者是說大洋上最強大的海軍，攻打只剩下零散碎片的軍隊，德國看來就不是很樂觀。

德方將軍阿弗瑞德．約德爾（Alfred Jodl）認為，侵略行動就像是「把軍隊送進絞肉機」。

早在仔細籌謀侵略計畫之前，希特勒早就清楚知道這一點，所以搶先要拿下制空權。當敦克爾克事件一結束，德國空軍便持續不斷空襲英國空軍基地，期盼能夠累垮皇家空軍——或者至少能逼動邱吉爾來求和。

戰事向來混亂，但歷史卻喜愛簡單的陳述，所以這段衝突經過，就被概括成一個簡練的標籤。一九四一年五月，空軍部印製出版一本小書，把一連串實際上大多不相干的事件定為「英國戰役」（Battle of Britain）。這本三十二頁的小書銷售得非常好，「英國戰役」一詞也就這麼悠遠流傳。書中給出的日期相當模糊，指出這場「戰役」開始於一九四〇年八月八日，結束於十月三十一日。

這是「我們」最黑暗的時刻，也是大眾積欠小眾非常之多的時刻。儘管可能會毀掉你觀看過的相關戰爭片，不過「小眾」之說，比較有可能是個迷思，而非實際情況。

當年，皇家空軍和德國空軍可說是勢均力敵，英國的飛機數量其實還超過德軍一些些。邱吉爾的傳記作者羅伊·傑金斯表示，一九四〇年時，英國有一千又三十二架可出勤的戰鬥機，德軍則有一千又一十一架。

然而，當年的政治宣傳卻營造出「小蝦米對抗大鯨魚」的錯誤觀念，還一直延續至今，導致多數英國人認定當時的皇家空軍相對勢微、深陷危機之中。

同樣的，這又都是不實的說法。一九四〇年七月底，英國生產的飛機數量超過德國，比率為二比一，且英國的飛行員數量也超過敵軍。

德國空軍的麻煩還不只這些。由於每一場戰役都是在海外，要是德國飛機墜毀，那就表示損失一名飛行員，但如果是皇家空軍的戰鬥機撞毀了，飛行員還可以搭乘巴士回空軍基地。一九四〇年，跨越夏、秋兩個季節，三個月又三星期的英國戰役之中，德國空軍損失四千二百四十五名飛行員與投彈手，包含喪命、被抓和受傷的人員，皇家空軍的傷亡數目則是少於兩千。

戰後推出的無數部電影，全都在講噴火戰鬥機（Spitfire）出現之前，英國飛機就是比德國的差，這部分也是假的。

俯衝轟炸機（Stukas）的形象或許很惡名昭彰、讓人懼怕，但是到了英格蘭上空的時候，這轟炸機也不是皇家空軍的對手。這架專門設計來做俯衝轟炸的飛機，在法國戰役中用來攻擊艦隊非常有效，可是用在隨後發生的英國戰役之中，顯然成為無用武之地的工具。比起皇家空軍的戰鬥機，俯衝轟炸機顯得笨拙、速度也慢，很容易就會被瞄準擊中。德國空軍的主力，其實是梅塞施密特109戰鬥機（Messerschmitt 109 fighters），其飛行距離很有限，抵達英格蘭領空之後，也只能撐上十分鐘，然後就得掉頭回基地才行。

相對來說，一九四〇年的夏天，皇家空軍的主力戰鬥機，乃是比例達百分之七十五的英國颶風戰機（British Hurricanes），這架飛機相當靈活、耐用、快速，只要轉換為高辛烷值燃料，那麼跟梅塞施密特戰鬥機算是勢均力敵。

英國的整合性雷達系統——世界首見——可啟動二十九個偵查站監視敵軍，範圍可觸達海岸線外一百英里（約一百六十公里）之遠。也就是說，德國空軍抵達英國之前，英國的戰鬥機早就已經起飛了。

同時，英國的加密技術顯然也比較先進。

一九四〇年一月，英國位在布萊切利園（Bletchley Park）的解碼專家，與法國和波蘭組成的團隊合作，聚集位在巴黎東方二十五公里的葛萊茲阿曼尼西（Gretz-Armainvilliers），成功破解德國的疑迷格碼（German Enigma），同時也開始破解德國陸、海、空軍發送出來的訊息。德軍完全信賴自己的系統，深信自己的密碼不會被破解，但他們大錯特錯。從一九四〇年八月初開始，布萊切利園已能解讀疑迷格碼，揭露德軍即將發動的攻擊優勢、組成與形式。

可是喜劇《老爹軍團》首度開播的時候，大家都不知道這些事情。布萊切利園的祕密，以及破解疑迷格碼，都是到了一九七〇年代中期才公諸於世。英國成功擊退德軍背後的祕密，解碼專家足以扭轉局勢的貢獻真相，全都被埋沒，打勝戰的原因就一直圍繞在「小眾」的膽勢，以及那獨有的「英國精神」之上。

作戰時，英國根本就不是處在弱勢的一方，差遠了！英國握有一手好牌，甚至還有能力看到德軍手上的牌。

此外，英國皇家空軍的領導力也比較強。德軍的戈林（Göering）是個很亂的指揮官，老是不斷變更目標。皇家空軍的指揮中心，既冷靜又專業，總屢屢成功驅趕走入侵者。

一九四〇年八月二十五日，皇家空軍空襲柏林之後，希特勒和戈林做了個重大決定，把對皇家空軍基地的攻擊，轉移成在倫敦和碼頭製造恐慌。這起事件始於同年九月七日，也就是大家所知的大轟炸，倫敦、利物浦、伯明罕、格拉斯哥等城市，許多地方都瀰漫著恐慌與絕望。戰略的改變也表示英國戰役實際上是結束了，德軍不再企圖搶下制空權，也代表侵略的威脅與價值也消失了。

也就是說，打從一開始，這一切就很有可能只是為了虛張聲勢。

元帥蓋德．倫德施泰特後來表示，希特勒從未認真想過要侵略英國，以英國為目標的攻擊全都是在玩心理戰，而非策略性戰略。希特勒的預期是，持續不斷的轟炸可以讓英國領導人乖乖投降。

邱吉爾肯定是不相信德軍會真的來入侵，他還告訴閣員侵略等於就是來「送死」。之所以呼籲大家要在沙灘上戰鬥、要堅決不投降，其實用途是為了要號召——主要是鎖定華盛頓那邊的政治人物，因為他們都是英國及其帝國的子民。

即便德軍真敢攻擊皇家海軍，最多也只能打到肯特郡（Kent，英國最接近歐洲大陸的郡）而已。

一九七四年，桑德赫斯特皇家軍事學院舉辦一場戰事賽局，參與者是軍事歷史學家，結果六位裁判（全都是前資深軍官，英國人和德國人各半）全數認為德軍會慘敗。沒有取得制空權，又打不動皇家海軍，德軍的補給很快就會被切斷，德國第九軍團（9th army）

恐怕會被徹底殲滅。

一九四一年，希特勒把焦點轉往東方，針對蘇聯發動「巴巴羅薩行動」（Operation Barbarossa）。此項決策一出，軸心國（Central Powers，德、日、義為主要成員國）成為強權的命運也已確立。當美國和蘇聯加入戰局之後，問題已不再是德國「是否」會輸，而是何時會戰敗。

一九四〇年，英國瀰漫著被侵略的恐懼，這都是真的，但其實也是政府助長的結果。這股畏懼，聚焦在「威脅在即」和英國要對抗共同的敵人，但同時也在澆熄批評聲量並營造團結陣線的想法上，扮演非常吃重的角色。英國孤軍抵抗納粹的說法，在美國成功引發關注同情。邱吉爾知道，美國的加入能扭轉局勢，進而煽動被侵略的懼怕感，可以協助達到這個目的。畢竟，要是英國被占領了，美國成為下一個目標又該如何阻攔呢？

這些探討內容，絕非想輕描淡寫帶過轟炸的恐怖與痛苦。生命的流失與絕望，實在是太過真實。大轟炸之中，有超過四萬名英國平民死亡，兩百萬棟房子毀壞，家庭離散，孩子們的成長過程就是成天緊張兮兮地望向天空，時時捲縮躲進防空洞。

今天來到倫敦東區與南區的街道，還是可以看到當年的慘況。沒有一條街道沒有被炸到的，維多利亞式房屋上頭布滿後來才出現的東西，全都是戰爭無情、生命消逝、無辜受害的見證。

不過，比起其他歐洲國家所承受的，英國算是輕傷。法國平民死了超過三十萬人，數百萬計的波蘭人和蘇聯人喪命，更別提納粹大屠殺（Holocaust），英國算是輕微的了。而且，匈牙利（Hungary）和法國死於二次大戰的居民數量，還超過英國平民與軍隊的損傷總額。

＊＊＊

英國今日面對二次大戰，仍持有危險、不健康等級的依戀。

這錯誤的想法衍伸出英國脫歐，使得千禧年後的極右觀點再次興起，就像是過分討好的毒藥，持續在英國政治環境裡巴結奉承。大戰過去幾十年了，這股依戀再次影響整個國家的世界觀。「我們」有站起來，這很重要，所以大家要感謝「我們」。在世界大戰過後很久才出生的英國人，更盜用這份感知上的光榮。是的，我們或許是輸了足球賽，但要記得「我們」可是打了勝仗呢！

這態度可以拿來與實際經歷過大戰的人相比較。

從一九三九年至一九四五年事件倖存下來的英國人之中，多數都不以打了勝仗為樂。歷經六年失去摯愛、僅靠著微不足道的配給糊口、生活在恐懼之中的日子，他們的生命空白、毫無光彩，童年被剝奪，年輕的生命就浪費在恐怖且遙遙無期的戰爭上了。

為此，歐戰勝利日（VE Day）的慶祝活動大多很簡短、肅靜，大多數的人都想往前走，打造一個更為開心、安全的未來。一九四五年的英國，把視線緊盯在即將到來的未來上，而非過去發生的事，這就是為什麼邱吉爾被選票趕下台，改由艾德禮上台，因為新首相的政見就是著眼於未來更好的生活。

可是，這麼多年下來，大轟炸和敦克爾克「精神」對許多人而言早已神化，是在有需要的時候就可以拿來召喚的祕密武器。新冠病毒肆虐期間，這老掉牙的無稽之談又復活了，人們被告知「保持冷靜，向前邁進」（這句話之後還會再討論），好像是在說英國人特別有忍耐力，好像英國人的DNA裡充滿了這項特質。

上尉湯姆．摩爾（Captain Tom Moore）這位老兵，頑強決定要為國民健康服務（NHS）籌募資金，此舉讓他成為國家英雄，封爵、讚頌，還躍身為音樂排行榜第一名。二〇二一年二月，湯姆爵士（Sir Tom）過世，全國為此悼念，甚至還在講說要為他建立雕像。湯姆．摩爾確實是一位很棒的老兵，願意挺身而出、做出改變，不過他的名氣已被過度渲染。他之所以能夠成名，因為他是挺過二戰黑暗時刻的榮民，如果他以前只是一位煤礦工——或者是位女性——那麼他不大可能會受到如此崇敬的對待，進而成為國寶。

以過去兩百年來的主要戰役來說，英國是歐洲唯一一個未曾被占據或打敗的歐洲國家。

這點從未被仔細端詳討論，或是問問這代表什麼意思。反之，英國倒是一再重回到那個想像出來的光榮時刻，那個不斷被拿來政治操作的光榮時刻。

戰敗的國家倒是放下政治宣傳，尋求逐步接受過往事件的道路。與此同時，英國所付出的努力就展現在戰後周六的日間電視上，政治宣傳逐漸發展成為感知現實（perceived reality）。戰後數年間，「戰爭」影片和編寫出來的事件成為主要娛樂來源，娛樂作品與真實之間的界線也日漸模糊。

一九六三年的巨作《第三集中營》（The Great Escape），在許多人的心中算是一部相當寫實的電影，講述一位同盟國空軍士兵淪為戰俘後，想盡辦法逃離「第三空軍集中營」（Stalag Luft III）的過程。然而事實上，劇中角色都是編寫出來的，事件過程也為了票房，經過大幅編改渲染。由史蒂夫．麥坤（Steve McQueen）出演的越獄分子「關禁閉王」（Cooler King），可以說是真實人物與虛構角色的綜合體。

戰爭時期喊的口號也持續流傳；近幾年以來，「保持冷靜，向前邁進」被印製在數百萬計的馬克杯和海報上頭，遍布於全國各地的辦公室。其實，這句話不是出現在戰爭時期，大眾首次聽到是在二〇〇〇年。由於這句話與一九三九年至四五年間發生的事件具有關聯性，商人就用它來生產大量商品，所以成功與其他奉戰事為神聖的事物，留存至今。

隨著組織性宗教信仰發展式微，二次世界大戰和英國人民在大戰中的角色，已經成為團結上下的工具，占有一席之地之餘，更是到了近乎信仰的程度。可是，實際經歷過二次大戰的人，並不認為自己是靠著什麼樣的特殊精神熬過來的，他們當時就是別無選擇而已。不過，戰爭信仰倒是成功灌輸許多人相信真有一份特殊的精神。

英國不是唯一一個沉浸在特殊主義之中的國家。許多國家，又或許是所有的國家，都相信自己有所不同。每個國家都把自己置放在世界地圖的正中央，更是歷史的核心。

中國持續宣揚自己「五千年悠久歷史」的迷思，令人擔憂——這是硬打造出來的自負與自大，不過全國上下十四億人似乎大多買帳。儘管美國有嚴重的貧富差距，欠缺基本的全體醫療保健服務，選舉制度有重大瑕疵，但許多人民仍相信自己是居住在地球上最棒的民主國家裡。

新冠病毒的出現，暴露出特殊主義思想原來也是全球流行性疾病。白俄羅斯（Belarus）總統盧卡申科（President Lukashenko）告訴國民，只要「喝伏特加」和「開拖拉機」就可以戰勝疾病，而印尼總統喬科．維多多（President Joko Widodo）則表示，印尼人會受到「天神與氣候」的保護。

我們鄰近的國家，與英國也有一點點不同。

法國歷史學家克里斯多福．普羅夏松（Christophe Prochasson）曾在《世界報》（Le Monde）發文指出，法國依舊深信自己是「特殊命運所賦予的強權」。許多法國人都有根深蒂固的信念，認為法國文化位居首位。或許是有某些論證，但長久以來法國學者和政治人物，皆認為法國是十九世紀革命性啟蒙運動的起源地，因此現今世界之中，法國文化和語言都有著重要的地位，法式料理才是所謂的料理，法國酒才是唯一得認真看待的葡萄酒。

特殊主義的匪夷所思之處，就是「自大」這件事情並非單一個國家獨有，所有國家都有這種傾向。不過，不管我們喜不喜歡，特殊主義全都是「異教主義」用來歸類群眾，創造集體思想的觀念，助長分裂與隔閡，最糟的情況是釀成足球賽暴力、殘酷的自我毀滅行為，甚至是引發戰爭。

有些人相信星座分析，有些人相信童話故事，有些人相信敦克爾克精神裡的「小船隻」迷思。如果深信這些無稽之談的話，那麼或許你也會相信有外星人要從克拉利恩星球過來。

謊言成史4

英國皇室貴族是德國人

TEN GREAT LIES
AND HOW THEY SHAPED THE WORLD

FAKE HISTORY

不可靠的家族史如何蒙蔽我們的理智

每個家庭都有一些迷思。

我們家族裡排行第一的迷思，當屬哈瑞的故事了，他是我的曾曾祖父，在一八八〇年代派到巴布亞紐幾內亞（Papua）傳教，遞補被食人族吃掉的同事之空缺。

曾曾祖父是公理會（Congregationalist）成員，篤信世界末日審判清教徒（Puritan）傳統的重要支派，也就是在十七世紀看不慣歡樂聖誕節而禁止過聖誕節的那個支派。曾曾祖父是信奉宗教的人，所以就如同其他信奉宗教的人一樣，面對信仰他有著極度的熱忱。有一次一位遠房表親跟我說，當年他的哥哥還是名實習醫生，曾曾祖父說服不了他哥哥信神，在大半夜就把哥哥房裡的人體骨架模型偷拿出來、埋進土裡，而且他媽媽——或許曾曾祖父有成功讓她信神——還在一旁幫忙提燈照光。

一八八三年，二十八歲的曾曾祖父準備好把他的虔誠信仰帶往世界，在完成傳教士的訓練之後，在妻子瑪莉的陪伴之下，一同出發前往東南亞。

他們的目的地是莫島（Mer）——當時又稱為墨累島（Murray Island）——為一環礁群

島，共有四百五十二座小島散落在閃爍藍色水域的托雷斯海峽（Torres Strai）上。哈瑞與瑪莉抵達的時候，米瑞姆族（Meriam）居住於此，這群新石器時代族群的後代，約莫是在三千年前來到該區。

曾曾祖父的工作是接管傳教學校，教導當地人成為良好的基督徒牧者。這對夫妻還要管理一間小學——幫忙裸體的學生穿上紙做的衣服，穿戴局部的就是了。「女孩穿的寬鬆服飾上頭有漂亮的印花圖案，周日禮拜的帽子是用舊報紙做的，並用妻子找得到的飾物點綴。」這是曾曾祖父於一八八六年四月在《倫敦傳道報》（London Mission Gazette）寫的內容，文中還說道：「男孩與男人穿……上衣和丁字褲，長褲是學生的象徵。」

曾曾祖父要把公理會的神帶到莫島的這項任務，面臨一個不小的問題，那就是當地居民已經有自己的神明了。

米瑞姆族相信波買（Bomai）是個外形會變化的大海神靈，曾經以章魚的化身向族人顯現，八座島嶼上的民族在波買神的監督之下團結一心。時間來到某個點，為了實現預言，波買神就派了姪子馬羅（Malo）來到莫島，後來兩位神明合而為一，成為波買與馬羅之神。

族人認為波買神的名字非常有威力，所以要是大聲唸出來就是褻瀆的行為。兩位神明讓米瑞姆族的宗教領袖有起源的故事可以講，更賦予他們統治大海和掌管大地的權力。

他們是天選的族群——又一支獲得天選的族群。

曾曾祖父短住莫島後六十年，澳大利亞歷史學家克萊．拉克（Clem Lack）如此形容米瑞姆族：

「一群自豪得意的獨立族群，鄙視其他島上的人和大陸上的原住民，對其種族優越和祖先是戰士感到自大，但那已是模糊不可考的過去事。」

出生於英格蘭的曾曾祖父哈瑞，此時應該有種自己回到家鄉的親切感。莫島文化和英格蘭公理會的相似之處不只有這些，畢竟這兩種文化都相信要生吃肉。

「這是我的身體，為你們捨的，你們應當這樣行，為的是紀念我。」（出自《聖經路加福音》）

聯合歸正教會（United Reformed Church）源自公理會，相信聖餐（Communion）可叫喚出「屬靈」（pneumatic）基督——有點像是基督教的巫毒儀式。這點，米瑞姆族或許會有共鳴，他們的信仰認為可以藉由儀式和舞蹈，召喚波買與馬羅之神顯靈；至於食用外來人的傳統，也就是把敵人吃下肚，乃是為了紀念神明。

儘管米瑞姆族的名聲很恐怖，但是島上的居民仍是歡迎傳教士夫婦的到來，甚至還願意把部分基督教義融入到原有的信仰。

哈瑞同時還把《馬克福音》（St. Mark's gospels）翻譯成莫島的語言，只是該語言至今仍是沒有書寫習慣，大多數島民也不識字，所以不清楚到底是翻給誰閱讀就是了。

這對傳教士夫婦在莫島生了一個女兒，在女兒眼中，島民比較不像是人類學裡的陶土雕像，反倒比較像是夥伴——或許是比自己差一階——的人類同夥。

哈瑞給親朋好友寫了一堆的信件，開頭都是「親愛的大家」，向鄉親回報傳教工作狀況。有些信件雖然有點荒唐，但大多都還算是感人。其中有一封讓人記憶深刻的信，時間是一八八六年十一月初，當時天氣十分炎熱，哈瑞為當地的孩童講述「火藥陰謀」（Gunpowder Plot）這段故事，之後還打算籌辦棕櫚火舞的慶祝活動。

然而十一月五日這天，熱帶氣候炎熱無比，營火在戶外熊熊燃燒之際，哈瑞內心也有一把火在燒。米瑞姆族島民開心陪哈瑞慶祝聖誕節與各種基督教慶典，但卻斷然拒絕否決自己原有的信仰。哈瑞致力於幫助島民鄙棄原有的神明，改信他的神，同時又疲於處理一波波瘧疾的摧殘，曾曾祖父的心理似乎因此煎熬不已。

根據父親的表兄弟麥可的說法，曾曾祖父傳教的第二年，某天他一怒之下衝到山丘上，把波買與馬羅之神的雕像給拔起來，直接扔進大海。

過沒多久，這對夫婦便離開了莫島。官方說法是因為生病，但麥可表叔認為那是「精神崩潰」的委婉用詞。從家族相傳的內容和傳教資料看來，曾曾祖父後來完全沒有能再恢復健康。

接續的一百年之中，莫島上的八支宗族打算忘掉哈瑞，但與此同時，那些要被刪除掉的事件已成為我們這邊家族裡的神聖故事。到了二十世紀，我們家族對曾曾祖父母帶去的船貨崇拜[1]（cargo cult）和在莫島的時光，儼然已變成我們家族的波買與馬羅之神，也是家族流傳故事裡的首批聖者。

曾曾祖父傳奇的傳教故事，就如同信仰般籠罩著整個家族，也帶來不少驕傲。輝煌的維多利亞時期裡，人們富有探險精神，曾曾祖父母出發前往南海，勇敢克服各種險難。

有些人的祖先是特許測量師（chartered surveyor），有些是木工，有些是騙徒，而我們的血液之中，具備能勇敢對抗獵人頭民族的維多利亞時期探險家。這些人都很棒、誠實、勇敢，他們的勇氣與膽量不只照亮自己，也照到我們身上。

我們是友好但排外的大家族，我的叔叔、阿姨和表兄弟姐妹就住在我們家對面，還有

1 發展較為落後地區的土著，看到外來船隻運來新奇貨品的驚奇、崇拜之情。

一大票其他表兄弟姐妹會習慣在聖誕節、復活節相聚聊八卦、吃美食、大聲歡笑，當然無可避免地——某些時候——就會講起曾曾祖父母的故事。

不過，就像是不同的宗教支派或是不同版本的福音書，家族的人對事件發生的時和內容，各自有一點不大相同的看法。有些故事只有誰知道，其他人卻不清楚，然後還有人記得的是不同的情節。

父親偏右翼的表兄弟史蒂夫，他的母親就是出生在莫島的那一位，史蒂夫採取的態度屬於修昔底德這一卦的。位在諾福克郡（Norfolk）的家族，麥可就是這一掛的，屬於異端分子，認為一切都是瞎扯，不解為何大家要一直如此著迷。

同時，位在艾色克斯郡（Essex）的家族人比較多，我就是從這邊出來的，對於這段故事相當癡迷。我們的是希羅多德版本，內容更加誇大。曾曾祖父可是被精心挑選出來的人選，要去取代被食人族吃掉的傳教士，而且在莫島的這段期間裡，曾曾祖父天天都被飢餓的戰士追著跑，老是在想辦法躲離那口大煮鍋。史蒂夫表叔多次想糾正這樣的錯誤想法，可是都被置之不理。如於哥倫布和地球是平的的故事一樣，我們就是喜歡自己的故事版本，所以就緊握不放。

總之，我直系血親裡的家人，其實都沒有真的去讀過曾曾祖父的信件，也未曾想要找出真相。要是真這樣做了，那麼故事的內容會和我從小聽到的版本大有出入。

從一開始，曾曾祖父就不是去取代被吞下肚的同事。根據曾曾祖父本人的說法，島上已經有二十年沒有吃人的傳統了，當時他們夫妻倆距離島上唯一的歐洲白種人很遙遠。這裡的傳教工作已經行之有年，殖民政府官員也會定期來訪，兩位老人家在這裡工作的期間也不長，約莫只有兩年的時間。

我們這些後代都忽略了這些細節，在聖誕節的午餐聚會和其他家族聚會裡，以曾曾祖父母為中心的故事裡頭，米瑞姆族的部分一再被加油添醋。大量近似吃人肉的野蠻行為敘述，沒有名字、情緒、文化，這些都是用來進一步襯托、調味我們原有的故事。

黑皮膚的野蠻民族，把善良的白種人丟到大鍋裡煮，此敘述內容顯現出殖民主義的醜陋、不公。捍衛英國帝國主義行為者會認為「這個帝國是好的」，因為帝國協助食人族終結野蠻行為。

不過，這個對食人族的迷思，就跟許多有關帝國的迷思一樣，其實都是一種欺騙。吃人肉的行為根本就不是想像中的那樣普遍，許多有關吃人傳統的敘述，無疑都是為了加速實現帝國主義者的過度貪婪。英國就是以「開化工作」當作藉口，展開侵略和占領行動。

撇開我們家族想要相信的內容，曾曾祖父母的宗教支派歸屬於一個龐大的迫害體系，搶奪了米瑞姆族與鄰近民族的土地、文化、生活方式與尊嚴。這種陳述不符合我直系血親的期待，也不符合大家所愛的那一位「抵抗食人族」的曾曾祖父，所以我們選擇了忽略，好像我們一開始就不是聽到這樣的版本內容。

＊＊＊

每個家族都會自我欺騙。就某種程度來說，所有的人都身陷於資訊戰中，不斷在修改和編造聽到的內容，可謂是把國家主義中的「我們」縮小、置入到以家族為範圍的版本。捏造的「虛假家族傳奇」（FFS, Fake Family Sagas）其實也不少，扭曲祖先的敘述，編造出可以讓我們團結的故事，讓自己對於「我們」的來歷感覺良好，而我的家族傳奇就是「哈瑞與食人族的故事」。

虛假家族傳奇從你還躺在搖籃裡就已經開始了：你的鼻子這麼大，要怪就怪你的祖先是諾曼人（Norman）；你一頭紅髮表示你有塞爾特（Celtic）血統；你在中等教育會考（GCSE）之所以數學能拿A，得謝謝你那位破解疑迷格碼[2]（Enigma code）的厲害阿姨。至於你會這麼喜歡喝健力士啤酒（Guinness），還如此熱血心腸，都說明了你有來自都柏林的祖先。

2 原是提供加密和解密的密碼機，後引申為難解的事物。

一再重新編輯過往的歷史，虛假家族傳奇基本上都已被大幅編改。暴力的酒鬼變成「老頑皮」，愛性騷擾的變成了「花花公子」，從軍的一律變成人人都感到驕傲的「英雄」。幾個世代下來，敘述內容全都被灌輸、消毒過，虛構歷史油然而生。複雜、奇怪的內容，以及可能會是相當有趣的內容，全都「最好遺忘」，更明確點來說就是編輯刪去法。

族譜一般都是以男性為主軸，因此繁衍出奇怪的性別主義說法，家族脈系就只能往回追溯到一個名字，還幾乎把女性的貢獻全都捨棄掉了。

我們多數人都能講出祖父母與外祖父母四人的名字，但鮮少有人知道女性長輩那邊以前的姓氏。這些人都是我們的祖先，我們也都背負著他們的名字，但家族故事卻已刪除他們。哈瑞給骷髏模型挖墳墓時，在一旁提燈的那位女性長輩，她是我的直系祖先，但我對她一無所知，不知道她的名字，也不知道她的家鄉是哪裡。我對這位女性長輩的認識少過對哥倫布的了解，也少過對斯瓦比亞阿爾卑斯山腳下舊石器時代洞穴裡的認識，就是納粹考古學家找到史前獅子人雕像的那個地方。

虛假家族傳奇對複雜與真相都不感興趣，還總是把人物放在錯的地點與時間點。虛假家族傳奇創造出被食人族吃下肚的傳教士，還把遠房親戚說成是直系祖先，再把錯誤的都會思想轉變為真相。

有些錯誤想法是無害的，不會造成長期傷害，像是一九六一年時，愛爾瑪阿姨——跟數百萬人一樣——聲稱在洞穴俱樂部（Cavern Club）裡看到披頭士（Beatles），但她其實根本就沒有看到，又或許是看走眼了，但又如何呢？愛爾瑪阿姨還是喜歡掛在嘴邊講當年拒絕約翰·藍儂（John Lennon）追求的往事，而且你或許已經聽過上億遍了，但還是蠻喜歡聽她講的。

虛假家族傳奇的問題，不是叔叔、阿姨友善無害的八卦內容，而是會牽扯出更大的謊言。家族故事所在的上游源頭，其流出的支流匯聚成一大條虛構歷史的毒河。我們最清楚的過往，就是自己在流傳有關家族的那段故事——歷經世世代代的修飾與編改——才是最不可靠的，最糟的就是演變成全盤謊言。就是這些故事，讓我們看到米瑞姆族人時覺得自己很傻。我們國家有特別出色的利他主義（altruism，完全無私的關懷他人），在這起大謊言之中，我們家族成員各個都是的一分子。

就是那些被遺忘掉的故事，才是最重要的。

二〇一三年，英格蘭最知名的右翼民粹人士奈傑爾·法拉奇（Nigel Farage），講起反移民議題時激昂不已，但他的曾曾祖父其實是一貧如洗的德國難民，於一八六〇年代偷渡——來到英國。法拉奇先生從未就自己的祖先是德國人這件事發表看法，但很有可能是他之前完全不知情；巧妙遺忘掉就可以抹去自己家族的移民背景。

刻意忘記家族歷史的這個傾向，也說明為何你從未遇過貴族跑來向你誇耀他們家族的資產，是因為剝削了奴隸而來。

我們不會輕易就忘記不好的事情；會刻意遺忘家族成員，只是因為他們「不一樣」。同性戀和非二元性別戀的親戚都會被抹去或重編，創造一個未存在過的假象，又或是以「沒有遇到對的人」簡單帶過。由於負責記錄族譜的家族成員不是專業人士，也只追溯自己的血脈，那些「獨身主義」的單身叔叔和「老處女」阿姨常會被排除在族譜之外，這種習慣作法增加某些謊言的可信度，以致於 LGBTQ+ 族群看來像是最近才出現的現象，還有「那種事情」在「我們家族裡」從來就沒發生過。正因為如此，大可不必懷疑，同性戀跟異性戀一直都是並存的，也和人類的歷史一樣久遠。

LGBTQ+ 族群的祖先，可不是唯一被消失的人類。貧窮不光榮、濟貧院不光彩，這表示我們多數人不會曉得自己的祖先曾經貧困過，也不知道他曾被關進債主的牢房。長久以來，殘障和心理疾病方面的「丟臉」，也是會被掩蓋或巧妙遺忘。

一九八〇年代末期，女王的表姊妹凱薩琳．鮑斯里昂（Katherine Bowes-Lyon）和奈瑞莎．鮑斯里昂（Nerissa Bowes-Lyon）被揭露兩人還活在世上的消息，但為了躲避「醜聞」，她們的死亡記錄分別為一九四〇年和一九六一年。凱薩琳和和奈瑞莎一直都住在「精神病院」裡，但溫莎家族（Windsor family）的描述似乎刻意隱瞞、刪除掉這一段。

我們許多人的家族裡，也有凱薩琳和和奈瑞莎。除非是很有決心的研究員，否則我們多數人也不會知道這些人的故事。

從十九世紀到二十世紀，英國各地都有濟貧院和瘋人院，這我們多數人都清楚，但是少有人意識到這些地方常常就是殘疾人士被棄置的存放處，另有成千上萬人最後是到街上行乞——會有誰會誇耀自己的祖先是行乞的呢？

沒有小孩的男人，不管是異性戀還是同性戀，只要在毫無意義的戰場上成為「烈士」，仍可突破重圍，被下一代人記得。有位臉書朋友分享許多關於「死於一戰的比利叔叔」的國殤紀念日（Remembrance Sunday）照片，想讓大家記住比利叔叔之外，還有想要展現照在發文者身上的榮耀標章意圖。

因為英國一遇到戰爭，就會投以異教般的崇敬態度，所以擁有一位參與過戰爭的親戚，或是戰死沙場的親人，就會感覺自己好像要成為聖人似的。

現今在世的人沒人記得一次世界大戰，經歷過一戰的人也都沒活著的了。一九一四年至一九一八年間去世的人，大多數都是倒在凶殘的機關槍和炮彈之下。偉大的比利叔叔是被徵招還是自願，機率對半[3]，他很有可能是不想上戰場的，但肯定沒有想去送死。

3 一次世界大戰的英國軍隊裡，有二百四十萬人是自願的，另有二百五十萬人是被徵招的。

因膽怯而被射殺的逃兵達三百〇六位，另外一九一八年流感死了二十二萬八千人，比利叔叔很有可能就是其中的一位。軍隊大規模的墳墓裡沒有提供細節資訊，也沒有說明死亡原因，是意外還是自殺，不得而知。

大家都希望自己的祖先是魅力四射、趣味十足，沒人希望祖先會是在戰壕裡畏懼落淚的那種，也不希望是被坦克車碾過的那一位。靜靜躺在棺材裡的比利叔叔，成了虛假家族傳奇的最佳主角，他的命永久定義在那一段短暫被派遣出海服役的時光，目的就只是成為臉書上的推文而已。

＊＊＊

家族歷史的問題，並不是只有內文不可靠的臉書推文，也不是家族裡一傳再傳的假故事，是可能會有人把「祖先」當作武器來用。

巴拉克．歐巴馬兩任總統任期之內，持續不斷被指控「他不是真正的美國人」，也永遠不可能成為美國人，因為他不是在美國出生的，而主導這些指控的正是唐納．川普。某種程度來說，這只是暖場用的段子，川普後來便開始攻擊真相等議題，也攻擊歐巴馬與匿名者Q（QAnon）走很近。接受這套陰謀論的人，相信川普是一名密探，努力要推翻全球以柯林頓家族（Clintons）和羅斯柴爾德家族（Rothschilds，全球最富有的家族）為首的戀童癖組織。

早期的陰謀，其實是想要證明歐巴馬不是美國人。依據美國憲法，「本國出生的公民」（natural-born citizen）才可以成為美國的總統或副總統，所以只要證明歐巴馬不是在美國出生，那麼就可以取消他當總統的資格。

非常明顯，這群「出生地懷疑派」（the birther）就是讓人反感的種族主義人士。推特充斥各種網路怪論，以及陰謀論者的蓄意壞心責難，依據的是歐巴馬的膚色和老歐巴馬（Barack Sr）出生於肯亞這兩點。歐巴馬是美國人，他本人也證明了自己是出生於美國。要證明這件事情一點都不難，但是光有證據是不夠的。

沒有什麼證據可以說服川普和其他陰謀論者。出生證明有了，醫院記錄也挖了出來，歐巴馬出生時在夏威夷當地報紙刊登的公告也被挖出土，但全都沒有幫助。

「出生地懷疑運動」（birther movement）忽略掉歐巴馬的白人母親安．鄧翰（Ann Dunham），她出生於美國堪薩斯州（Kansas），其家族可一路追溯到十七世紀的拓荒先祖（Pilgrim Fathers，首批移民到美國的清教徒）。顯然，在這複雜的議題之中，女性的部分一點都不重要。

完全拿不出證據。川普與其陰謀論同夥，一點都不在意證據，實情為何也不是重點。

他們已經拍板定案，決定歐巴馬就不是美國人——就跟任何一個異教一樣，只要相信就足夠了。沒有一樣真的挖出土的證物，能讓他們改變信念。

對這群人來說，他們無法想像一名肯亞人的兒子可以成為美國總統，不管此人的媽媽是誰，也不管此人的出生證明上寫了什麼，原因很簡單——也不用假裝是其他原因了——就是因為這個人是黑人呀！

川普本身也是一名移民者的兒子，母親是蘇格蘭人，祖父母是德國來的移民。不過，「出生地懷疑派」不會懷疑到他身上。川普是蓄意不公，把歐巴馬家族歷史變成攻擊武器，拿來襲擊歐巴馬，因為川普也只有這一招了。「出生地懷疑派」的指控，正好可以證明川普非常討厭巴拉克．歐巴馬，原因就是害怕呀！與這位無聊但很吵的兄弟會成員相比，歐巴馬比較聰明、比較有學問、比較受到景仰，也長得比較好看。至於川普就是繼承一堆房地產，然後他的雄心壯志就是設定要當上總統。歐巴馬的存在是一種威脅，會戳破川普自我膨脹的特權泡泡，所以才會拿出他唯一的武器，集中攻擊，想要拿下歐巴馬，這武器就是：歐巴馬的種族和家族背景。

就捍衛自己的家族背景被指控一事來說，歐巴馬和伊莉莎白女王二世（Queen Elizabeth II）有共同的理由。

有好幾年的時間，大家都堅信「英國皇室家族是德國人」。這是追溯到一七一四年，喬治

（George）——漢諾威選侯[4]（Elector of Hanover）——成為英格蘭國王所致。喔！還有就是一八四〇年二月，維多利亞女王的結婚對象，乃是薩克森—科堡—哥達王朝（Saxe-Coburg-Gotha）的亞伯特王子（Prince Albert）。依據這樣的邏輯，自此以後的每一個人都是「德國人」。可是一八四〇年的時候，德國這個國家還沒有誕生[5]，更別提一七一四年了。

這些問題的開端是始於安女王（Queen Anne），當年女王生的孩子不是難產就是夭折，於一七〇二年登基時，乃是膝下無子。安女王執政達十二年之久，與之前的一百年相比，算是一段相當順遂平安的時期。議會不樂見詹姆士黨人士（Jacobite）出鬼點子，因為這群人支持的是羅馬天主教斯圖亞特王朝（Roman Catholic House of Stuart）的主張。

因此，一七〇一年通過《王位繼承法》（Act of Settlement），確保只有新教徒（Protestant）才能登基王位，隨後漢諾威選侯蘇菲（Sophia）成為安女王的繼承人。但由於蘇菲並非英國人所生，必須讓她歸化，因此在一七〇五年通過《蘇菲歸化法》（Sophia Naturalization Act），藉此宣稱蘇菲公主這個人的身體自動成為英國公民。

4 神聖羅馬帝國（Holy Roman Empire）的王子。

5 德意志統一（Unification of Germany）的時間點是一八七一年一月。

該法案直到一九四八年才廢除，言下之意，如果你想要英國護照的話，只要你是在法案廢止前出生，加上證明蘇菲公主是你的祖先，那麼你就是有權利可以拿到英國護照了。

相信「英國皇室家族是德國人」的人士認為蘇菲公主是大口嚼香腸的德國漢諾威人，但實情卻比這說法更加複雜些。出生於荷蘭共和國（Dutch Republic），蘇菲的母親伊莉莎白．斯圖亞特（Elizabeth Stuart）是蘇格蘭人，是外公詹姆士一世（James I）唯一的女兒，而外婆是來自丹麥的安（Ann of Denmark），說著一口流利的英語。是的，基本上，蘇菲公主是混了一點德國、一點丹麥、一點蘇格蘭和英格蘭，或許還混有更多其他的呢！不過，奈傑爾．法拉奇也是有相同的狀況喔！

我們都是四處拼湊而成的人類，DNA裡已沒有所謂的純種，「種族染色體」根本就不存在。

不過，蘇菲後來沒有繼承王位，因為安女王比她多活了兩個月——顯然安女王是非常滿意——倒是蘇菲的兒子喬治．路得維希（Georg Ludwig）登基為王，後來被稱呼為喬治一世（George I）。當年喬治五十四歲，於漢諾威長大，所以德語是國王的第一主要語言。因此，要是再挑一點的話，喬治一世可說是「德國人」——而他的兒子喬治二世（George II）也是同樣的狀況。

不過，喬治三世（George III）可就是貨真價實的英國人了，就跟當時國境內的人一樣。

喬治三世全然熱愛自己的出生地，一七六〇年登基時，也才二十二歲的喬治在國會裡演講表示：

「出生於英國，在英國受教育，我以英國之名感到光榮。」

這些事情都發生在德意志統一之前，當時美國都還沒存在，美國獨立戰爭（American Revolution）也還沒出現。追溯伊莉莎白女王二世的某條血脈，其中有一兩位祖先是德國人，因此認定女王是德國人的想法，然後斷定國籍全都無效的邏輯非常怪。要是這樣的話，美國境內沒有人可以自稱是美國人！另外，我冒險在同一章裡拿同一個人做三次舉例表示，那法拉奇也應該是德國人！

同樣是因為女王的前七代曾祖父出生在德國，所以就不是英國人而是德國人的話，按著這個邏輯，現在生活在英國裡的每一個人幾乎都不能自稱是貨真價實的本國公民。追溯到那麼久以前，你總會找到一位不是出生在你現在居住的國家裡的親戚。喬治一世和喬治二世是大衛．卡麥隆（David Cameron）和鮑里斯．強森兩位英國首相的直系祖先，但是卻沒有人說他倆是德國人。

女王的祖先是德國人的說法沒有消失，持續流傳的原因可能是因為一九一七年的國土更名所致。由於當時英國在歐洲的一處土地叫作「薩克森—科堡—哥達」的說法不是很恰當，加上正在和德國因主權爭奪而打仗，所以便更改名稱。

不過，一點也不驚奇的是，從家族姓氏就能知道歐洲皇室家族之間的通婚情形已長達數個世紀之久。確實如此，一九一四年的時候，俄羅斯尼古拉二世沙皇（Tsar Nicholas II）和德意志帝國威廉二世皇帝（Kaiser Wilhelm II）兩人的表兄弟，正是英國喬治五世國王（King George V）。

威廉二世皇帝甚至還被說是維多利亞女王最疼愛的外孫，消息來源是威廉二世本人，但我們是誰，憑什麼去質疑呢？可是就是沒有人站出來說威廉二世是英國人，他母親可真的是英國人呀！

有些家族會爭吵其祖先為傳教士的真實性，有些則是跑去跟巴爾幹人（Balkans）打仗。一九一四年，英國出現反德國的情緒，表示凡是跟那個國家有關聯的人，就都會被懷疑。

不幸的是，除了德國姓氏之外，還有其他狀況。喬治五世的妻子瑪莉（Mary），也可稱為梅（May），其姓氏特克（Teck）並不是自己祖國的姓氏。瑪莉是特克的公主，那地方隸屬符騰堡王國（Kingdom of Württemberg）。但奇怪的是，瑪莉的父親是在奧地利出生長大，是俄羅斯公爵之子。有些人表示，在倫敦肯辛頓（Kensington）出生的瑪莉，講英文的時候有濃厚的德國腔調。不過，從瑪莉在一九二三年發表「帝國的男孩與女孩」的談話音檔聽來，那就是現今年邁英國皇室家族成員講話時，會出現拉長音的奇怪又做作的英文。

那麼，為何「英國皇室家族是德國人」的迷思還在呢？或許，就跟歐巴馬的情況一樣，是想要讓他們失去資格。

英國大眾與媒體，跟皇室成員之間有著一種非常古怪、失常的關係，而且對德國也一樣都會出現這種古怪、失常的關係。

「英國皇室家族是德國人」的說法持續流傳，消滅了一些皇室的銳氣，讓他們不得維持原狀，這就是虛假家族傳奇的終極表現。憑藉著祖先一說，女王和其家庭成員就都算是「二等公民」的產物，才不是「道道地地的英國人」。

就算是皇家版日耳曼神話（Teutonic myth）的渲染故事，也不及那個永不敗退、異教般的愚蠢膜拜，也就是英國自己搞出來的「上流階級」。這是一小群富有、自戀的菁英，在地球上硬擠出一段短暫的時光，讓他們可以裝腔作勢。英國的「上流階級」特別沉迷於全靠捏造出來的門第觀念；不管是不是受了點刺激，許多家族聲稱是征服者威廉的後代，為了證明，還會投入許多資源在輝煌的族譜上頭，家族血脈成了永遠勝人一籌的本事。

相信這一派胡言的人，視家族傳統和血脈為兩地之間的客製高速公路。中間或許會有交流道，也或許會有一兩個人出去短暫繞一下路。不過，就跟連接英格蘭中部的卡索普（Catthorpe）與蘇格蘭最南端的格雷納（Gretna）這條M6高速公路一樣，英國最古老的家族血脈可以從巴特爾（Battle，征服者威廉城堡的所在地）的泥濘丘陵，一路延伸到他們腳上的綠色雨靴（綠色雨靴是英國皇室成員的標誌）。

然後，從這胡說八道的泉源，湧流出各式各樣盛行於世的愚蠢觀念。階級與社會地位的觀念，莫名嵌入英國。一九一一年《每日電訊報》開始刊登「婚禮預告」（forthcoming marriages）欄位，該專欄採用的是一套詭異的社會地位分類機制。想要在報紙上刊登婚訊的，只能雙手合十、盼望等待該報的宮廷公報（Court Circular）編輯做出刊登決定，並由編輯們逐一評分，看誰能比其他人高尚。

真難想像這種事情居然到現在都還有！我聯繫了該報的生活版編輯，並取得確認，這個流程至今還有在運作。

英國人莫名其妙容易受到上流階層拉長音講話方式所吸引，不只是願意，還會特別熱切想要投票選出伊頓公學培育出來的產物，相信或許這種人有可能是「勞斯萊斯」等級的產物，要來到世上治理我們。

摘帽致意是一項根源很深的傳統。許多英國人週末無事好做，喜歡到沒創意但蓋很大間的屋子去閒晃，看到蓋這房子的輝煌家族畫像還會很興奮，也會為或許能瞥見到其中一位的後代而感到激動。

這種全國性思想的培育方式，說明了為何英國上議院（House of Lords）仍有九十二位「世襲貴族」：被賦予權力可以坐在英國上議院審理法案的個人，沒有其他原因，就因為他們的祖先是某位王子的私生子，或是當年英國首相大衛．勞合．喬治為了賄賂而販售動章時，願意花上一筆錢買頭銜的後代。

就二〇二〇年九月的時間點來說，除了終身貴族（life peers，不得世襲的貴族）你還能有些期待之外，因為他們是基於某些好事蹟而被任命的，上議院裡另外還有四位公爵、二十四位伯爵、一位其他子爵和男爵主席。世襲制的貴族爵位，厭女的本性，向來就把女性排除在外，除了唯一一個特例——女伯爵瑪[6]（Countess of Mar）在二〇一四年至二〇二〇年年間於上議院服務——其餘都是男性。破壞現代民主無可原諒，但上議院居然還讓這種遺留下來的古老傳統進一步傷害民主。許多人都沒有察覺到這個情形，但也有些人選擇默默忍受。

「貴族階級」的存在感，不亞於「大轟炸精神」。如同主張「英國皇室家族是德國人」

6 蘇格蘭上流階層已經夠進化了，至少會把頭銜傳給長女——但也只有在必要的時候才會這麼做。

一樣，那只不過是將虛構歷史嵌入的說法。自封為上流階級的人，並沒有「好過」其他人。你不能洗白家族門弟，也沒有藍色血統（blue blood，象徵名門望族的血統）那種東西。某些家族比其他家族「悠久」，顯然是可笑的想法。

女王的「皇家血脈」也不是在一〇六六年神奇出現，就像我的家族史也不是從哈瑞乘船到莫島開始的一樣。伊莉莎白女王的祖先，其實跟你我的祖先是同一批人，有舊石器時代洞穴裡的居民、祭師、貧民——富人、聰明的女人、罪犯、妓女、乞丐、小偷。早期的皇家貴族，就跟莫島上的宗教領袖一樣，聲稱自己具有天賜的源頭，然後大家還都相信了。顯然，優秀的人群需要的是「優秀」的領導人，但怎會有比章魚化身的波賈與馬羅之神或耶和華安排的人選還要更棒的呢？

「皇家DNA」根本就不存在，溫莎家族就是騙局一場，貴族這東西也是錯誤的想像，但這並不會阻止人們想要證明自己就是貴族。

「勃克貴族年鑑」（Burke's Peerage）成立於一八二〇年代，是一間走小眾市場的族譜出版社，其營運模式最適切的描述應該就是「虛榮自負的讀者群」。該出版社每年都會出版一本年鑑，列出「英國世襲上流階級的貴族、男爵、爵士」等等，而「虛假家族傳奇」就做為確認偏誤的分類，凡出版社覺得合適，就可以無情的刪除或加入名字。

這本年鑑，打從第一冊問市以來，即遭受各界挖苦奚落。愛爾蘭詩人奧斯卡・王爾德

（Oscar Wilde）的著作《無足輕重的女人》（A Woman of No Importance）之中，有個角色便被另一個人直接建議說要研究一下貴族背景，因為：「這是英格蘭杜撰最棒的故事。」不過，另有數千人倒是因為自己的名字被列在裡面而雀躍不已，心甘情願加入這場騙局。

到了一九八〇年代，一套全新的精英領導體制占據主流，連上流階層的人也開始與自己的貴族背景保持距離。結果，「勃克貴族年鑑」這間出版社就陷入了財務危機，變賣掉這項旗艦產品，改出版一般貴族的族譜書籍，還雇用美國出生的記者暨金融家哈洛．布魯克．貝克（Harold Brooks-Baker）前來拯救出版社。接著，該社開始發表吸引大眾目光的新聞稿，內容還全都是與皇家貴族有關的，甚至聲稱由於有位來自塞維亞的塞妲公主[7]（Princess Zaida of Seville）的緣故，所以女王伊莉莎白二世算是先知穆罕默德（Prophet Mohammad）的後代。

布魯克．貝克還憑空想出蠢笨的「最具備皇家血統的候選人理論」，這套「理論」——我用字非常謹慎——指出，美國總統選舉的贏家往往就是「最具備皇家血統」的候選人。

7 塞坦是十一世紀的穆斯林公主，後來歸信基督教，並成為卡斯提亞國王阿方索六世（King Alfonso VI of Castile）城堡的女主人。

布魯克．貝克算是中了大獎！一九八四年競選一開始的時候，貝克精準預測出當時的現任總統羅納德．雷根（Ronald Reagan），將會在選舉裡打敗對手華特．孟岱爾（Walter Mondale）。這套理論研究就跟神燈油一樣，其依據只是貝克手下首席族譜學家修．佩斯克特（Hugh Peskett）的調查發現。佩斯克特表示，他花了三年研究雷根，發現他的祖先有「八個」歐洲皇家貴族，其中包含十一世紀的愛爾蘭國王布萊恩．柏魯（Brian Boru）。

至於又老又可憐的華特．孟岱爾，因為族譜裡欠缺皇家資本，所以毫無機會勝出。

布魯克．貝克的理論基礎，大多是照著蒙茅斯的傑佛里這一派的歷史研究方式，選用來源可疑且不可靠的歷史資料，從容易上當、受騙的人身上來謀取利益——以及那一群喜歡聽「好故事」的人來賺錢。這套「最具備皇家血統的候選人理論」也為小報提供報導媒材，更幫陰謀論者提供素材，愛去打擾蜥蜴的大衛埃克[8]（David Icke）也算是其中一位。但是，在二〇〇四年，最具備皇家血統的約翰．凱瑞（John Kerry）卻輸給了喬治．沃克．布希（George W. Bush），貝克的理論慘遭打臉。

二〇一二年，美國加州薩利納斯（Salinas）有位青少女承接下布魯克．貝克的理論，還登上新聞頭條，因為她的推算結論指出，除了一位特例之外，每一位美國總統都是英格

8 英國前足球選手暨播報員，以提出各種陰謀論維生，聲稱皇室家族其實是外貌會變化的巨型吸血蜥蜴。

蘭國王約翰（King John of England）的直系後代。布奇安．亞維農（BridgeAnne D'Avignon，這位青少女的真實名字）告訴 WFMY 廣播電台，會有如此明顯巧合的原因是：「他們都具備了想要擁有權力的特質」，還指出經過一千年的時間，約翰國王的後代都具備有某些神聖的基因。

美國第八任總統馬丁．范布倫（Martin Van Buren），這位非約翰國王的後代，居然成功入主白宮，肯定是個偶然的結果。

二〇二〇年，拜登在美國總統大選中勝出，由於他本人與愛爾蘭有深厚根源，所以許多討論都聚焦在拜登的血統會如何左右他的外交政策，以及英國人所癡迷的「那份特殊關係」。不過，深究拜登的祖先背景，驚奇發現拜登與愛爾蘭的淵源，跟奈傑爾．法拉奇與德國的關係根本就差不多。拜登的十六位曾曾祖父母裡，只有兩位是出生於愛爾蘭。其實，拜登有更多與時代較接近的英格蘭祖先，但是表態自己是「來自英格蘭的薩塞克斯郡（Sussex）」，對美國那些自認為是來自愛爾蘭的選民來說，根本就起不了作用。

生命太短暫了，不必花時間來深究自己的族譜，更別提別人的家族史了。不管怎樣，除了一位美國總統之外，其餘都有皇家血統的這個想法，其實掩蓋了一項礙事的事實：每個有歐洲家族背景的人都是皇家貴族的後代。而且，居住在美國的人民，有很高的比例都是約翰國王的後代，不管你來自哪裡、也不管你是誰，必定會有一位祖先是皇家貴族。如果你是英國人，又或是有不列顛群島那邊的血緣關係，那麼你很有可能，有個隔沒有很久遠但卻很出名的祖先。

二〇一六年，英國演員丹尼．戴爾（Danny Dyer）參加 BBC 電視節目《你以為你是誰?》（Who Do You think You Are?），詫異發現自己是愛德華三世國王（King Edward III）的直系後代。這的確是很好的節目效果，但是！讀到這裡的你，如果你擁有相對近代的「英國」祖先，那麼有非常大的可能性，你的祖先也是愛德華三世國王。根據估算，這個可能性高達百分之九十九。另外，你也很有可能是查理曼大帝（Charlemagne）的後代，因為大多數歐洲人的祖先都是查理曼大帝。

我們的家族就是會忘記這點——的確難以理解——怎樣就是記不住，太不可思議！一九九九年，耶魯大學（Yale）的統計學家約瑟夫．張（Joseph Chang）推算得到一個結果，二十世紀末期的人共同擁有一位十一世紀的祖先。

那些有歐洲血統的人——也就是只有一位歐洲祖先的人——在六百年前的祖先是同一位。英國遺傳學家亞當．拉塞福（Adam Rutherford）的傾向認為，族譜不是由支系組合而成，反倒是比較像是巨大的網絡。拉塞福稱之為「數字遊戲」；若你往回推，兩位祖父母、四位曾祖父母等等，理論上就是得要繼續加乘上去，這表示你的上頭是一個偌大的倒金字塔，那還真的是會有數百萬名祖先。當然了，現今的人口數量來到歷史新高，所以網路裡的線會折疊回到自己身上，用拉塞福的文字來說就是：「……其實你可能重複源自同一個人很多很多次。」

或許，沒有幸運到每個人都可以表明自己是德國人，但至少可以安慰自己說我們都是皇家貴族。

哈洛．布魯克．貝克後來因為指出女王是穆罕默德後代而被嘲笑，但他至少成功了一次——所以也沒失準到過於離譜。依據耶魯張先生的估算模型來看，歐洲絕大多數人倒是都很有可能是穆罕默德的後代。就算伊斯蘭恐懼症（**Islamophobia**）相當猖獗普遍，又堅持自己固有的民族認同和歐洲傳統，但這些人之中就都有一位穆斯林祖先。

同樣的，所有自封為貴族的人，也都表示自己是征服者威廉的後代，這也沒說錯。他們的確是威廉的後代，不過同時也是以前幫威廉刷馬桶的人的後代。

要是你覺得自己的家族史很無趣、無聊、內容很少，那是因為家族幾世代以來都在修改家族史，所以才會讓你覺得如此平淡。其實，你身處在未經探索的廣闊家族宇宙邊緣，既可往任何一個方向延伸出去，更可以跨越到地球上的每一個大陸板塊。

忘掉虛假家族傳奇，改安慰自己說曾曾……祖父母簽署了《大憲章》（**Magna Carta**）。沒有哪一個家族比另一個家族更加悠久，也沒有哪個民族比另一個民族還要古老。我們被我們看待自己的方式所阻礙，也因為這種看待的方式，限制了我們是誰，也侷限了我們希望成就的形象。

＊＊＊

今天，你可以吐一口口水到管子裡，把唾液樣本送出去之後，就可以取得一堆數據，細分出你的祖先們所在地區的細微蹤跡。測驗結果會告訴你，「你」有百分之四是亞洲人，或是百分之十九是北歐人，或是百分之五十二是非洲人。除此之外，不會告訴你其他資訊。不過，有的時候，數據結果能清楚說明一切，讓人恍然大悟。

二〇〇六年，萊斯特大學（Leicester University）為了探究世界人口遷移的情形，找來志願者捐獻DNA樣本，追蹤其祖先來歷。

其中有位七十五歲的志願者約翰．瑞維斯（John Revis），他退休前是位測量員，喜歡研究族譜學，還一路追蹤調查自己的家族史到一七〇〇年代為止。

約翰告訴《星期日郵報》（The Mail on Sunday）：「家族有條支脈搬去美國，在那裡很有成就，但我的直系血脈都是在英格蘭北部，親戚大多數都是銀行家。」後來隔年一月，萊斯特大學就來幫約翰追蹤祖先來歷了。

受訪時，約翰還不知道他有來自西非的祖先，等到萊斯特大學的告知他才知道。原因是約翰身上有一種非常罕見的Y染色體，叫做M31，這種染色體先前只有在一小群西非男人身上測到過。

年輕時的瑞維斯先生，金髮碧眼，十足的「北歐」樣貌。當約翰把這結果告訴太太時，太太難以置信：「一直以來，我都覺得約翰很英國人。」她又繼續說道：「他星期天都喜歡吃烤牛肉和約克夏布丁，從來都不會要我煮些不一樣的東西。」

有一項針對一群擁有這個相對罕見姓氏的人所做的研究，發現十八名男性之中，有七人身上皆擁有這一個染色體。

可能的解釋原因有兩個。西元二〇〇年，羅馬從北非帶一支守備部隊，來到英格蘭北部建造哈德連長城（Hadrian's Wall）。或許，那時部隊有成員留在當地結婚生子，成了約翰和遠方表親的祖先。還有可能的原因是發生在更近代的事件，即十八世紀殘忍的奴隸買賣。奴隸制度廢止的時候，至少有一萬名黑人居住在英格蘭；可是，黑人的故事差不多都被刪光光，不只是從官方記錄中刪除，就連特殊主義的記錄裡也把這段移除掉了，畢竟特殊主義把英國塑造成把這世界上的奴隸買賣制度移除掉的英雄，但這制度明明就是英國人創建的。

「從本研究結果看來，英國似乎是個錯綜複雜的國家，而且長久以來都是如此複雜。」萊斯特大學喬布林（Jobling）教授接著又表示：「人類遷徙的歷史顯然是相當龐雜，像我們這種海島國家的歷史更是雜上加雜。另外，這個研究打破認為有可以簡單區分人類種類或『種族』的想法。」

唾液檢測出來的結果，屬於英國人的成分，沒有多過泰國人、印尼人、瑞典人、印度人的成分。不過，隨著越來越多人做唾液檢測，科學技術繼續發展，我們或許都有機會取得跟約翰一樣精彩的故事，好告訴我們，我們的祖先到底是誰，而不是我們希望我們的祖先是誰。

當然了，若你有位三百年前來自西非的祖先，你也不會因而成為「非洲人」——不過倒是可以消滅虛假家族傳奇的謊言，或許也可以讓「我們來自哪裡？」的想法變得更加有趣、刺激更多想法。我們的歷史就是人類的歷史，你的DNA裡頭並沒有印上英國國旗、蘇格蘭國旗、美國國旗或法國國旗。

但是，這卻無法阻止人們宣稱自己屬於某某國家。DNA測試是在匿名商業實驗室裡完成的，其科學權威的特質卻日漸成為家族偏見的推手。

二〇一八年加拿大有個案例說明了DNA測試的可靠度。有位名叫路易·寇傣（Louis Côté）的男子，因為對自己的DNA檢測結果感到無比質疑，便把女友的狗狗唾液送去檢測，這是一隻名叫史努比（Snoopy）的吉娃娃。

檢測結果出來之後，史努比被判斷具有百分之二十的美國原住民血統，是印地安人的後代。縱然史努比無法親自說明看到測試結果的感想，但這段插曲清楚說明了，當有越來越多人在尋求祖先確認偏誤之際，這些公司行號面臨到變成幫凶的風險。

以史努比的例子來說，我們看到的是爛科學和糟糕的營業活動，與爛歷史共謀，散布「好故事」的陳述內容。

歷史與文化，可不只是過往遺傳標記（genetic marker）的細微蹤跡。

謊言成史5

咖哩來自印度

TEN GREAT LIES
AND HOW THEY SHAPED THE WORLD

FAKE HISTORY

語言與食物的大騙局

三十多年前，及更早之前，那是一段又長又黑暗的美食空洞時期，那時的英國料理一點也不輸給恐怖的犯罪現場。

戰後時期，美食就跟古龍水和沖澡這檔事一樣，都歸為歐洲大陸的人才會做的事。英國式烹飪被批評成不配做為食物的料理，但英國人卻聽不進去這樣的批評。我爸那台奧斯汀的蒙特哥施展在我家人身上的恐怖特殊主義，正好說明了英國在烹飪領域上遭遇的情況。

英國人連續數十年來的集體失憶，說明了烹飪這件事的情況到底有多糟，而且實在是非常難以理解。今天英國人在超市櫃架上就可以找到的基本食物，以前根本就不存在。沒有人聽過鷹嘴豆泥、法式酸奶油、青醬，而且大蒜是法國人掛在脖子上嚇跑英國人用的，咖啡是質地像油漆的即溶沖泡飲品。麵包，可以說是唯一一種有多種變化的食品，共有四種選擇：白麵包、全麥麵包、切片的、沒有切片的。橄欖油當時還是被放在藥櫃裡，偶爾會拿出來清耳屎用。大家唯一看過的酪梨，是七〇年代成套衛浴的顏色選項。

大多數人吃下肚的都是屎：冷凍魚、來源可疑的白色奇怪香腸、焗豆、烤薯條、馬鈴薯粉加水攪拌而成的馬鈴薯泥——在當時還被認為是很值得驚嘆的美食。星期日的時候，你可能會烤個東西，但蔬菜的料理方式，就跟西元七九年維蘇威火山「料理」龐貝城的手法差不多。

多數英國人的烹飪方式，就是把每一種東西都丟下去燉煮就是了。外出用餐也好不到哪裡去。一般大眾頂多只能去乏味的英國連鎖餐廳，那裡頭供應的是價格昂貴、難以下嚥、很像在嚼厚紙板的食物，然後再配上一杯奶茶。酒吧裡的食物，就跟你在家吃的垃圾一樣，只不過多擺了一小支香料菜葉在旁邊裝飾而已。喝葡萄酒的話得開口講外國話，但講外文的時候會看起來很可疑，至於素食主義可是會害你直接被舉報到國安局。

我們確實很容易——也很想要——陷入不智的舊日美好時光，遙想著自己頭髮還在、牙齒還很好的那個時候。可是，你得夠瘋才會想要吃六〇年代的英國食物，而且七〇年代的食物更是可怕至極！一九九〇年代末期，特易購超市甚至必須找來喜劇演員杜德利．摩爾（Dudley Moore），介紹義大利的提拉米蘇和普羅塞克氣泡酒（Prosecco），一切搞得好像是在宣傳重要的公眾議題似的。

至於為何英國人會如此長期傷害自己，我們不得而知。或許是因為戰爭時期的配給制度一直到一九五四年才結束，所以人們有東西可以吃就很感激了。這情形不大像是「保持冷靜，向前邁進」，倒比較像是「閉上你的嘴，吃就對了」，因為別無選擇呀！英國食物歷久不變，就跟英國的天氣一樣，大家清楚怎樣都不會好到哪裡去。不過有一段時間，在沒有被關注的情況之下，革命悄悄起義了。

一九六〇年代開始，來自印度、巴基斯坦、孟加拉地區的移民，藉由經營平價餐廳，帶來美食的慰藉，真的——是真的——是嚐起來很美味的新穎烹飪方式。

不過那個時候，咖哩已經不是一道新奇美食。第一間「印度餐廳」是位於倫敦的印度斯坦咖啡館（Hindoostane Coffee House），首領迪恩．穆罕默德（Sake Dean Mahomed）於一八〇九年或是一八一〇年（文獻記錄的時間點不同）所創立。穆罕默德出生於孟加拉，是位神祕的探險家、商人、旅遊作家，於一七八四年和好友船長戈弗雷．巴克（Captain Godfrey Barker）一起搬遷到愛爾蘭，定居科克市。沒多久，穆罕默德就與當地的女孩珍．達利（Jane Daly）私奔，兩人一起生了七個孩子，十年後一家人搬到倫敦，尋求經商的契機。

穆罕默德有十足的企業家性格，不會因為失敗而阻礙野心發展，印度斯坦咖啡館就是個例子。這位商人希望可以從被東印度公司（East India company）調回國的人身上賺到錢，因為這群人吃過真的印度食物，因此餐廳就開在這批人主要的居住區域——波特曼廣場（Portman Square）。餐廳相當奢華，裝潢充滿東方色彩，還有可以抽水煙的房間。照理說，穆罕默德開這間餐廳的時機點相當完美。

一八〇〇年代初期，英國窒息般剝削印度的控制欲尚未開始，也沒有完全沉浸在歐洲人比曾在印度住過的人優越的扭曲信念之中。許多第一代英國移民——本來就是——都接受了當地人的生活方式，詹姆士．柯克派翠克（James Kirkpatrick）就是個好範例。這位英國駐紮官（British Resident，也就是大使）於一七九五年抵達亞洲的海德拉巴（Hyderabad），剛到的時候有著十足的英國帝國主義，還時時刻刻都想要榨乾容易受騙的南亞人民，但很快就變成當地人了。柯克派翠克穿上當地服裝，學習當地語言，改信伊斯蘭教，娶一位當地女孩（年輕到讓人感到不適），還生了兩個孩子。

這種情況並非少見。英國歷史學家威廉．達爾林普（William Dalrymple）做了研究，其二〇〇二年出版的《白蒙兀兒人》（The White Mugals）一書指出，一七八〇年代有超過三分之一替東印度公司工作的英國男性娶了當地女子為妻、建立家庭——不過他們的後代大多刻意忘掉這段歷史，至少那些回到英國的後代是選擇忘掉了沒錯。作者達爾林普本人也驚訝發現，自己居然有來自印度的祖先，不過隨著時間過去，家族早已把這段歷史給刪除、巧妙掩埋。

綜觀全球，有多達上百萬人擁有盎格魯印度（Anglo-Indian）的祖先，在英國至少有十萬名「英國白人」有盎格魯印度的血統，全都是因為這段時期建立的關係所致——可是，大多數人都渾然不知。

英國與印度的情感淵源很深很深，一路可延伸回家鄉。

一八〇〇年代初期，威爾斯王子，也就是後來的喬治四世（George IV），把位在英國南方布萊頓的海閣（Marine Pavilion），重新裝潢為古典的印度撒拉遜（Indo-Saracenic）風格，海閣因此聲名大噪。新款式的印度服飾與設計，成為當代時尚主流。上得了檯面的房子，內部裝潢都是採用非常具有亞洲美學的風格。

接著，東方香料也進到烹飪的領域。

印度斯坦咖啡館開幕之前，印度風味已溶進英國烹飪，英國經典的聖誕節布丁就是個很好的例子。漢娜．葛雷斯（Hannah Glasse）賣最好的一本書是《簡單烹飪的藝術》（The Art of Cookery Made Plain and Easy），於一七四七年首次出版，書中至少就有三道普勞咖哩燉飯（pilau curries）的料理食譜。

穆罕默德開店的時機點看來似乎很完美，可是這樁創業還是以失敗收尾。一八一二年穆罕默德破產了，不過這間餐廳由他人經手之後又經營了二十年，因為重要的時機點——英國早期看重印度的態度——已經過去了。穆罕默德舉家搬到布萊頓，改引進「漿普夷」（champooi）這玩意，並廣推、介紹給英國大眾——這東西又名 shampooing（洗髮精），也是該產品英文命名的由來。

印度斯坦咖啡館曾經風光過，後來關店了，但是英國對於印度風味食物的熱情不減，不過口味上其實有做過些調整。貫穿整個維多利亞時代，英國食譜書都在介紹印度咖哩的製作方法。

郎德爾太太（Mrs Rundell）是那個年代的奈潔拉．羅森（Nigella Lawson），她在一八〇六年出版的知名著作《新式家常料理》（New System of Domestic Cookery），裡頭就有好幾道印度料理。到了一八四〇年第六十四版的食譜書，編輯艾瑪．羅勃茲（Emma Roberts）還追加了十六道「咖哩」食譜。

比頓太太（Mrs Beeton）的傳奇著作《家政大全》（Book of Household Management），於一八六一年首次出版，收錄一道乏善可陳的料理印度風味雞（poulet à l'indienne），這道食譜還說明要加「一大匙咖哩粉」和切片蘋果，看起來煞有介事。

不過，這時代的「咖哩領袖」，無疑就是維多利亞女王本人了。身為女王，她卻從未踏上自己的國土，只是深深著迷於皇冠上的珠寶。在摯友阿卜杜勒．卡里姆（Abdul Karim）的建議之下，女王居然會說一口流利的烏都語（Urdu，印度和巴基斯坦使用的語言）。一八八七年，卡里姆親自下廚，首次為女王準備精緻的印度美食。據說，正因為卡里姆就在身旁，所以女王才吃——此舉讓朝臣感到恐懼啊！

英國食品工廠也被印度美食吸引。整個印度殖民時期，昂貴的印度食品穿梭國內各個階層，成為英國熟悉的基本食物。一九二二年，首批布蘭斯頓醃菜醬（Branston Pickle）進入國門生產，這東西基本上就是沒味道的「蔬果醬」，只是換了個名字罷了。米豆粥（Khichdi）是從南亞印度蛋飯（Kedgeree）變化而來，另外就是咖哩肉湯，都是當代的基本食物，但前提是你要夠有錢才能嚐到。

離開時髦的房子和中產家庭的廚房後，在倫敦東區和國內各港口的繁忙的後巷街道上，還有另一個印度美食王國正在蓬勃發展。

我們多數人會以為英國殖民印度時期的移民是單向的，實則不然。早在一九六〇年代以前，便有亞洲移民來到西歐，甚至還有比一七八〇年代首領迪恩．穆罕默德定居科克市還要早的。

一六〇〇年代起，皇家海軍、經商船隊、東印度公司開始從南亞僱用數千名「拉斯卡」（lascar）——即水手、士兵、民兵——來到英國船隻工作。願意受僱來到船上工作的人數非常多，導致英國的皇家海軍和經商船隊看起來倒比較像是印度的船隻。後來《一六六〇年航海法》（Navigation Act 1660）乾脆宣布「（英國船隻上）四分之三的水手都歸籍英國」。

跟隨庫克船長（Captain Cook）在《HMS 決心號》（HMS Resolution）上航海的印度水手「拉斯卡」，數量達整體團員的五分之一。「拉斯卡」也參與了一八〇五年的特拉法加海戰（Battle of Trafalgar），自此以後，主要的海上衝突和航海探險，乃至於在敦克爾克的海灘上，幾乎都可以看到他們的身影。不過政治宣傳（propaganda）、歷史、主流文化都相繼把「拉斯卡」給抹滅。

二戰時期，頭幾位從德軍手上逃脫的「英國」戰犯，就有位名叫吉滿達．傑漢．達（Jemadar Jehan Dad）的印度士兵。一九四〇年六月，吉滿達在法國被抓到之後，立即喬裝成退役的法屬北非士兵，一路逃到法國南部的直布羅陀。比起同為「拉斯卡」的祖先，吉滿達日子應該過得好上許多。

十九世紀的「拉斯卡」，薪資是白人同伴的百分之五，還常被交付最難應付的工作，過著甚為貧窮、被歧視的日子。這一切都是他們協助打造、維繫的那個帝國刻意想要把他們抹滅的作為。

許多「拉斯卡」定居在英國港口，但就跟白人同伴一樣都去過東方，所以也都在當地娶妻回來，有些人選擇開咖啡店和賣吃的。因此在印度斯坦咖啡館倒閉後的一百年間裡，「咖哩」就跟「印度人」一樣，在英國境內不再缺席。

一九五〇年代，約有八千名南亞人永久居留在英國，另外還要再加上成千上萬名的學生、士兵和水手。

到了一九六〇年代，持有英國護照的南亞移民數字又再往上推，這群移民主要是被剛宣布獨立的非洲國家，驅趕出來的人民（後來又有陸續加入的），接著還有來自印度、巴基斯坦、孟加拉地區不同時期的移民。許多移民的人，尤其是晚期來到的移民，都是來做粗活的，但很快就會開始做起生意。

戰後英國各城鎮人口大幅銳減，數十年來都未見改善。一九三九年到一九九一年之間，倫敦人口少了兩百萬人，這是戰前總人口數的四分之一，所以當時的房地產價格很低廉。部分南亞移民的早期先驅購入閒置的空廠房，改建成餐廳，趁著市場上還缺這門生意的時候，趕緊切入經營。

「本土」酒吧晚上十一點就會停止營業，那麼南亞移民就申請延長營業時間，如此一來印度餐廳就能賺錢了。建構在融合與討好之上的「咖哩屋」，供應平價又飽足的餐點，生意相當興隆；即使只是一點點的改變，但也算是依據當地人的口味做了調整。接著英國飲食單調的烹飪方式，便以極快的速度被兩道驚奇料理給超越了，分別是「巴蒂咖哩」（Balti curry）和「瑪莎拉烤雞」（chicken tikka masala）。

就跟各種偉大的習俗一樣，這兩道料理的來由也各有它荒誕的故事。

瑪莎拉烤雞比較起來或許名氣大，這道料理的故事是這樣的。

一九七一年某個寒冷的冬日夜晚，一位格拉斯哥市巴士駕駛剛開完車下班，走進吉布森街（Gibson Street）上的什瑪哈餐廳（Shish Mahal），要求要吃雞肉做的正餐。可是什瑪哈餐廳沒有供應所謂的「雞肉正餐」，因此服務生改建議這位大哥吃「烤雞」餐點。幾分鐘過後，服務生帶著些許不安的心情，在這位看來就是格拉斯哥市當地人的面前擺上一盤食物。司機大哥熄掉手上的菸，不解的碰了碰眼前的餐點：

駕駛問：「這是什麼？」

服務生回：「您的餐點。」

駕駛大吼：「肉汁在哪裡？！」

一九七一年那個年代啊！除了烤吐司和米餅（Rice Krispies）之外，英國幾乎每一樣食物都會淋上肉汁（這是真的），這事實上幾乎算是種明文規定了，但那天擺在這位格拉斯哥市巴士駕駛面前的餐點——居然完完全全沒有一點肉汁。

「這沒辦法吃！」駕駛一邊吼一邊把餐點推走。

服務生著急地跑回已有些不耐的主廚阿里先生（Mr Ali）身邊，這位正好就是什瑪哈餐廳的老闆，服務生急切地回報：

「那個大塊頭想要有肉汁。」

阿里先生這時可能已經有點生氣了，直接拿出一罐番茄湯倒進鍋裡，再淋上一點優格，然後推回給不大開心的服務生，說道：

「告訴他這道料理叫做瑪莎拉烤雞。」

餐店再次上桌後，巴士駕駛開心飽餐了一頓。阿里先生無意間發明這道經典料理，沒過幾天，店門口出現客人大排長龍，一路排到街尾，就為了嚐一嚐什瑪哈餐廳真正道地的印度瑪莎拉烤雞。

這段故事聽來真是可愛，阿里先生他們家族自此以後一定會不斷的重複講這段故事。二〇〇九年，格拉斯哥市區的工黨議員穆罕默德．薩瓦（Mohammad Sarwar），甚至還向歐盟申請把這道料理納入「原產地名稱保護制度」（Protected Designation of Origin），但第一關隨即被回絕，原因很簡單，因為無法得知第一位「發明」瑪莎拉烤雞的人到底是誰。

的確，就跟所有的虛構歷史一樣，一旦你開始檢視有關瑪莎拉烤雞的「了不起的故事」，以及搞懂這則故事是如何被編造出來的時候，「了不起的故事」瞬間就崩解了。一九七〇年代的格拉斯哥市裡，什瑪哈餐廳不是什麼高檔連鎖餐廳，但在某些小圈圈和學生族群裡非常受到歡迎。最好是有一位熟知這座城市的謹慎巴士駕駛，會隨意走進這間餐廳，認為可以在這裡點到「雞肉正餐」；這聽起來就很不像是真的，那是因為這故事真的就是假的。

已故食物歷史學家彼得．格羅夫（Peter Grove），與經營餐廳的朋友伊巴．瓦哈卜（Iqbal Wahhab），一起捏造了這段故事。

肉桂俱樂部（The Cinnamon Club）是倫敦相當知名的「印度」餐廳，老闆正是伊巴，他還創辦了《坦都雜誌》（Tandoor Magazine）。在我與伊巴簡短但充滿趣味的電子郵件往來之中，他本人已親自跟我確認過這件事情。

一九九〇年代早期——伊巴剛創辦了《坦都雜誌》——無心插柳發展成訊息集散中心，懶惰但想寫有關咖哩報導的記者都會來到他這裡。厭倦一堆人打電話來詢問瑪莎拉烤雞的來由，伊巴和格羅夫開了瓶葡萄酒，一起編造了康寶濃湯（Campbell's Soup）的故事。身為《道地咖哩餐廳指南》（The Real Curry Restaurant Guide）編輯的格羅夫在他的著作裡，附和了這起「傳奇故事」，自此以後，這段故事的發展便已失控。

「阿里先生」就是阿里．艾哈瑪．亞斯蘭（Ali Ahmed Aslam），可說是位很有天賦的公關人才，在雜誌上瞄到這段故事後，立即聯想到可以把這則故事占為己有。

對於自己無意間創造出來的民俗故事，伊巴現在倒也順從接受了。「大約十五年前，我發現自己和名廚赫斯頓．布魯門索（Heston Blumenthal）同住在德里的一間飯店。」伊巴繼續寫道：「我們一起聊天，後來得知他正在研究聽說到的瑪莎拉烤雞的來由。得知全是我捏造出來的之後，他不太高興的樣子！」

伊巴表示，瑪莎拉烤雞真的就是無味、英國版的奶油咖哩雞（murgh makhani），奶油雞是德里一道悠久的料理，而英國版的奶油雞最早大約在一九五〇年代就出現了。

巴蒂咖哩的話，也是有個實實在在的假故事。就跟瑪莎拉烤雞一樣，歐洲執行委員會（European Commission）拒絕將「伯明罕的巴蒂咖哩」納入「原產地名稱保護制度」。該項申請案清楚載明了，醬汁一定要加入「洋蔥、大蒜、薑、薑黃、鹽巴和印度什香粉（garam masala）為基底……」而且一定要用傳統的金屬鍋巴蒂鍋（balti bowl）烹煮才行。

啊！那個知名的「巴蒂鍋」呀！

很遺憾，我得為你解開謎底了，南亞烹飪根本就沒有在用這種鍋子。巴蒂這名字其實是孟加拉和印度的詞彙，用來指一種盆子，這盆子在亞洲是用來盥洗、沖馬桶，或是清洗屁屁用的。

伯明罕那裡用來承裝咖哩的金屬鍋是克拉希炒鍋（karahi），這是巴基斯坦、北印度、阿富汗、尼泊爾等地使用的小型炒鍋。

二〇〇八年，記者佳亞伍丁・薩爾達爾（Ziauddin Sardar）出版了一本有趣又發人省思的書，叫做《巴蒂的英國》（Balti Britain），探索英國亞洲文化的現在與過去。在探索旅途之中，薩爾達爾拜訪了許多間聲稱發明巴蒂咖哩的餐廳，但聽到的盡是些毫不具說服力的故事。最後，薩爾達爾來到伯明罕史巴伯洛克區（Sparkbrook）的「伊牡蘭的餐廳與甜點店」（Imran's Restaurant and Sweet House）。這裡的老闆名叫阿夫瑟・巴特（Afzal Butt）坦言，他與兄弟會開始稱呼這種咖哩為「巴蒂」，其實是一種諷刺性模仿。

「我們多次想要介紹各種不同的料理給本地人認識，」巴特這樣告訴薩爾達爾：「特別想要介紹坦都和克拉希這兩種，但很快就發現白人們無法正確唸出克拉希這個字，所以就開玩笑說：不然就稱為巴蒂好了，這樣比較簡單！」

「這只是玩笑話，百分之百的玩笑。」巴特接續解釋道：「這是為了苟拉（goras，白人朋友）發明的名字。」

一九七〇年代早期，英國的南亞群體持續不斷遭遇各種偏見對待，而且天天都在發生，公然的種族歧視隨處可見。

小孩會在公園裡講歧視笑話，默默在做自己事情的人會突然被大罵P開頭的字眼（即Paki，對巴基斯坦人的輕蔑稱呼）。城市裡不斷在傳印度和中國餐廳用的肉都是狗肉，為了就是想要阻止白人前往消費。

報章雜誌也成了這股恐懼不安的推手。一九七一年東非烏干達的獨裁總統伊迪·阿敏（Idi Amin）宣布，要把國內的南亞人全都驅逐出境。一時之間，通俗小報一陣譁然：「二十萬名在東非的亞洲人，」二月十二日報紙頭版報導指出：「持有英國護照的他們，應該很快就到到我們這裡了。」

很快的，所有報章都在煽動民眾的恐懼，擔心移民將要「蜂擁而至」，民族陣線政黨（National Front）和極右派進而從中獲取好處，有不少的異議出現。黃金時段的娛樂節目，擺弄滑稽歧視的刻板印象等相關內容——在當時可是非常有影響力的大眾娛樂管道——共謀點燃歧視。

一九七五年英國最受喜愛的喜劇演員史派克．密利根（Spike Milligan）寫了一齣短劇，名稱是《巴基斯坦裔機器人戴立克》（Pakistani Daleks）。對於每一位跟我一樣喜愛史派克的人而言，現在去看這齣戲都會覺得很難看得下去。BBC情境劇《至死不渝》（Till Death Us Do Part）的主角阿爾弗．加內特（Alf Garnett），就是為了「諷刺種族歧視」而創作出來的；不過，BBC當時所做的調查顯示，觀眾竟然很喜歡加內特的種族歧視言論，許多人都相當認同言論的內容。

一九七三年電視台訪問觀眾發現，絕大多數人顯然都喜歡加內特這個角色，認為該角色算是「很常見」的人。

訪問報告後續的結論是「這系列節目可能加深了既有的狹隘觀念與反工會的態度」，而當時電視台總裁查爾斯．柯倫爵士（Sir Charles Curran）認為，此份報告顯示了要把「反偏見」做成喜劇是辦不到的。

由於該節目的收視率非常好，所以這份報告就被靜靜擱置在一旁了。

一九七四年開始播放的情境短劇《媽，最熱的時候還沒到》（It Ain't Half Hot Mum）大受歡迎，其製作團隊同樣是《老爹軍團》。今日來看這齣劇的話，肯定很難看得下去。這部喜劇講述戰爭期間，駐紮在緬甸的一支藝工隊，而裡頭的角色不單單只有白人。英國人最熟知的角色當屬搬運工敦吉．拉姆（Rangi Ram），一位刻板印象中的亞洲男性，控制欲強，膚淺不值得信賴，由演員麥可·貝茲（Michael Bates）把皮膚抹黑演出。

在那個年代裡，英國電視節目裡的種族主義表現，並不局限於刻畫亞洲人。觀眾一邊大口咀嚼馬鈴薯泥和香腸，一邊觀看《愛你的鄰居》（Love thy Neighbour），劇情的「笑點」就架構在一對隔壁住著黑人夫妻的白人夫婦上頭。一九七七年倫敦週末電視（LWT）首度播出《英文小心說》（Mind Your Language），整個節目的架構就是「外國人好好笑」的自負與自大，因為在語言學校裡的這些外國人老是搞不懂英文的用法。還有《黑白吟唱節目》（The Black and White Minstrel Show）簡直糟透了，但居然一路播到一九七八年，真是不可原諒！這是一檔週六晚上黃金時段的娛樂節目，白人上黑妝哼唱音樂和歌曲，以及奴隸的歌謠。

金·戴維森（Jim Davidson）歸類為英國知名丑角，這位仁兄藉由消費英國黑人族群，流傳著帶有種族主義色彩的笑話來逗觀眾，其中臭名最大的是「白粉白」（Chalky White）這個由他所扮演的角色，還操著一口很浮誇、很糟糕的西印度口音。

那個年代，只要站出來指正整個大環境裡盛行的偏見觀點，那麼就會被說「只是無傷大雅的玩笑罷了」。一九六七年，反種族歧視運動（Campaign Against Racial Discrimination）向 BBC 抱怨《黑白吟唱節目》，但電視台管理階層乾脆直接視而不見。

沒過多久，當時BBC公關部門的主管投書到《每日郵報》（Daily Mail），洋洋灑灑寫了一堆，表示收到白人讀者來信希望這個節目不要停播，藉此捍衛自家節目。

這股種族主義氛圍全盛的時期過後幾年，戴維森這類人物開始宣稱自己冒犯到的是白人自由黨人士，但黑人朋友倒是非常喜歡「白粉白」這個角色。

二〇一八年戴維森在訪問中告訴皮爾斯．摩根（Piers Morgan）：「當年我是用口音在演『白粉白』這個角色，至於為何設定為皮膚黝黑的人，那是因為我只會模仿這種口音。」

看看節目片段，可見到「白粉白」被貶為最糟糕的刻板印象類型，那是有種族歧視的白人看待西印度人的模樣，所以這事肯定沒那麼單純。戴維森與那年代所謂的廣泛輕娛樂，就是將自己也無法容忍的事合法化，助長了迫害和恐嚇，只因為這些家庭的「原罪」是膚色不同。

英國常誇耀表示，自己是把全世界從納粹種族主義之中救出來的國家，但是自己國內黃金時段的丑角卻是在嘲笑膚色不同的人類。

比起阿夫瑟．巴特和兄弟用廁所裡拿來洗屁眼的容器，來命名一道料理，這復仇只是剛好而已！還可以算是抗議的小舉動，而且遠比當時電視上那些愚蠢、只有英國人覺得好笑的種族歧視玩笑，還要好笑太多了！況且，這道料理在一九七〇年代跨越障礙，成功發展了起來。隨著時間過去，巴蒂成了英國歷久不衰的文化實體，至於金．戴維森與其霸凌的同夥也就淪落為默默無名者。

在二〇〇八年的訪問中，阿夫瑟．巴特對其平靜的「巴蒂」復仇做了總結，最後對薩爾達爾說：

「巴蒂就跟咖哩一樣，是個存在但卻不存在的東西。你知道什麼是咖哩嗎？我這輩子可都沒吃過咖哩！」

這是什麼新的瘋狂論調？你腦中或許會這樣想，同時「認知失調」也在腦中持續不斷發酵擴大，為什麼會說咖哩不是來自印度呢？

咖哩這東西本來，就不是印度來的。

英文 curry 這個字是從泰米爾語（Tamil，該族群生活在斯里蘭卡、印度東南亞地區）的 kari 衍伸而來，意思是指「調味醬」或「肉汁」，乃是用咖哩樹（可因氏月橘，Murraya koenigii）的葉子熬製而成。雖然源自亞洲，但這道料理相當普遍，於是變化出各種不同的名字。而且還有個混淆的點，就是有另外一種咖哩樹（蠟菊，Helichrysum italicum），但你若從花園裡摘幾葉這種咖哩樹的葉子，認為可以速速煮成一道很棒的「巴蒂」料理的話，會發現食不下嚥！而且根本就不能吃，或許還會讓你吐出來。

大家也常搞不清楚咖哩粉這個東西，這粉末在印度料理上來說，其實就是即時的馬鈴薯泥粉末。南亞居民「不吃咖哩」，也不會使用咖哩粉。咖哩粉這個詞彙是個綜合名詞，是英國人發明的，用來形容——先是來自印度，後來還有其他地方——香料食物，這就是為何我們還有馬來的、泰國的、峇里島的、新加坡的，甚至日本的「咖哩」。

「咖哩」就好比把各種歐洲的「馬鈴薯」食物做成品牌、開餐廳，取名為「馬鈴薯屋」。在這裡可以吃到瑞典肉丸、比薩、希臘焗烤茄子（moussaka）、魚子醬配一堆法國麵包——所有食物都要搭配上傳統一品脫大小的健力士啤酒。

可是，要是你想開餐廳而且周遭氛圍充滿種族歧視，在上菜之前，你不可能花好幾個小時教育每位客人食物背後複雜、差距細微的歷史。所以比較簡單的作法是，直接循著英國人的想法來操作：降低辣度，把既有食譜混在一起創造出新的菜，也就是在這樣的過程之中，新料理誕生了，名叫咖哩。

對二十一世紀的英國人而言，吃「印度菜」就跟上酒吧一樣，早已是生活的一部分。英國的南亞餐廳，絕大多數的經營者都是來自孟加拉地區，數量——包含BBC和《每日郵報》皆表示——可高達百分之九十。

人類就是喜歡在混亂和複雜之中，賦予秩序。四萬年前，人類圍繞著火堆把史前獅子人雕像逐一往下傳，為的就是了解這個宇宙，而歐洲人對「亞洲食物」也做了同樣的事。

人們就是喜歡清楚的陳述和簡單的確定，就是這麼簡單。因此，人們想要相信邱吉爾是偉大的英雄，也希望相信比薩是來自義大利、溫達盧咖哩（vindaloo）來自印度。可是，比薩其實是源自中東，溫達盧咖哩其實是變化葡萄牙菜的 carne de vinha d'alhos（意為醃大蒜煮肉）而來。

你是要如何幫食物的來源地插旗呢？歐盟就在做這件事情，但你要如何確切指定某樣東西的出生地，以及是否「足夠道地」呢？你又要如何確定誰擁有了哪一道料理？還有料理應該要有的煮法是什麼呢？

我已故岳父艾倫總是堅持「只吃英國食物」，他最喜歡的餐點是炸魚薯條。每當我們週六晚上家族聚會吃著——非常英國的——外帶印度餐點，岳父會給自己吃的療癒餐點是本地菜鱈魚和薯條，但卻渾然不知他吃的其實是美好的異國料理。

到底什麼是「英國食物」呢？

沾了麵糊的鱈魚這道菜是在十七世紀的時候，由西班牙裔猶太人（Sephardic Jews）——透過荷蘭——引介到英國來的，至於料理方式是來自西班牙南部的安達魯西亞（Andalucia），至今當地還有在吃這麼一道菜 pescado frito（意為炸魚）。

一六〇〇年代，馬鈴薯從南美洲來到歐洲，但一直到十九世紀晚期，英國才出現油炸過的條狀馬鈴薯，這是來自法蘭德斯（Flemish，差不多是今日的比利時北部一帶）的移民帶過來的。

碗豆泥的現代化身，要歸功給荷蘭人曼斯霍特（R.J. Mansholt），他從一九〇一年開始在荷蘭種植碗豆，後來又出口到英國。醋的話（英國傳統吃薯條會加大量的醋），那是羅馬人帶來英國的，塔塔醬則是法國的。

岳父吃炸魚薯條與碗豆泥，享受的是來自世界各地的全球化食物——就各方面來說皆是如此。

民族的詛咒讓人類變成了占用與追討者。

製作香檳的過程——香檳釀造法（méthode champenoise）——是法國的，因為大家都知道是唐．貝里儂（Dom Pérignon）發明了香檳（時間點是在一六九七年），是吧？錯了！其實，至少在此時間點的前三十年，英格蘭便創造了香檳的製作過程。克里斯多福．梅瑞特（Christopher Merrett），英國科學家、物理學家，於一六六二年首度把在白酒裡充氣的作法撰寫成文，並呈交給當時剛成立的皇家學會（Royal Society）。因此香檳是法國的，但釀造法是英國的。

英國人也有小心在守護的料理資產，舉例來說，神聖的司康（scone）是源自英國人這塊受賜福的土地。如果你刺激他們一下（拜託不要！），有些英國人甚至能胡扯果醬和鮮奶油塗抹的先後順序，一副是英國神明特別交代的細節。可是啊……連這神聖司康的起源地，也無法簡簡單單就搞懂。

英文 scone 這個單字是源自蘇格蘭語，從荷蘭語 schoonbrood 演變而來。司康和蘇格蘭的燕麥烤餅（bannock）關係密切，而且原住民因紐特人（Inuit）的料理之中，就有燕麥烤餅的足跡，遠遠早於英國首次與歐洲人接觸的時間點。因此司康有可能是蘇格蘭的，也有可能是荷蘭的，或是英格蘭的、紐特人的——或者是更久以前就有了——誰知道呢？

借用英國搖滾樂團「脊椎矯正」（Spinal Tap）的歌詞——你無法真的看清食物。

不過，人們是不會肯善罷甘休的。

有的時候，爭吵誰創造了什麼，會從區域仇視演變成在烹飪領域上吵鬧不休。舉個吵得很凶的例子：「誰發明了鷹嘴豆泥（hummus）」，此乃為希臘人、土耳其人、以色列人、黎巴嫩人、埃及人和敘利亞人之間的長篇故事，而且還繼續在上演，各方皆聲稱是他們發明了這道料理。

黎巴嫩視鷹嘴豆泥為國家之光，因此當以色列在二〇〇〇年代初期出口自己品牌的鷹嘴豆泥到歐洲時，黎巴嫩人覺得這是在羞辱他們的文化。後來黎巴嫩又無法取得歐盟認可讓鷹嘴豆泥成為黎巴嫩所專有，這下事態就變得更加嚴峻了。短時間內，鷹嘴豆泥的爭吵變成用來比喻持續不斷扼殺中東人生命的仇恨與緊張關係。

二〇〇八年，以色列和黎巴嫩之間的「鷹嘴豆泥之戰」正式對決。

以色列這邊的鷹嘴豆泥支持者拿出經文，表示首次提及鷹嘴豆泥的文獻是在三千年前的《舊約．路得記》（Ruth）：

> 吃飯的時候，波阿斯對路得說：「你到這裡來吃點麵包，將你的麵包蘸點醋（hometz）裡。」（《路得記》2:14，新譯本）

這肯定是場設好的局，等人入局。這的確是出自聖經的一句話，所以鷹嘴豆泥是以色列的——這可是神說的話，誰敢懷疑鷹嘴豆泥不是以色列的，那就是褻瀆神了。可是，別得意太早！黎巴嫩學者反駁指出，hometz 這個字在希伯來文裡是指「醋」，並不是指 hummus（鷹嘴豆泥），因此路得當時用來沾麵包的，完全是不一樣的東西。此外，正當大家尋求宗教經文的證據時，黎巴嫩觀光部長法迪．阿布德（Fadi Abboud）開啟了第二條戰線，要求訂製史上「最大一盆鷹嘴豆泥」，接著該國便於二〇〇九年為此取得金氏世界紀錄（Guinness World Record）。

煮完這批鷹嘴豆泥，新聞傳遍整個臨近區域，黎巴嫩也享受了一小段時間（真遺憾）的勝利，因為跨過黎巴嫩國界，有一間阿拉伯和以色列餐廳裡，老闆易卜．拉欣（Jawdat Ibrahim）正在攪拌另一盆鷹嘴豆泥來反擊！這次，共計有四千公斤的鷹嘴豆，連同油、檸檬汁一起倒入巨大的衛星盤裡，以色列因此宣布擁有最大盆鷹嘴豆泥的國家，並收到二〇一〇年的金氏世界紀錄。

黎巴嫩自然無法接受這個結果，所以著手準備來個巨無霸反攻，共攪拌出重達一萬零五百公斤的鷹嘴豆泥，他們可能到現在都還在吃這一盆鷹嘴豆泥吧！

自此以後，某種程度的「沾醬冷戰」延續了好一段時間。就跟其他鬧劇一樣，這情況也伴隨著同樣程度的悲劇。鷹嘴豆泥最能代表中東地區共有的傳統與文化，這份共享的歷史早上地球上任何一個國家出現之前就存在了。可是人們卻不歡慶這個共同點，倒是政治人物和民族主義人士還藉此在大家心中種下分裂的種子。

自從人們第一次聚在一起吃東西開始，食物就成了聚集我們不同種族的物品，而食物的歷史也力抗著人造國界的阻礙。若你們會聚集坐下來分享麵包，這就是共享習慣分枝出來的好結果，而且這種習慣還可一路追溯回到斯瓦比亞阿爾卑斯山。食物是美好的，也是絕佳例證，說明在我們各個種族裡本就有根很深的共享本能。可是，偏偏就是會有些人把這食物挪作其他企圖——宣示擁有某項食物——接著在地上劃下界線。

＊＊＊

我們面對語言的態度，就跟鷹嘴豆泥大戰的主角差不多。

到底是誰先開始說話的，我們無法得知，但很有可能是發生在「行為現代性」（**behavioural modernity**）這個時代之前——四萬到十萬年以前的一大段區間，也就是當「智慧人」（**homo sapiens**，人因有智慧而與其他動物區別）開始自我探索，並與其他靈長類出現不同行為表現的這段時間。

部分推測認為，語言一開始使用的是擬聲用詞，後來聲音逐漸發展出含義。**woof**（汪）、**cuckoo**（布穀）、**bang**（碰）這幾個字的起源，乃是出自刻板印象中拿著棍棒，只會咕噥的早期山頂洞人，此觀點頗具有說服力。只不過，這些說法並沒有考古學的依據，也沒有鮮明證據。

許多語言都有一些共通的文字，但有一個字是每種語言都有的。

馬克斯．普朗克學會的語言心理研究所（Max Planck Institute for Psycholinguistics）位在荷蘭奈梅亨（**Nijmegen**），其研究員於二〇一三年發表一項跨語言研究，指出世界上絕大多數語言共享一個字——**huh**（嗯，亦可翻為「蛤、嗄」等）。

有些評論表示，這結論太蠢了，因為**huh**根本就不能「真的算是一個字」。可是他們錯了。**huh**這個字很複雜，嬰兒時期牙牙學語的發音裡並沒有這個字，小孩要到大約五歲的時候才會使用這個字，不過這時小朋友都已經會講不少詞彙了，像是「想要」、

iPhone、「不要」、「我的」、「巧克力」、「脫歐」等等。huh是有含義的，端看你如何使用，這個字可以有許多不同的意思。

它可以用來表示：「抱歉，我沒聽到」「什麼？」「你是在跟我講話嗎？」「那又如何」「也太好笑了」等等各種不同變化組成的意思。荷蘭研究員下結論認為，這個字是長久以來從「文化進化」演變出來的，也有可能歸屬於首批非常古老的文字；原始「母語」之中，多用來假定意見的撩撥性回覆用詞。

與瑪莎拉烤雞不同的是，「母語」這個概念真的是源自印度。

一七八六年二月二日，孟加拉地區位於威廉堡（Fort William）的三十九歲法官威廉·瓊斯爵士（Sir William Jones），來到加爾各答（Kolkata，當時稱為Calcutta）的亞洲學會（Asiatic Society）祝賀、致詞。身為一位典型學者，瓊斯非常喜愛印度，也是位有滿腔熱忱的語文學家（philologist），更學習到許多不同的語言。在學習梵文的過程之中，瓊斯驚奇發現梵文與他在哈羅公學（Harrow）學到的希臘文，以及在牛津學習的拉丁文，大有相似之處。

梵文不只是跟古典語言很近似——其相近的方式「不可能只是純屬巧合；的確非常之近似，沒有一位語文學家在研究過這三種語言之後，不會不相信三種語言有一個共同的源頭」，這段話是出自《英語的故事》（The Story of English）一書，作者是羅伯特·

麥可蘭姆（Robert McCrum）、威廉・克姆（William Cram）、羅伯特・麥尼爾（Robert MacNeil）。

瓊斯爵士認為，地球上多達三分之一的人類，其祖先曾開口說一個共同的「原始印歐語」（Proto-Indo-European language），但它現在已經消失了，而該語言幾乎是今日歐洲和南亞等地各地語言的起源。

這個論點非常有說服力。蓋爾語（Gaelic，愛爾蘭、蘇格蘭等地區的語言）、哥德語（Gothic）、梵文、波斯語，這幾個顯然多元不同的語種，卻似乎有些明顯的共同特點。各種各樣的文法，名詞、時態和陰陽與中性子句的使用，顯然都是很相似。有些字詞也差不多是一個樣，梵文的 bhratar 跟拉丁文的 frater 與希臘文的 prater 很像，而且也和英文的 brother（都是指兄弟）很近似。另外，梵文的牛是 gau、母親是 mart（分別與英文 cow 和 mother 有關聯），還有比較少人知道的字詞，像是 nara 是表示 nerve（神經），在在顯示這一切不只是個巧合。

瓊斯算是放棄了語言的抄寫練習，轉而推想出更為廣泛的理論。瓊斯指出，古埃及語與中文都是從「原始印歐語」衍生而出，但這是錯誤的判斷。這個觀點甚至還培育出雅利安主義（Aryanism）的謬論，瓊斯得為該種族主義發展負起責任！瓊斯所相信的，所謂原始文明與種族分裂的想法，後來滋養出納粹的假學術，接著連帶發展出智庫阿內那本的考古挖掘與其他各種垃圾行為。

希特勒、戈培爾（Goebbels）、戈林是主宰一切的種族後代，也就是金髮藍眼的超級人類，這想法從以前到現在都很荒唐。可是，認為這群超級人類從小到大使用的文字，都跟印度人所用的文字有所關聯的想法，則未必是荒謬。

書寫時代以前的語言考古學，有點像是在黑夜裡，裸眼找尋證據，明知有點什麼但怎樣就是找不到一點蛛絲馬跡。不過，瓊斯首度察覺到的驚奇相似之處，以及後續所做的研究顯示，我們許多人開口講的語言，就跟我們吃的食物一樣，的確共同有著一個非常侷限的起源——或是數個起源。當早期人類開始走出自己的部落旅行，他們便會帶著自己的傳奇故事、錯誤想法、食物，還有就是他們的「嗯」一起出遠門。

要追查現今我們講的語言源自於哪裡可說是相當容易，但多數人還是比較在意的是「桌上的餐點是源自於哪裡？」

學習母語就跟精彩的魔術表演一樣。父母與家人傳給我們，接著是學校的老師和同學，我們幾乎是不用思考就能習得複雜的節奏韻律、詩詞、句法、文法，這些用來溝通的聲響是美好的音符，逐漸成為定義我們是誰的本質。

英文就像是一碗濃湯。就像是用鷹嘴豆和油攪和而成的鷹嘴豆泥，也如同用番茄和烤雞組合而成的瑪莎拉烤雞，英文這項產物是接收舊時德國、古斯堪地那維亞（Norse）的語言，以及諾曼語、法文、拉丁文；每一種語言都抓了一點。

五世紀羅馬人離開不列顛時，多數人講的是其中一種「通用布立吞語」（Common Britonic），同時也講一點「英國通俗拉丁語」（British Vulgar Latin）——顯然是我們以前帝國時代霸主所講的語言分支。隨著時間發展，這兩種語言混在一起，因為相似度高的語言本來就是會混合，所以後來就出現了「盎格魯薩克遜」和朱特語（Jutish）。

畢德（Bede）的文獻指出，西元四〇〇年晚期，貪財兄弟檔亨吉斯特與賀薩，從丹麥來到不列顛，最後還從沃蒂根王（King Vortigern）手上奪走政權，結束了盎格魯薩克遜的時代，其中便牽涉了語言轉換與替代。「沃蒂根」其實是指「偉大的統治者」，有些人在懷疑是否真有沃蒂根王這個人，但有大量的早期文獻、考據資料皆提到沃蒂根王，所以可能是真有其人。不過，亨吉斯特與賀薩兄弟所說過的話，可能就是杜撰的了。另外，這對兄弟檔靠著偷偷摸摸就入侵、成功奪權的敘述也過於簡化這段過往，比較有可能的情況是以「盎格魯薩克遜」的移民分批前來打劫，並歷經過一段非常長的時間。

即便如此，多數現代英國人仍相信，那時候盎格魯薩克遜人、朱特人（Jute）和弗里斯人（Frisian）「入侵」不列顛，把「原住民」趕往西邊或甚至直接滅族，但這套說法在現今大受質疑。

的確，羅馬人撤退之後，弗里斯人、薩克遜人與其他人都有來過這裡。不過，到底發生了什麼事的部分，由於絕大多數資訊的來源是「盎格魯薩克遜」的口傳詩歌和民間故事，可靠度極低，實在可惜。吉爾達斯（**Gildas**）是當時唯一一位探討該議題的歷史學家，但其著作《論不列顛的毀壞》（**On the Ruin of Britain**）內容充斥著不滿與辯論性的思想灌輸，吉爾達斯認為「古代英國人」之所以會失去領土，那是因為他們道德敗壞所致。

然而，比較有可能的情況是，在維京人三番兩頭來洗劫之前，「盎格魯薩克遜人」就先來偷搶了，同時有些人定居下來、統治該地。隨著時間過去，定居下來的人長大，語言也從布立吞語和拉丁文，也就是我們當時「原住民」所講的語言，轉變成「古英語」（**Old English**）。這轉變的發生，就猶如一小群勇士階級加入當地的居民。

許多後殖民時期的社會裡，都可以見到殖民帝國語言深埋其中，隨後又與被殖民之前就存在的語言相互融合。印度語言融合的情況就很鮮明，介於英文與烏都語之間，還混雜了印度語與其他語言，形成了所謂的「印度英語」（**Hinglish**）。法文與阿拉伯文在突尼西亞（**Tunisia**）相互緊密聚集，另外托雷斯海峽有各式各樣的「洋涇浜英語」，海地也有混合語，這些「新」語言就是跟著我們人類因移民、征服者、貿易、愛情、戰爭而誕下的產物。

就跟「咖哩」一樣，所有的語言最終皆會融合在一起，英文恐怕更是如此了。

當你指責你的同事是在跟老闆 **kow-tow**（磕頭）的時候，你用的是中文。你說他是 **tosser**（卑鄙小人），那你用的是挪威語。後來被 **sack**（開除）了，用的是希臘文。接著來到sauna（蒸氣房），想要get it off your mind（忘記這件事），你使用的是芬蘭語與中世紀英文。不過，凡是用到get這個有多重含義的字時，你真的就是在講古斯堪地那維亞語了。alcohol（酒精）喝到drunk（醉），你說的是阿拉伯文和荷蘭語。搭Uber回家的時候，你又切換到德文了。你的頭mammoth（劇烈）疼痛，此時陷入了俄語。隔天，你傳了個哀傷的emoji（表情符號），你用的是日文。如果你抓到我論述的gist（要點），那是因為你懂得數百個英文借用法文單字的其中一個。

就跟食物一樣，語言越挖越深，就越能知道我們內心深處到底住著誰。我們覺得語言是我們的一部分，就像有些人會聲稱擁有鷹嘴豆泥一樣，有些人也覺得自己擁有某個語言和字詞。

十七世紀起，這些新興出現的民族開始視其「語言」為其「身分認同」的根本，並想在混亂之中，強行置入秩序。

但事情可不是這麼簡單，因為多數民族國家皆有數種語言。義大利統一之際，至少有四十種明顯不同的方言，但後來在義大利化的要求之下，逐一淘汰。法國也一樣有數十種不同的方言，其中有不少方言倖存至今。不過早在一六三五年的時候，卡迪納・黎胥留（Cardinal Richelieu）就為了建立標準法語，而設置法蘭西學院（Académie Française）。

坦白講，這就是一個很愚蠢的機構，可是至今卻都都還存在。該機構在法國規範許多法規和規定，做為抵禦法文被「英國化」（Anglification）的最後一道防線。試想英文裡有多達三分之一是法文這點，此時不免覺得可笑。

十七世紀的英格蘭，「沒人在乎」（nobody gave a fig，普羅旺斯方言）英文在區域上的差異，更別提文字拼法或文字來源了。莎士比亞留下六種簽名方式，他有六種為自己名字安排的出色拼法。只要讀者看得懂，沒有人會在意，而且這對印刷廠來說更是天上掉下來的禮物──排版時，為了方便處理每一行字，還可隨意加個字母，或是調整拼音原則。

一七五五年，塞繆爾．詹森（Samuel Johnson）的著作《詹森字典》（Dictionary）首度出版，自此制定了永久的拼法，難再逃脫。

若你覺得英文拼字是有邏輯可循的──許多人仍堅守著這個不幸的觀念──那麼請試想一下 ough 的發音（似「啊嗚」），然後再來唸以下幾個單字：bough、cough、hiccough、Slough、ought（發音依序為：/baʊ/ /kɒf/ /hɪkʌp/ /slʌf/ /ɔt/），感覺是不是很瘋？

接著來進入到十八世紀，英文這個語言成為虛構歷史的基石，也構成我們的特殊主義觀念。

因此英國人開始的設定「文法規則」和拼音代碼，堅持一切都是有邏輯可循，既悠久又完美，但實際上根本就不是這麼一回事。

自此以後，還發展出錯誤的觀念，認為英格蘭的英文才是「原始的」，其規則與拼音也才是正確的，另外一小群菁英的發音方式成了「正統英式發音」（Received Pronunciation，也就是 BBC 電視節目中講的英文）。凡不是循著這一套而來的英文，那就都是錯誤的英文。

相對來說，（據說）美國人以前拼字都拼錯，採用難以理解的「美式英語特點」（Americanism），這特點至今還是能惹怒英國保守派的書呆子，《每日電訊報》可見到大篇幅的相關報導。

二〇一一年 BBC 雜誌請讀者提出他們認為最討厭的「美式英語特點」，結果氣憤的讀者踴躍回應，被提到的有：**I'm good** 取代 **I'm well**，以及 **touch base**、**fanny pack**、**deplane**、**gotten**。

「到底 gotten 這是什麼字？」來自沃靈頓（Warrington）的茱莉（Julie）繼續說道：「我真是氣到要發抖了！」

其實這是個非常古老的英文單字，由 getten 衍伸而來，差不多就在「五月花號」啟程的時候，一起被帶往西方的。一六一一年的欽定本聖經（King James Bible）之中就頻頻出現這個字，但這個單字遠比該本聖經還要古老。

英國文學之父喬叟（Chaucer）有使用過這個單字，但這個字可能是八世紀晚期，首度從維京人的長船卸下來、進入到英國。

許多字被視為有「美式英語特點」，像是fall和diaper，其起源其實是不列顛群島，十六、十七世紀的英格蘭廣為使用，後來因為語言轉變和退流行之故，所以便沒有再繼續使用。autumn的話，相對是個新字，從法文引進而來。nappy則是源自napkin，自一九二七年開始使用。

聲稱「英格蘭的英文」才是最真，而「美國的英文」是「錯誤的」，此乃謬論。與其他種類的英文相比，英格蘭的英文並沒有比較新或比較舊。其實根本就沒有所謂的純種語言！講阿拉伯語的人可能會主張，在沙烏地阿拉伯聽到的是「最棒的阿拉伯語」，而德國人或許會認為「最棒的德語」是在德國北部講的德語。不過，這都只是因為那些地區是統治階級的家鄉，是他們的講話方式罷了。

一九五〇年代，南希．米佛（Nancy Mitford）身為英格蘭自我認定的「上流階層」名門望族後代，寫了一篇名為〈英格蘭貴族〉（The English Aristocracy）的文章，文中列了一張貴族使用的詞彙表，並拿來與「非上流階層」使用的字相比較，表示是不贊同的用詞。此篇文章一出，一群群想要攀入上流階級的人，開始瘋狂追逐自我評價，有些人至今還是在用該表來評量自己。儘管米佛有這些矯揉造作的虛榮與溫文儒雅的樣貌，但她本人卻完全不懂語言的成形過程。

沒有一條既有規則，可以認定英格蘭北部的利物浦或是普勒斯頓（Preston）說的英文，比牛津或溫莎的英文「遜色」，也不能說 toilet 是錯誤講法、lavatory 才是對的。這都只是蒙昧無知的一派胡言，是跟南希・米佛一樣愚蠢的人操縱、宣揚的說法。

「正統英式發音」乃是歷史事件下的產物，我們無從事先預測得知。如果十九世紀時，杜倫大學（Durham）成為英國首屈一指的名校，那麼從這裡出來的教師，很有可能會把當地的口音帶到全國各地的精英私校。只不過，教師們大多是在牛津或劍橋受教育，鞏固了南方口音在學術圈的強勢地位，成為至今仍在使用的「標準英文」。

很不幸，英文現在已經成了全球性語言，這表示英國人不覺得有必要學其他語言，不過也有人表示他們一開始並沒有這樣想。不管怎樣，這幸運的意外只給這個國家增添權力感、特殊主義和孤立性，加深我們覺得自己繼承這個世界的感知，所以「我們的」語言就是世界語言。

其實，現代英文已不再專屬於英格蘭所有，就像咖哩不是來自印度一樣。

不列顛群島、愛爾蘭、澳大利亞、加拿大、紐西蘭、牙買加、印度、美國講的是改變過後各有不同的英文，全都是區域性、洋涇浜英語這棵大樹的分枝，並且是在黑暗時代（也沒那麼黑暗）發芽長出去的。這些多種不同的英文，同樣有權利可以主張自己才是「真正的英文」，就跟唐橋井的憤怒先生（Mr. Angry of Tunbridge Wells，在網路上大放厥詞的網紅）一樣。沒有誰擁有英文，也沒有誰有權力可以大聲宣布自己的英文是「原創的」，就跟沒有一個國家可以對鷹嘴豆泥提出主張一樣，也跟沒有一家餐廳可以自稱發明了「瑪莎拉烤雞」一樣。

然而，就跟所有的虛構歷史一樣，實情很難阻止人們繼續主張截然不同的「真相」，這就是異教的運作模式。

謊言成史6

阿茲特克人遭西班牙人屠殺

TEN GREAT LIES
AND HOW THEY SHAPED THE WORLD

FAKE HISTORY

政治道歉如何變為武器

二〇一九月三月一日星期五，剛宣誓就職的墨西哥總統安德列斯．麥諾依．羅培茲．歐布拉多（Andrés Manuel López Obrador）召開記者會，宣稱自己寫了一封信給教宗方濟各（Pope Francis）和西班牙菲利普六世國王（King Felipe VI），要求對方得立即致歉，要明確為五百年前入侵墨西哥一事表達歉意。

歐布拉多是七十年來的首位左翼墨西哥總統，順著民粹主義的潮流順利當選，保證會為墨西哥當地人帶來實實在在的改革，並誓言要終結腐敗、改善健康醫療、打擊「卡特爾」（cartel，獨占市場利益的聯盟，多具壟斷之嫌），還要捍衛窮人與被剝奪的族群。此外，這位自己也承認的歷史怪人，不只想矯正國家現況，還想糾正過往歷史的不公。

這兩封信件乃是對歷史的不公，開出第一槍。

歐布拉多蹚了外交渾水之後，便撤退到墨西哥塔巴斯科州的馬雅城市科馬卡科（Comalcalco, Tabasco），並給推特紛絲上了一堂即興歷史課，指出西班牙人各種不當的行為：

「到處屠殺人民，」這開場白給的資訊很清楚，「所謂的占領，用的是刀劍和十字架，西班牙人在我們的神殿上頭，直接建立教會。」歐布拉多主張表示，西班牙和羅馬教廷（Holy See）有責任要「尋求本地人的原諒，因為他們當時的所作所為違反了現今所稱之人權」，所以就看這些人是要如何展開和好的第一步。

梵蒂岡保持莊嚴的沉默，但馬德里這邊可完全被惹毛了，西班牙政府速速反擊：「五百年前，西班牙人抵達的地方是現今墨西哥的領地，但不能用現今時下的觀點來判斷當時的作為。」這份官方聲明還直接進一步點出「長久以來，我們兩個兄弟國都知道該如何解讀我們共有的過往歷史，沒有憤怒不堪，有的是具有建設性的觀點。」

換句話說就是：「你這引戰的酸民，滾一邊吧！」

當天稍晚，西班牙外交部長尤瑟・波瑞爾（Josep Borrell）告訴記者：「現在要求我們為五百年前發生的事情道歉，實在是很奇怪！」實際上，他的手指頭已經在太陽穴旁畫圈示意了。

墨西哥這邊的狀況是，事情的演變並沒有照著總統的計畫走，歐布拉多被奚落到不行。墨西哥前內政部長米格爾・安黑・歐索里歐・鍾（Miguel Ángel Osorio Chong）甚至跟《墨西哥每日新聞》（Mexico News Daily）表示：這位總統「應該被送去好好做個醫療診斷。」

墨西哥這個多元文化的國家已經獨立兩百年了，到底歐布拉多認為，身處二十一世紀的左翼民主國家西班牙，是要對一五四七年就已死去的探險家的所作所為，負起什麼樣的責任呢？

許多人都在質疑這位墨西哥總統的真實動機，乃是為了扯到西班牙征服者科爾特斯（Cortés）。參議員紛紛指責民粹主義的歐布拉多採用「死貓策略[1]」（dead cat），這種噱頭行為看起來非常像是一起為了轉移注意力，而精心策劃的戰略，企圖轉移歐布拉多那堆積如山、都沒有兌現的承諾。

在阿根廷一場文學嘉年華裡，榮獲諾貝爾獎的秘魯散文家馬里奧．巴爾加斯．尤薩（Mario Vargas Llosa）總結了當下的感受：「墨西哥領導人誤會了他的群眾，他不應該把信寄給自己，然後給我們一個為何墨西哥至今還有數百萬名印地安人被忽略、排擠、剝削，過著貧窮生活的答案。」

相對而言，要向地上的人承諾說天上有個天堂倒是很容易，但要給他們一個天堂就難了。歐布拉多所承諾的勇敢新世界，到目前為止都還在原點，因為社會正義不是一天就能做到，需要經費、付出努力、經歷陣痛，以及——最重要的——得付出時間。

1 「死貓」是一種政治手段、假議題，政治人物丟出一個隱喻性質的議題來分散大眾的注意力，接著大家就會忙著討論這隻貓，忘記要擔心發生在眼前的現況。

藉由再次點燃過往的「我們對抗他們」的陳述，歐布拉多運用的是墨西哥自有的特殊主義，也就是所謂的「本土化主義」（Indigenismo）。

現今墨西哥的誕生，乃源自一九一〇年和一九二〇年期間延續好長一段時間的一系列起義活動，統稱為「墨西哥革命」（Mexican Revolution）。該革命又引發文化改革，以及有關源頭迷思的詭計，其中的核心就是「本土」族群。蓬勃發展的本土化主義是政治與文化思想，以殖民時期以前的墨西哥文化為架構，建立起集體的民族認同（national identity），擁護原住民的權力。

縱貫二十世紀，顯要的革命家、政治人物、作家、藝術家創造出這樣的觀念，其中包含了芙烈達・卡蘿（Frida Kahlo）和迪亞哥・里維拉（Diego Rivera）兩位知名畫家。一直以來，墨西哥政治人物會在有需要的時候，喚起本土人士情感，差不多就像是英國會選在適合的時間點拋出大轟炸精神一樣。

本土化主義或許帶來很棒的藝術創作與設計，也讓政治人物和學者有許多議題可以討論，但對於最初想要讚揚的族群，卻只有一丁點的幫助。這個精神觀念都很好，但卻無法緩解急遽發生的貧窮問題，而且墨西哥原住民確實、依舊很貧困。墨西哥人口統計局的資料顯示，原住民人口之中，有近百分之八十的人生活在貧窮線以下，有超過百分之四十的人被歸類為「極度貧窮」。二〇一八年大選時，受到各個群體領袖的鼓舞，這群被剝削的人一窩蜂把票投給歐布拉多，穩住歐布拉多的勝率，為的就是這位仁兄所承諾的土地改革與社會平等。

如今，歐布拉多很難為大眾帶來實質的改變，所以就只得使出死貓一招。

十六世紀那些歐洲壞蛋抵達之前，墨西哥本地人過著恬靜的生活，這是長久以來在某些中美洲角落會有的想法，但卻不符合實際上的邏輯思維與歷史上的真實性。十六世紀的時候，不只是多數所謂的阿茲特克帝國（Aztec Empire）人民，連大多數的歐洲人，過上的都是貧困、壓榨、受制約的日子。大西洋兩岸的居民，絕大多數的人生都很短暫且可悲，因為大家都有會剝削人民的統治者。

這時的你若是一名奴隸，那麼對你來說，誰握有統治權根本就沒什麼差別。十六世紀的墨西哥，可不是美好的伊甸園。恰恰相反，阿茲特克帝國可是相當殘暴惡劣的暴政體制——不管就哪個時代看來，都很暴虐。

西班牙入侵時的統治者為蒙特祖馬二世（Montezuma II），他可不像迪士尼卡通裡的那一位單純易受騙的國王，待在美好的叢林環境之中，領導著一個平靜祥和的王國。蒙特祖馬二世可是個凶暴殘忍的專制君王，一路使用恐嚇、虐打、殘殺的狠惡文化，爬上該區域最高領導的地位。

人民視阿茲特克帝國為三邦聯盟（Ēxcān Tlahtōlōyān），如其名所示，這是三個城邦的聯盟：墨西哥特諾奇提特蘭城（Mexico-Tenochtitlan）、特斯科科城（Texcoco）、特拉科潘城（Tlacopan）。可是人民不稱呼自己為阿茲特克人[2]，而且人民也不是只有一個族群——情況是有些複雜——但如同我們所見，大眾歷史非常不喜歡複雜，所以隨著時間演變，歷史就被簡單化、同質化。

雖然有更古老的文明，但在西班牙征服者科爾特斯抵達之前，三邦聯盟才出現不到一百年的時間。以歷史詞彙來說的話，當西班牙征服者出現時，知名文物 xiquipilis[3] 根本就還沒派上用場。

處在阿茲特克帝國裡，生活都得受虐刑、末日、以死獻祭的信念所主宰。朵樂希・馬丁與她芝加哥追尋者（第三章）出現的認知失調徵狀，反應是烤蛋糕和脫光衣服，但墨西卡人則是藉由殺人和吃人的內臟來應對。多數的末日決戰（Armageddon）思想都差不多，但「阿茲特克人」有一點很不一樣。他們相信世界末日已經發生過了——其實已經發生過四次——造物與毀滅的循環最終讓宇宙精疲力盡，太陽神現在很虛弱，如果不每天殺人的話，當地的星辰會逐漸消失，最後地球也會跟著一起滅亡。

2 他們稱呼自己為「墨西卡人」（Mexica）。
3 阿茲特克統治者背在身上的布袋。

這場大騙局害得上千上萬——甚至好幾百萬人——遭屠殺，三邦聯盟靠著屠殺、打劫、頌揚犧牲才存續下來，人體獻祭的執著行為有時也會擴及成食人主義。

「阿茲特克聖誕節」在以前就是「旱季慶典」（Festival of Toxcatl）。親眼目睹過的西班牙征服者感到非常震驚，輾轉陳述整個過程，指出該慶典可讓人看清楚蒙特祖馬二世統治之下的生活，那是個阿茲特克殺人犯的信念體制。

慶典在每年旱況最嚴重的五月舉行，Toxcatl 係指「旱季」或「大乾旱」，為的是要奉獻給墨西哥最高等的神明「特斯卡特利波卡」（Tezcatlipoca）。由於這位神明掌管光和影，需要請祂讓「太陽」虛弱，所以得平息神明的心情才行。

我稱這為「阿茲特克聖誕節」，但這可完全不同於美國歌手平克．勞斯貝（Bing Crosby）在裝飾華麗的樹邊低聲吟唱，也沒有燒著栗子的營火堆。

這是一場花了一整年準備的盛事。一位年輕人被指派扮演特斯卡特利波卡的角色，但遭指派的年輕人往往覺得自己是被逼迫的，而且此人通常是名戰犯。換上漂亮的外袍，腳踝掛上鈴鐺，學習有教養的禮儀，還擁有四位處女身的妻子。到了慶典當天，這位年輕人被迫站上祭壇，準備升到天上去——當著一大票現場觀眾的面前，他在祭壇上被取出心臟，大家滿是歡喜與祝賀之情。

心臟取出來後，祭師們會把這位年輕人的頭給剁下來，並把身體肢塊隨意丟下台階——

此時，他已經是皮開肉綻了，而在場虔誠的觀眾會直接把肉塊送下肚。

你也想來一份碎肉派嗎？

當然，莫島人會把敵人吃下肚，但至少是有帶一點涵義、邏輯在其中。當地的米瑞姆族相信，錯誤的認為食人行為可以讓他們獲得敵人的力氣與勇氣——反正他們都要死了。但是阿茲特克人體獻祭的殘酷舞台則是完全不同，那是種敗壞、惡夢般的恐懼，更貪圖此舉可以餵養太陽——因此難以制止。

幾百年以來，一般都認為受害的只有年輕男子，但西班牙人後來卻為了「惡質宣傳」目的，將其誇大處理。不過，十六世紀的阿茲特克歷史中，主要的來源是道明會（**Dominican Order**）天主教托缽會修士迪亞哥．杜蘭（**Diego Durán**），這個人不能說是首位戈培爾等級的大宣傳家。然而，杜蘭對「原住民」有著強力的喜愛之情，努力想讓原住民改信天主教，他的著作內容常在批評西班牙征服者，但卻也傾向浮報數字。舉例來說，杜蘭指出，一八四七年，大神廟（**Templo Mayor**）的盛典上，四天之內有八萬四千名罪犯被殺。這個數字就這樣流傳了五百年之久，也是至今仍會被引用來捍衛西班牙征服者的作為，最近期的例子是二〇一一年《今日歷史》（**History Today**）雜誌上，英國歷史學家提姆．史坦利（**Tim Stanely**）寫的一篇文章。到底，杜蘭是如何得到這個數字的，我們不清楚，但很少有證據可以解釋該數字的估算過程。

在考古學工作的輔佐之下，更普遍的學術共識看法是數百——也有可能是數千名——的男人、女人和孩童，藉聖化之名，在墨西卡人最神聖的建築物裡被屠殺。

杜蘭等人也有提到大神廟前的**Tzompantli**，這是個巨大金字塔外型架子，上頭擺滿了數千人的頭顱，最後被西班牙征服者給撤了下來。數百年來，大家都認為這是刻意抹黑或甚至是錯誤想法，因為西班牙人提供了錯誤資料，為的是要讓阿茲特克人遭受質疑，這樣便能讓西班牙的征服行為有正當理由。不過，二〇一五年展開的大型挖掘工作中，考古學家挖出數千顆被斬首的頭顱，以及一些架子的殘骸，證明了恐怖的死人金字塔真的存在過。

人體獻祭不只出現在年度的宗教活動上，還是到處持續不斷發生的活動。有些人認為，人體獻祭甚至是自願性質，表示整個群體因宗教關係被困在某種精神病的狂熱之中。

三邦聯盟社會有著恐怖氛圍，當西班牙征服者抵達時，由於社會承載了許多妄想、多疑、衝突、利益，所以很有可能本身就已經出現崩垮。再加上滿佈的大屠殺與恐懼，因此當西班牙征服者科爾特斯來到墨西哥時，發現阿茲特克的敵人都願意聯盟合作，想趕緊結束這一切。其中包含出名的特拉斯卡拉（**Tlaxcala**），這是支比較鬆散的馬雅族群，長久以來，這個族群都一直跟比自己強大的鄰居持續敵對戰鬥。

特拉斯卡拉可說是西班牙人能夠成功征服該地的關鍵，不然的話阿茲特克人是不可能被打敗的。當然，征服者科爾特斯熟練的外交手段也有著至關重要的作用，一手打造出來的聯盟說明了他非常說服力，也比自己的敵人都要聰明。當時科爾特斯只有五百名手下，清楚知道若沒當地人的幫忙，絕對不可能擊垮墨西哥的掌權者。由於有特拉斯卡拉的效忠和關鍵付出，局勢大為扭轉，阿茲特克人被擊潰，特拉斯卡拉也獲得獎勵。

不過，以上陳述與「歐洲侵略者」終結「貴族野蠻人」一說並不相符，而且傳說故事常會避重就輕不大談這一段，或甚至直接拿掉。

一五二一年，科爾特斯與其聯盟在阿茲特克帝國的中心特諾奇提特蘭城（Tenochtitlan）打了勝仗，不過當時也爆發天花疫情，墨西卡人元氣大傷，所以算是助攻不少，科爾特斯順利拿下三邦聯盟及其領地。

西班牙人並非有所謂的屠殺「阿茲特克人」，也不大算是利用情勢優勢，打敗既有敵人，謀取利益。這場聖戰是建基在當地人的擁戴，還有部分原因是蒙特祖馬二世差勁的領導風範和流行疫情肆虐起，所以才會導致阿茲特克走向終點。

科爾特斯肯定也不是什麼自由主義人士，縱使他自己與西班牙皆聲稱是為了「基督宣教」（Christian Mission）開戰，但首要動機還是貪念。如此一來，科爾特斯和阿茲特克統治者就不分軒輊了，因為都是透過征戰，貪婪的建立自己的帝國。

要是阿茲特克帝國不要如此迷信，搞出讓人精神錯亂的死祭信仰，改多花一點精力在治理工作上，那麼既有的精英統治者，或許就有可能把遠征而來的西班牙人給送走。不過，阿茲特克帝國倒是把自己搞到垮台。

被西班牙人征服之後，對當地人民生活也很難說是有什麼樣改善，不過至少放縱的暴行總算是結束了。貿易是後來才興盛發展，有了全新、更好的世界——我們的世界——也是後來才發展出來的。

歐布拉多總統沒有要求阿茲特克人的後代，出來向為了餵飽太陽而被斬首和開膛剖腹的受害者後代致歉，也沒有建議阿茲特克人的後代，得去尋求鄰近區域好幾代子孫的原諒，因為他們祖先遭遇了種族清洗（ethnically cleansed）之災。但要是這麼做了，恐怕會招來奚落，而且這當中又有何政治資本（political capital）可得呢？

將歷史簡單化，把矛頭指向以前的殖民霸權，然後再丟出隻「死貓」，豈不簡單多了呢！

＊＊＊

彈性纖維緊身褲、保暖腿套，以及不理解到底為何為會流行的狼尾頭（the mullet），連同政治道歉（political apologies）的風氣，全都是在一九八〇年代扎下的根。

當冷戰時間畫下句點之際，另一位教宗若望保祿二世（Pope John Paul II）開啟了這樣的風氣。一九八五年八月，教宗在前往非洲喀麥隆共和國的旅途中，表達了他對於基督教（基督教一詞在此是天主教、東正教、新教等派系的統稱）在奴隸販賣上扮演的角色深感歉意——教宗於二〇〇五年過世以前，總計以教宗身分致歉的次數多達一百多次，而這一次是首例。

此次公開談話在當時可說是件大事，在世界各地都成了頭版新聞，在那年代的頭版刊登可是很了不得的！不過老實說，這也不大算是什麼致歉。

飛到喀麥隆的主要港口杜阿拉（Douala）後，這位巨星般的教宗——依據《紐約時報》（New York Times）的報導——「精力充沛」，先是與前來看望他的年輕人開開玩笑，然後才開始佈道。談了非洲神學與尊重地方傳統的需要之後，接著又談到了「好撒馬利亞人」（Good Samaritan，源自《聖經》，泛指樂善好施者）——並表示，的確以前有些教督教徒沒有好好遵循特定的基督徒規範。

「歷史歷程之中，歸屬基督國度的子民未能持續做到這一點，我要請求我們那些因為黑奴買賣而蒙受痛楚的非洲弟兄原諒。」

教宗若望保祿二世沒有說是天主教，倒是把責任稀釋，並擴及所有「歸屬基督國度的子民」。這比較不像是種致歉，比較像是在喊說「不是只有我們！」算是種技術性閃躲，刻意忽略具體實情。

綜觀天主教教會的歷史，可見教會面對奴役的瀆職行為，態度既混雜又不一致。十字軍東征期間，梵蒂岡跟著伊斯蘭神職人員一起禁止奴役，但從中世紀晚期開始，最受注目的歐洲天主教強國，葡萄牙和西班牙勢力擴張到了非洲。此時，教宗尼古拉五世（Pope Nicholas V）發布一連串的教宗詔書（Papal Bulls），授與天主教徒有權力從事綁架和人口販賣圖利。到了一四八八年，教宗依諾森八世（Pope Innocent VIII）也接受了奴隸做為贈禮，而且從十五世紀非常晚期開始——只要受害者不是基督徒——全都收下。

教宗若望保祿二世並沒有提到這些應受譴責的惡劣行為，但與其說是掩蓋，不如說是全面性忽略。

這當中無法說沒有算計的成分，就跟歐布拉多總統一樣，都有意圖在其中。此番歉意提出的時機點，這位教宗正好在非洲展開「第二波傳教計畫」的宣教工作。由於當時在歐洲的教友數量逐日遞減，羅馬教會需要新的教徒，而且非洲看來就是有不少可以改變信仰的人選，所以此趟非洲行的目的就是為了宣教。致歉的部分，終究是暗藏了私利。道歉或許可以看成是寫在喀麥隆沙灘上的一段話，就藏在打上岸的浪花之下。

這種假面歉意說明了若望保祿二世的教宗任期。一九九八年教宗給猶太人的一段話，也差不多是這樣，不痛也不癢。

自從一九四五年起，天主教會大受抨擊，起因是面對戰時納粹大屠殺，沒有採取任何行動。五十三年過去，天主教會總是閃躲這個議題，根本是全面性忽略。

到了一九九〇年代晚期，教宗終於想到要補償。許多人都很期待看到，教宗庇護十一世（Pope Pius XI）因戰爭期間沒有盡到基督徒的責任而被咎責，可是遲來的這一封信卻是在搪塞，因為教宗定調為「基督教國家」應該要負起責任，他寫道：

「Shoah[4]發生在歐洲，那裡的國家有悠久的基督文明，此一事實帶出個問題，也就是納粹的迫害與數百年來基督徒對猶太人的態度之間，究竟有著什麼樣的關係？」

教宗又一次小心翼翼，沒有提到天主教會，沒有擔下責任，也沒有糾正當初沒做好的地方。

猶太群體對此，並不感到滿意。

4 納粹大屠殺的猶太名稱。

反誹謗聯盟（The Anti-Defamation League）跨宗教事務處（Department of Interfaith Affairs）的處長拉比里昂·克萊尼基（Rabbi Leon Klenicki）告訴BBC說：「我們非常傷心、非常失望！」

世界猶太人大會（World Jewish Congress）進一步表示：「有參與溝通對話的每個人，至今都是挫敗的。」

梵蒂岡尋求能找到這起事件的聖餅，然後吃下肚（表示完成贖罪），可是怎樣也不能就把真相給屏棄。然而，真相就是羅馬教會不僅在戰爭期間對猶太大屠殺無所作為，而且幾百年來，對於反猶太主義也是不聞不問，最終才導致這樣的下場。

暗指猶太人得為耶穌的死負起責任的想法持續了一千年，可是耶穌明明本人也是猶太人。一九五九年以前，聖週禮儀（Holy Week Liturgy，天主教慶祝耶穌在世最後一週完成的神蹟）裡都還在使用「不忠貞的猶太人」說法。反猶太主義的觀念與敵意持續長達一千年之久，這是歷任教皇的模糊態度、漠視或無作為造成的結果，於此同時人們也屢次回頭走向聖伯多祿廣場（St. Peter's）的圍牆，並找上歷任教皇。

然而，上述內容都未被帶到，肯定是有好理由。

教宗若望保祿二世這個人非常聰明，他深知只要在對的時間、對的地方致歉，那麼就不會在外部關係上製造太多麻煩，同時也清楚要是去提到火勢還在延燒的過失，那麼現任的人就得出面扛下責任。比起矯正羅馬教會對納粹大屠殺的無作為，找個很久以前發生的事件來道歉，這樣就容易多了，因為此時大家都還沒忘記納粹大屠殺的受害者，也還在緬懷且深愛著這些受害者，況且那些倖存下來的人當時也都還活著。

可悲的是，這位教宗一百多次致歉內容，全都差不多是這樣的內容，有時無意義到讓人傻眼的程度。一九九二年，教宗承認伽利略的看法一直都是對的——那些威脅與虐待，以及多年以來否認科學、把科學拒之門外的作法，對此深表遺憾。地球的確是繞著太陽轉，不過，人嘛！總會犯錯的呀！

過了七年，教宗前往捷克共和國（Czech Republic）訪問，針對神學家揚．胡斯（Jan Hus）因為異端言論而遭到火刑一事，向布拉格人民表達遺憾之意，但這件事情可是發生在一四一五年的呀！

二〇〇四年，教宗還對於一二〇四年君士坦丁堡（Constantinople）被洗劫而致歉（十字軍所為）。

可是，面對發生在若望保祿二世擔任教宗期間的愛爾蘭瑪德蓮洗衣房（Magdalene Laundries in Ireland）一案，當中有成千上萬名女孩被拘禁、剝削，卻從未聽說教宗為此表達自責。這些女孩產下的數千數萬名嬰孩，被迫從母親身邊強行帶走，改送去「好的基督教家庭」，可謂是宗教偽善者侵占人類的行為，這部分他完全隻字未提。再者，擔任教宗二十七年的時間裡，未曾見他談談神父、主教等神職人員經常犯下的性侵孩童罪行——或者是安慰一下遇害對象。一直到了二〇〇三年，教宗的無作為引來越來越批評聲浪——教宗終於開口談了一下：

「神父一職，以及虔誠的生命裡，皆容不下傷害年輕生命的人。」教宗寫下的文字很顯然又是另一次敏捷的閃躲。

揚．胡斯本人沒有親耳聽到教宗的致歉，因為他六百年前就死了。雖然許多位瑪德蓮洗衣房受害者現今都還活著，可是到今天都還沒收到道歉。當沒有人會因為致歉而被犧牲的時候，道歉起來就容易多了。

無意義的致歉，以及閃躲真正的致歉，這類操作的起點，正是若望保祿二世所展示的例子。

一九九三年，美國總統比爾．柯林頓（Bill Clinton）自顧自地開心向夏威夷原住民表達歉意，理由是一八九三年美國人侵略了夏威夷群島，但早就沒人記得這檔事了。可是，他本人卻不願意為一九四五年攻擊日本廣島市和長崎市道歉，那可是釀成二十五萬人死亡的行為呀！

一九九五年，攻擊事件發生後五十年，柯林頓表示：「美國無須因在廣島市和長崎市投下原子彈致歉。」自此以後，繼任白宮主人不再因為使用原子彈自責。

同年，伊莉莎白女王二世署名寫了一封信給毛利人（Maori），針對十九世紀「殖民罪行」（colonial transgression）自省。可是，英國卻不肯糾正自己一九一九年在印度阿木里查（Amritsar）的殺戮行為，該起事件造成數百，甚至數千人被殺，受害者不乏是手無寸鐵的男人、女人和孩童。英國政府也沒有針對一九五〇年代在肯亞強行閹割的虐待行徑表達態度，二〇一三年外交方面，英國最高外交使節（High Commissioner）克里斯汀．特納（Christian Turner）僅是「正式承認」有「虐待」情事，政府並對此「感到懊悔」。

越是近期發生的事件，越難開口道歉。

英國首相托尼．布萊爾從未對二〇〇三年大舉入侵伊拉克一事致歉，可是卻代表「倫敦管理當局」向十九世紀初期的愛爾蘭馬鈴薯荒道歉。

此舉在當時備受右翼媒體無情奚落，然而就此案件來說，或許是有那麼一點不公平。這封有關愛爾蘭飢荒的道歉信，屬於大計劃中的一部分，也就是英國非常需要與愛爾蘭和解。布萊爾當時尋求修復盎格魯與愛爾蘭的關係，而兩者之間的傷痕在當時還是很疼的！為此，從被認為是極度不公的其中一起事件切入，可以說是非常合理；這是重要的第一步，努力為近期引發不滿的事件表達想法。

一九九八年，就在英國統一黨（British Unionist）憤怒、嘲諷的氛圍下，布萊爾下令調查「一九七二血腥星期日」（1972 Bloody Sunday）槍擊案。這起案件中，英國傘兵在北愛爾蘭街上，開槍射殺二十六名沒有武器的抗爭人士，總計有十四人喪命。

二〇一〇年《薩維爾報告》（Saville Report）公諸於世，於是新上任首相大衛．卡麥隆便出現在下議院，準備埋葬這起非常不公的事件，並向被國家處決的受害者致歉。

「這份報告的結論非常清楚！」卡麥隆向議員們繼續說道：「毫無疑問、沒有歧義，也沒有模糊地帶！血腥星期日所發生的一切，既沒有必要，也無法接受，就是個錯誤！」

緊要的是，要有個道歉，讓倖存者與失去親友的人都可以聽見，這才是邁向和好之路重要的一步！

這次英國政府厚著臉皮承認錯誤了，但有一點不同的地方，因為這次是針對野火還在延燒的事件，而且還相當主動，可說是非常罕見。卡麥隆可從中得到不少好處，因為他個人與這場爭議無干。一九七二年的時候，卡麥隆才五歲，到了二〇一〇年卡麥隆接管政權時，「愛爾蘭問題」（Irish Troubles）大多已經解決。承認應當是政府犯下的錯誤，表示英國軍隊應要負起責任，這讓卡麥隆看起來就是很不一樣的托利黨人，既仁慈又富有憐憫心——遠離邪惡的柴契爾夫人，改偏往托尼．布萊爾的替代品。

蘇聯解體之後，戈巴契夫（Gorbachev）和葉爾欽（Yeltsin）兩位總統所做的事情，也差不多是這樣。兩人同樣想要創造新時代，便選擇好時機點，即使火還在燒，也要對蘇聯犯下的罪行來場政治懺悔。

一九九〇年，戈巴契夫為了一九四〇年蘇聯紅軍（Red Army），在斯摩棱斯克（Smolensk）附近的卡廷森林（Katyn forest）大屠殺一事致歉，此起事件共造成近二萬二千名波蘭戰犯死亡。一九九五年，葉爾欽則是為史達林政治迫害的受害者，在聖彼得堡（St Petersburg）豎起紀念碑。

不去觸碰到史達林，兩人得到的好處比較多，這不只是因為受害者有許多親戚當時都還在世，而且也都還有投票權。

在此，並不是要說所有的政治道歉或呼籲都是毫無意義；也不是都是為了利己。這裡有個例子，納爾遜．曼德拉（Nelson Mandela）在南非種族隔離制度（apartheid）發生過後，設立了「真相與和解委員會」（Truth and Reconciliation Commission），為的是要幫整個國家修復正義與和解。修復、彌補未癒合的傷口，仍舊是有效的作法。就算不是近期發生的事件，但有時不正義會逗留，不肯散去，即便是小波動都有可能會造成影響，接著又會被帶入另一個時代。

一九八〇年代，若望保祿二世在喀麥隆隱晦提及的非洲奴隸「貿易」就是個例子。即便現在這個世紀裡，該種不正義行為已成事實，但許多當初擁護這種違反道德之舉的主要國家，依舊否認一切。

奴隸的傷疤至今還深深烙印在美國、歐洲、非洲以及更多國家的心裡，不同於墨西哥事件是發生在一五二〇年，這些傷疤都還算是近期歷史，依舊會疼痛。奴隸船隻上的最後一位倖存者瑪緹達．麥奎爾（Matilda McCrear），她是在兩歲的時候，和母親葛蕾西（Gracie）和姊姊莎麗（Sallie）一起在家鄉奈及利亞被綁，然後被賣給一位農場主人，這位主人到了一九四〇年才過世。彼得．米勒（Peter Mills）是在美國出生的奴隸，活到一九七二年；我跟他曾經在同個年代生存著。

數百年的迫害行為，並沒有隨著廢除奴隸買賣而消失。直到今日，制度性種族歧視（institutional racism）和不公對待仍是存在。如果你是非裔美國人，比起白種人的鄰居，你被射殺、關押、失去工作的可能性還是比較高。

二〇一九年所做的一項研究發現，美國人口中只有百分之十四是非裔美國人，但當年度一千起美國警察槍殺嚴重致死的案件中，非裔美國人就占了百分之二十三。美國的罪犯中，有三分之一是黑人。白種人和黑種人服用毒品的比率不相上下，但是非裔美國人因持有毒品被逮補的機率高出四倍。

貧窮、不公、社會不平等，依舊持續在美國、英國和其他各地危害著黑人群體。此外，其帶著貧窮象徵的感覺依舊徘徊著，不肯散去。

英國有多個販賣奴隸和促成奴隸買賣人士的雕像，至今屹立不搖。若想要移除，那便會引來激烈抗爭。當然了，清醒一點思考，我們不能要現代國家的領導人，扛下之前領導人犯下的罪和豎立起的雕像，但我們可以，也應該要求現代領導人針對沒說出真相這點負起責任。大部分的領導人都沒有說出真相，這方面的討論刻意被平息，同時民族主義者和保守黨政治人物，依舊想把英國帝國主義描繪成可以引以為傲的事蹟，而英國在奴隸買賣上則是個「好人」的形象。

二〇一五年，當時的財政大臣喬治・奧斯本（George Osborne）表示，在曼徹斯特（Manchester）舉行的保守黨大會中，他的政黨（又是那個「我們」之言）廢除了奴隸制度，隨後幾年許多位黨員，包含有議員詹姆士・柯維立（James Cleverly）和托利黨貴族漢南爵士（Lord Hannan）等人，也都跟著一再提出該項主張。

二〇一八年，財政部的官方推特帳號更是超過，居然主張是現今英國人終結了十九世紀的奴隸制度，其邏輯整個扭曲、不通。

「數百萬名的你，藉由稅金，終結了奴隸買賣」，財政部在推特上這般感性的陳述，指出二〇一五年終於付清為了奴隸廢除法案借來的錢，「英國公民幫助……終結奴隸買賣」。

後續的內容更是奇怪，「我們」從事奴隸買賣近三百年，「我們」應該要為自己廢除這種買賣行為感到驕傲。英國人協助廢除奴隸制度的說法，就像是對殺人凶手道賀，並為凶手的受害者立起紀念碑。

二〇二〇年五月，新冠病毒全球肆虐之際，美國出現許多支持「黑人的命也是命」（Black Lives Matter）的抗爭運動，起因是美國明尼亞波利斯（Minneapolis）警察槍殺了喬治．佛洛伊德（George Floyd）。此抗爭運動很快就傳到歐洲，訴求內容更向外擴大。我們都已經知道在倫敦這邊的鮑里斯．強森等人，面臨雕像可能會被撤下而栗栗不安，這其中就包含溫斯頓．邱吉爾的雕像。

不過，布里斯托（Bristol）有座雕像真的是倒了下來。

這座城市能夠興起，主要原因是奴隸貿易獲利所致。抗爭運動四起時，推倒愛德華．科爾斯頓（Edward Colston，十七世紀奴隸買賣商）雕像、丟入河裡的聲浪越演越烈。其實這發展一點也不會太驚訝！反對科爾斯頓雕像的聲音已經持續多年，只不過以科爾斯頓之名創建的協會老是跳出來堅決反對。這座雕像不具歷史意義，更沒有藝術價值，還是在科爾斯頓死後兩百年才豎立起來的雕像，連維多利亞人當時也都猶豫是不是要從口袋裡掏錢出來為此人豎立紀念雕像，所以最後是由提議的商人負責出資建造。

現在雕像已經倒下，科爾斯頓的畫像在「文化之戰」中成了一處出名的戰場。

英國脫歐黨領導人奈傑爾．法拉奇稱這群抗爭人士為「新型塔利班」（new form of Taliban）的先鋒部隊，保守黨政治人物也輪番上陣譴責這是在「恣意毀壞他人財產」，前財政部長薩吉德　賈維德（Sajid Javid）則表示：

「如果布里斯托人民想要移除紀念雕像，那麼應該採取民主的作法，而不是做出犯罪行為。」

有些人甚至想把這起推倒雕像事件，說成是在企圖抹滅歷史，跟恐懼國會廣場邱吉爾雕像倒下同是如出一轍。沒了販售奴隸商人的雕像，我們就無法了解自己的過去——科爾斯頓在他的年代所受到的愛戴必須被看見，而且我們不能指責評論。

可是很奇怪喔！科爾斯頓的雕像被連根拔起之後，卻有越來越多的人知道科爾斯頓的故事，他名氣更大了。事件爆發之前，布里斯托以外的人很少有人聽過這號人物，但雕像倒下後，大多數的人都認識科爾斯頓了。

直接了當的行動，倒是給大家免費上了一堂歷史課。

科爾斯頓的雕像終於從布里斯托港口移除了，改放在當地的博物館，是陳述符合該故事背景的博物館。這是面對歷史的務實態度，是非常長進的作法！與歐布拉多總統責怪別人，把責難分出去的作法相比，顯得相差很多，另外也與愛國右翼人士想要保留每一樣東西——想必是打算藏好藏滿——的看法相比，也是很不一樣。

＊＊＊

自發性、有意義的政治道歉很罕見，主動表態對不公表示原諒的——不管是實際的，還是被以為有的——也是幾乎沒有聽過。

這在受害者心理造成顯著的影響；揭起舊傷疤、細心醞釀的不公，都具有其目的。如同我們看到的，歐布拉多總統的死貓策略、英國脫歐的說辭、福克蘭群島（Falkland Islands，英國與阿根廷長期為該島主權吵鬧不休）爭議事件、希臘金融危機，以及歐洲各地民主國家的獨立運動，這些委屈與不滿皆架構在同個「失落天堂」的理解之上，幾乎無一例外，也就是認定無辜人民的主權被惡意奪走。

英國最好的例子就是卡洛登之役（一七四六年），發生在英國領土上的最後一場戰爭。

查爾斯．愛德華．斯圖亞特（Charles Edward Stuart）——稚氣王子查爾斯（Bonnie Prince Charlie）——派出的詹姆士黨軍隊遭遇屠殺，這起事件過了近三百年仍深具影響力，其「失落天堂」版的內容是這樣的：一七四六年，蘇格蘭高地軍團（Highlanders of Scotland）為了斯圖亞特王朝繼承人遭剝奪王位而集結，準備要阻止英國人統治其恬靜家鄉，於是使出最後的反擊。身穿蘇格蘭短裙的男人掄起闊刀[5]（claymore），起身往南方前進，但卻被英國雙面人給襲擊，然後理當是「德國人」的昆布蘭公爵（Duke of

5 蘇格蘭人所使用的刀，通常都是雙刃的。

Cumberland）把他們一路打回邊界，並在卡洛登這個地方把高地軍團殺個片甲不留。

這段敘述的核心，落入蘇格蘭民族主義人士的特殊主義觀點中：天生善良的一群人被不公正對待、欺負，還被英國和其他日耳曼那邊的漢諾威霸主給統治。隨即就有了「高地淨空」（Highland Clearances）政策，把當地居民從自己的家園趕走，也就是所謂的種族滅絕行為。

故事就這麼一路流傳下來，民粹人士、民族主義人士也都相信這個故事，成了攤在蘇格蘭不太常出現的陽光底下且講到爛的故事。如同歐布拉多總統想要為墨西哥編織的故事一樣，蘇格蘭的這段故事也是想要降低真實內容的複雜性，以期能用在現今某個議題之上。

如果卡洛登是一鍋燉煮著虛構歷史的料理，那麼查爾斯・愛德華・斯圖亞特的真實樣貌，就是淋上肉汁的一塊肉了。

儘管在這段很是受到歡迎的英國民間故事，稚氣王子查爾斯占有重要的地位，但這位身穿蘇格蘭方格花紋的王子，與蘇格蘭的關聯性，也差不多就只有麥當勞快樂兒童餐的程度罷了，小到不行。王子之所以聲稱是英格蘭和蘇格蘭的國王，乃是因為他有位出生在英格蘭但卻倒霉抑鬱的父親詹姆士二世（James II）——糟糕的國王其實是非常之多，但這一位常被認為是史上甚為糟糕的一位。詹姆士二世沒有從內戰（Civil War，一六四二年至一六五一年）記取教訓，一六八八年爆發光榮革命（Glorious Revolution）議會解散，詹姆士也失去國王的皇冠。

查爾斯於羅馬出生，母親是波蘭人，繼承了前一代的極度不滿和委屈。其父親詹姆士．法蘭西斯．愛德華．斯圖亞特（James Francis Edward Stuart），人稱「老僭王」（Old Pretender），曾兩次嘗試奪回王位，皆以失敗告終，隨著年紀越來越年邁，年輕的查爾斯就被培訓要承接下這份使命。

當時英格蘭和愛爾蘭有部分區域還是很推崇這位「在海另一端的國王」，不過稚氣王子奢華生活與政治密謀的經費，大多是來自法國王室，該王室後來也參與了對抗不列顛的持久戰爭。以現今的角度來看，查爾斯就是所謂的「好好用的呆瓜」。

稚氣王子天生下來就是滿有怨氣且好鬥，一七四五年準備侵略不列顛的目的非常直接了當，就是要打亂新萌芽的民主制度，以及為自己奪回不列顛的王位。

查爾斯為所欲為，因為這趟冒險對他而言沒有任何損失。可是，從英國本島最南端的蘭茲角（Land's End）到最北端的翰岬角（John o' Groats），對於一般民眾而言，可就不是沒有損失了，這群平民老百姓反倒得為此付出代價。

一七四五年七月，查爾斯．斯圖亞特登陸外赫布里底群島（Outer Hebrides）的埃利斯凱島（Eriskay），受到反漢諾威人士與蘇格蘭高地宗族長的歡迎，這些人還願意為這場起義提供兵力和武器。

但不知為何，這群支持斯圖亞特的蘇格蘭宗族長，居然躲過了歷史審查。這群族長多被視為好心贊助，好意為自己的族人考量——一群立意良善的族長，只是希望整個大家庭都好，幻想可以對抗「英格蘭」暴政，領導自由之戰。

然而，真相其實複雜許多。這些族長其實也是精英分子，強烈反對〈一七〇七年聯合法案〉（1707 Act of Union），因為該法案打算要把英格蘭和愛爾蘭合併成為大不列顛聯合王國（United Kingdom of Great Britain）。如此一來，不只是會把地方性權力給消滅掉，該法案也移除了國王擁有來自天上賜予的權力，取而代之的是君主與人民之間的民主進步約定。這樣的話，族長「屬於天的權力」也會跟著消失，也不再是封建制度下的領導人，擁有領地的大限也將來到。

族長喜歡維持現狀，這樣對他們才有益。這群族長擁有非常大的自主權，依據自己的規定和作法來管理自己的宗族王國，不希望、也不樂見外面的人來管閒事，而且長久以來，不管是蘇格蘭或是英格蘭國王和女王，都希望權力能有所區隔。其中多位族長治理宗族的方式，可能會讓柯里昂（Don Corleone，電影《教父》劇中主角）汗顏。這些蘇格蘭高地教父總是派出自己的人馬，去侵占他人土地、偷取他人牲畜、謀殺其他宗族成員。封建制度，只不過是謀求生活的一種方式。

坎寧漢（Cunninghame）和蒙哥馬利（Montgomery）兩大宗族之間的「艾爾郡仇殺」

（Ayrshire Vendetta）就是個典型的例子，開始於十五世紀，持續了兩百多年——爭奪的正是卡洛登這個地方——相互痛恨彼此，雙方屢次發生殘殺報復行為，但其理由大多已不可考，算是已經被裹屍布纏起來的祕辛。

這些蘇格蘭高地盜匪的習性就是四處強奪財物，當稚氣王子的軍隊行經蘇格蘭各地，前往英格蘭的途中，來自高地的士兵便使勁奪取戰利品。一七四五年詹姆士黨洗劫一事仍是有點離奇，但多數歷史記錄幾乎是刻意忽略掉。或許是因為打劫的形象，與蘇格蘭小說家華特・史考特（Walter Scott）和詩人羅比・伯恩斯（Rabbie Burns）所宣傳的尊貴高地軍團，兩者互有衝突的關係。

過去會有宗族體制存在，都是因為該體制對統治的族長和其家族有益，其運作就建築在效忠、繳稅和付出勞力之上，即以剝削其他人的方式來獲取好處。所以那些被派去加入稚氣王子軍隊的男子，全都是出於義務，為了幫主人謀取利益而出門打仗。

＊＊＊

詹姆士黨出師順遂，稚氣王子趁著敵方不注意的時候，成功在蘇格蘭快速前進，一路往東攻下史特林（Stirling）後，繼續往愛丁堡邁進，並於九月十七日拿下蘇格蘭首都，但並未攻下城堡。四天過後的普雷斯頓潘斯戰役（Battle of Prestonpans）之中，查爾斯的「宗族軍隊」順利擊潰政府軍，此戰役也成為這次起義的首起主要事件。

整場戰役前後未超過三十分鐘，缺乏經驗的政府軍，在驚恐之中逃之夭夭。這短短的打鬥場面，總計造成約一千名英國士兵喪命或被捕，詹姆士黨這邊則損失了三十五到四十人。

倫敦這邊一得知打敗戰，立即陷入恐慌之中。士兵口耳相傳，講述高地軍團有多恐怖並無所能擋，這對戰事也沒什麼幫助。

查爾斯．斯圖亞特認為自己占了上風，就把目標鎖定在首要目標——英格蘭，更精確來說是倫敦——對於軍師所擔憂的事情，完全不大理會。

查爾斯向所有將軍保證，我方已獲得英格蘭詹姆士黨的支持，到時會有多達一萬大兵的法國軍隊從南方入侵前來支援，並同意讓八千名士兵進軍英格蘭。

戰事一開始都很成功順遂，詹姆士黨攻下卡萊爾（Carlisle），在曼徹斯特也是很受到歡迎，但真相卻是這場起義注定要敗北了。承諾會支持的人群不是為了同個目的而來，說好的法國軍由南入侵也沒看到。更糟糕的是，許多高地軍團士兵搶夠之後，便直接逃兵了，造反的情況越演越烈。

十二月初，查爾斯的軍隊抵達德比（Derby），此時指揮官喬治．默里爵士（Lord

George Murray）召開戰事討論會，決議要掉頭回蘇格蘭了。

遊戲結束，軍力銳減的軍隊往北撤退，回到一七四六年四月十六日事件之地卡洛登。對某些人來說，這是一場暴力屠殺，背信棄義的英格蘭人和冷血殘酷的漢諾威人，殘殺了無辜的蘇格蘭人。然而，真相其實相對沒那麼精彩、曲折。

查爾斯．斯圖亞特的軍隊不只是有大眾所知的反抗派「宗族軍隊」，也不是——如多數人想的——全都是天主教徒。王子的軍隊之中，有許多是社會上的保守派、斯圖亞特支持者，還有來自蘇格蘭聖公會低地區（Episcopalian Scottish Lowlands）的，另有來自法國、愛爾蘭，甚至英格蘭詹姆士黨的支持。卡洛登戰役中，「曼徹斯特軍團」（The Manchester Regiment）支隊也是歸屬在查爾斯．斯圖亞特這一方戰鬥。

至少在最後一場戰役裡，王子絕大多數的軍力都是受過相當不錯的訓練，頗有紀律，配有闊刀和火槍，而且軍令用的是英文，而非蓋爾語。

這批軍隊還有一些紀律比較差的高地軍團士兵，他們身上的裝配往往是各種不同臨時打造出來的武器，也就是普羅大眾對詹姆士黨想像的那樣。

這些高地軍團士兵大多都不是自願前來的，也不認為自己是「自由鬥士」。他們多是由族長撫養長大，而族長自古以來就握有從佃戶調配軍隊勞役的權力。就跟世界大戰中的英國大兵一樣，在卡洛登廝殺的男人都是被逼迫上戰場的。

真相與文學作品和影片裡面的內容一樣乏味，實在是少見，上戰場的多數人並未懷抱不切實際的動機或是偉大的理想。為了詹姆士黨的查爾斯上卡洛登戰場廝殺、捐軀的男子，就如同各時代的眾多勇士一樣，全都是開心不起來的倒霉歷史小兵。這些人都是一般平民，被逼著上戰場犧牲生命，為的是要幫有權有勢的菁英分子滿足野心和賺取財富。

屠殺者的生命並未終結於戰場之上。

卡洛登戰役過後，英國軍隊在喬治二世的兒子昆布蘭公爵帶領之下，一路討伐，殘忍滅絕剩餘的撤退軍力，沒有絲毫手軟的跡象，他也因此被取了「屠夫」（**Butcher**）的外號。至少有三分之一的詹姆士黨軍隊被趕緊殺絕，很多都是遭受冷血殘酷的手法屠殺。不受控的屠殺行徑外擴到鄰近的城鎮和村莊，那份不安與恐懼隨著時間世代蔓延。有些戰犯被運往倫敦，當眾處以死刑，還有更多戰犯被迫與家人分開，被帶到殖民地去做長達七年的契約勞役。

隨著時間過去，在卡洛登發生的事件，就跟昆布蘭公爵的名字一樣，淪為壞事一樁，戰敗方被說成是遭滅絕屠殺。不過，昆布蘭公爵對詹姆士黨人士的迫害，跟其他迫害事件比起來，可說是半斤八兩，血腥程度也都是不相上下。

最後，這場起義耗損了各方共四千人的性命。很可怕，沒錯！但是與十七世紀英格蘭內戰相比，算是無足輕重，因為內戰時死了二十萬人。

「好人與壞人的陳述」持續未停，但卻相當不公平。一開始，英國政府並不打算惹麻煩，也不想浪費時間與造反者打仗。但事實上，當時多數人都不支持理當是「眾所歡喜的起義」；假若人民支持的話，那麼會有成千上萬的人蜂擁響應，可是就是沒有。

害那麼多人死在卡洛登，罪責終究落在謀取私利的查爾斯與詹姆士黨的貴族支持者身上。

搞得一團亂後，稚氣王子查爾斯做了那年代為所欲為的人所會做的事，丟下一切逃跑，讓其他人留下來善後，真是一點也不光彩的作為！後來，還有更多故事發生。查爾斯搭上法國護衛艦，離開蘇格蘭來到法國，沒過多久法國國王就覺得查爾斯很煩，便把他趕去義大利。

以查爾斯之名創作的芭蕾舞劇和詩詞裡，這位無禮自私的王子變成了會毆打妻子的暴力醉漢。一生之中，查爾斯常常毆打自己的妻子路易絲（Louise），也對後來的多位女友和其他女性施暴，致使他在一七八八年突然過世的時候，乃是一個人孤獨離世，沒有一個認識他的人弔念他。不幸的遭遇、招妓、暴行，把自己的財富都揮霍掉了，他只留下一具惹人嫌惡的六十七歲怪異肥胖屍體。往後的幾百年裡，他被放在梵蒂岡聖伯多祿廣場墓穴的屍體持續腐化，而他的傳奇故事也開始傳播，在卡洛登發生的不實內容——和對事件發生後的看法——深藏在蘇格蘭人的內心。

舉例來說，查爾斯在卡洛登戰敗一事，遂與高地種族滅絕行為合併一起。即便相關陳述與詹姆士黨叛亂（Jacobite Rebellion）緊緊相扣，但是這兩起事件根本就毫不相干。種族滅族是農業革命（Agricultural Revolution）——農業體制改變，土地重新分配讓農地耕作更密集，和農藝技術導入——釀成的後果，此外這樣的情況不只是發生在高地或蘇格蘭而已。

蘇格蘭歷史學家湯姆．戴文爵士（Sir Tom Devine）在其著作《蘇格蘭種族滅絕：被剝削者的歷史》（The Scottish Clearances: A History of the Dispossessed）指出，其實是低地區的人受到的影響最大。

說起來不是種族滅族，而是殘忍的資本主義在作亂。這場發生在貧窮人民身上的悲慘故事，乃是因農業革命而起，進而在英國各地踐踏人命。其中，最主要得怪罪貪心的地主和自私的族長，而非英格蘭的資本家。

可是大家記得的內容卻不是這樣。與其承認被封建領主給背叛、搞死了，抱怨遠在他方的倫敦和「那群英格蘭人」或許比較容易些，因為那些領主有著跟你一樣的姓氏，但卻也是這群領主把你的祖先派出去送死的。

就跟敦克爾克的事實一樣，卡洛登已不再只是一起又一起真正發生過的事件，而是一則更大規模故事的核心，但卻忽視掉後續所發生過的實情。沒過多久，北部和南部邊境的多數人民便接受了聯合王國的未來，往前邁進。

對於傾向不接受的人來說，這樣的發展很不利，儘管如此，不出幾年蘇格蘭也已蓬勃發展。

西蒙．夏瑪（Simon Schama）表示，〈聯合法案〉的開始是個「不友好的合併」，完成於「全世界最強效持續經營的完整合夥關係」。

驚奇的蘇格蘭啟蒙運動，始於十八世紀中期，當國門迅速對世界開放之際，活力十足的知識氛圍在各城鎮蓬勃發展。這股非凡的知識追求環境，成為造就後續和平、穩定、繁榮的主因。到了一七五〇年，蘇格蘭人民識字率還成長到約百分之七十五——這在當時世界其他地方是找不到的。

有了〈聯合法案〉，蘇格蘭商船便可受皇家海軍的保護，前往新市場開拓，兩國之間的貿易限制也鬆綁了。一七八〇年代起，蘇格蘭開始現代化、蓬勃發展。到了十九世紀，這個國家即開始收割好處。

造船、紡織、銀行業蓬勃發展，成為助長英國和歐洲成功發展的核心。

縱貫十九、二十世紀，不同於愛爾蘭人，多數蘇格蘭人都不會對〈聯合法案〉提出質疑。

二戰過後，這股氛圍開始轉變，運輸和工業衰退，社會剝奪開始出現。至今都還很糟糕的是，西敏寺政府並沒有針對這個問題，提出緩解政策。一九七四年大選時，蘇格蘭民族黨（**Scottish National Party**）贏得百分之三十的選票，越來越多聲音要求權力下放。當發現北海石油後，許多人開始思考蘇格蘭或許應該要獨立。

一九七〇年代中期起，蘇格蘭這塊油田讓民粹民族主義得以復甦，但西敏寺顯然不感興趣，更甚少掩飾對蘇格蘭的藐視。這段期間內，蘇格蘭因產業衰退，深受其害。一九七〇年代下半葉，其失業率翻了一番，隨即之後的五年之內，又再翻一番。到了一九八六年，失業率來到百分之十八，比當時英國全國平均失業率的百分之十一還要糟糕。

三年過去，柴契爾夫人在蘇格蘭施行大家都不喜歡的「人頭稅」（**poll tax**），還整整比英格蘭早一年實施，這時許多蘇格蘭人開始問自己是否成了「英格蘭的小白老鼠」。這個稅制後來在英國其他地區也都施行了（北愛爾蘭除外），但被視為極度不公平的作為，因為不管貧富為何，也不管現況為何，每個人都要被收取一筆費用。一九九〇年底，有超過一百萬名蘇格蘭人拒絕支付人頭稅，導致地方政府欠債總額達數億英鎊。

蘇格蘭保守派人士曾是英國最主要的政治力量。一九五五年，西敏寺蘇格蘭議會席次之中，占多數的保守黨員共有三十六位。即便在柴契爾夫人擔任首相的期間裡，該黨在蘇格蘭仍是僅次於工黨的第二大黨派。可是人頭稅出現後十年內，英國議會裡，再也沒見到蘇格蘭托利黨議員。

二〇一四年，鄧迪大學（University of Dundee）蘇格蘭歷史學教授克里斯．華特利（Chris Whatley）接受媒體《對話》（The Conversation）訪問，對此事件做了總結。

「人頭稅肯定……促成了獨立，不過是間接影響。西敏寺，特別是由托利黨帶領的西敏寺，並不了解蘇格蘭及其需求，因此沒有權力可以治理蘇格蘭，這個想法在柴契爾夫人領導的托利黨政府治理之下，日益茁壯、發展。」

這樣的政治氛圍助長蘇格蘭民族黨興起，與此同時，左翼民族主義人士也開始挪用歷史，而且「英格蘭人」造成歷史不公的認知更是越演越烈。

一九九六年，卡洛登戰役滿二百五十週年，權力下放的腳步也步步逼近，此時蘇格蘭民族黨不再邊緣化，直接超越托利黨，成為在北方邊境面對工黨政府的實際反對黨，而虛構歷史也仍持續往前邁進。

當蘇格蘭內閣大臣麥可．福賽斯（Michael Forsyth）將出席卡洛登戰役紀念活動的消息傳出來時，街上出現抗爭活動，激進分子還到戰爭發生地點塗鴉「英國大屠殺」和「殺人凶手」等字眼，這股憤慨難耐之情很快就上了新聞。

蘇格蘭主要報刊的投書專欄裡——還有幾位投書者表示自己的祖先就在死在卡洛登的

戰場上——跟墨西哥的歐布拉多總統成了一個樣。

一位來自蘇格蘭斯圖爾頓（Stewarton）的約翰・霍爾（John Hall）投書到《每日先驅報》（Daily Herald），以不可饒恕之態，把詹姆士黨叛亂跟現存記憶之中最殘暴的罪行拼湊在一起：

「德國已為納粹大屠殺道了歉，他們的領導人在集中營舊址放了花圈，另外日本也已經開口為戰爭期間犯下的罪行道歉，這次卡洛登的紀念活動就很適合用來求取原諒和贖罪。」

後續還發生許多恣意破壞的行為，基於福賽斯的人身安全考量，官方便對外宣布不會出席紀念活動，蘇格蘭民族黨領導人艾力克斯・薩蒙德（Alex Salmond）藉此逮到機會、繼續攻擊。

薩蒙德告訴記者：「福賽斯選擇遠離是聰明的作法，因為若他要代表這場戰鬥裡的某個人物的話，那最有可能的就是屠夫昆布蘭了。」並進一步隱晦表示：「紀念活動裡會有蘇格蘭民族黨的代表，但我們不打算讓這場活動帶上政治意味，不然會很不恰當。」

薩蒙德這個行為就是在現今這時代操作、利用虛構歷史。不過他的論述是架構在蘇格蘭非常實際且是在現代遭受的不公與真實感受之上，即西敏寺忽視了蘇格蘭人民。

炒作古早以前的不滿與委屈，或許可讓號召訴求起奏效。挑起刻意誤解的歷史傷疤，好驅使自己的目的實現，這作法或許跟修昔底德沒有很像，可卻是在歷史上屢屢能通過考驗的作法。同樣的，這對一般大眾來說，一點好處都沒有——無論是卡洛登或是現代的社交媒體戰場上，這行為總是因為他人的益處，遭利用來反對。

比起點燃和平的菸斗（the pipe of peace），在地球上放火似乎比較能吸引到注意，真是悲哀！

政治道歉與和解非常重要；只要立意良善，兩方都能因此受益，獲取更多的美好。近期最好的例子，應該是伊恩．佩斯利（Ian Paisley）與馬丁．麥金尼斯（Martin McGuinness）之間，不大可能發生但卻永恆不變的友誼，開始於二〇〇七年，結束於二〇一四年佩斯利過世的時候。佩斯利乃是北愛爾蘭聯合主義運動（Northern Irish Unionist movement）的主要人物，他到死都在反對共和國的「親英分子」，還曾在歐盟議會上譴責教宗若望保祿二世，說教宗是在「違抗基督」。麥金尼斯則曾在愛爾蘭共和軍（IRA）擔任參謀長，並於一九七〇年代晚期掌管該組織。兩人是透恨彼此超過三十年載的仇敵，北愛爾蘭內戰時更是對立兩方的代表，這場內戰共計帶走三千六百條人命，全死於暴力、轟炸、謀害與政府制裁的殺戮之中。

不過，耶穌受難日協議（Good Friday Agreement）簽訂後的十年間，北愛爾蘭的情勢相對和平穩定。二〇〇七年，兩人依約要共享權力，關係也越來越好。他們的確常被捕捉到一起開懷大笑的模樣，還因此被戲稱是 BBC 兒童節目裡的「愛笑兄弟」（Chuckle Brothers）。

佩斯利去世之後，遺孀艾琳（Eileen）讚許麥金尼斯，稱讚他在丈夫生病最後的日子裡，所展現出來的仁慈、忠心、友愛。這位前愛爾蘭共和軍指揮官，對於佩斯利的離世深感悲傷，在天空新聞台（Sky News）受訪時，還對其親友和兩人的友誼表示哀弔之情。

「雖然我們有些不同的地方，但他是個很有魅力的人，個性也很堅強。他尊重我，也尊重與我一起工作的夥伴，對我們都很有禮貌。對於和平的進展，以及對我個人而言，都失去了一位朋友。」麥金尼斯講這段話的時候，聽得出來他是忍著淚水在說話。

不過，和解的進程不單單止於此。雖說伊莉莎白女王二世摯愛的舅舅路易斯・蒙巴頓爵士（Lord Louis Mountbatten）的死可歸咎於麥金尼斯，但女王還是於二〇一二年同意接見麥金尼斯，且兩人見面時，還是帶著笑容握手，親切彼此問候。兩人沒有讓仇恨與分裂持續蔓延，而是想要和平共處。對許多人而言，這舉動極具象徵意義，代表著「愛爾蘭問題結束了」。

數年之後，麥金尼斯接受 BBC 訪問時，對女王致了意——這位女人曾是與他對立的象徵，反對他所支持的運動。

「我欣賞她同意與我會面的勇氣，也喜歡與她見面交流的過程。」麥金尼斯接著還說：「我喜愛她。」

如果有更多人能學習這樣的例子，那該有多好！尋求和解可能會很耗時，而且吃力不討好，需要時間之外，也很需要友善之情。除此之外——這友善之情是領導人和主要參與者都要把舊敵放一邊，改追求人們更美好的益處，並展現謙恭的一面。

但是任期短暫，為何要浪費時間在這種事情上，反正還有死貓策略可以拿出來用！

謊言成史7

林肯相信「人生而平等」

教育與洗腦

你現在有好好坐著嗎？那我要開始講囉！很久很久以前，有位男孩名叫涅普頓（Neptune），非常喜歡在水邊遊玩，眾神見此，下令涅普頓成為「波浪之王」。

海面在涅普頓的治理之下，非常平靜、和善，並認真發揮作用。因此涅普頓很快就被晉升為「海洋統治者」，還娶了一位名叫安菲特里特（Amphitrite）的女子。這位女子的名字雖然很難唸，但卻是相當聰慧美麗，一直是海王夢寐以求的對象。兩人生了多位海王子和海公主，而他們最喜愛的是第四個孩子，取名為阿爾比恩（Albion）。

孩子到了一定的年紀，夫婦兩人就會送孩子一座島嶼，就像現代父母會給孩子買 Xbox 或是球鞋一樣。輪到阿爾比恩的時候，這對夫妻宣布他們最愛的是阿爾比恩，所以可以獲得最棒的一座島嶼——老實說——這種教育方式實在是很糟糕！

為了決定地球上哪一座島嶼是最棒的，美人魚（與男人魚）召開會議，經過一番討論，人魚們決定讓阿爾比恩成為薩摩史亞（Samothea）的國王，這是個位在世界邊緣上的一顆綠寶石。收到這座島嶼之後，阿爾比恩自戀的把島名改為自己的名字，隨後一切也都相當安穩平順。但是有一天，阿爾比恩與赫拉克勒斯（**Herakles**，即羅馬神話裡的赫丘利／**Hercules**）吵架，並死於決鬥之中，這個意外可能會讓那幾位被忽略的手足感到開心。

後來，不知名的巨人家族在這座島嶼上住了下來，直到有天特洛伊王子布魯特斯（**Trojan Prince Brutus**）恰巧經過此地，見到阿爾比恩之島，便決定占為己有。巨人呀！他們有他們自己一套做事的方法，聽到這件事情自然不開心，所以決定要把對方吃掉，正當巨人在切蔬菜和煮水的時候，布魯特斯已經把巨人首領從「白色懸崖」（**white cliffs**）——接近現今多佛（**Dover**）雙車道公路 A20 一帶——給推了下去，順利奪取權力，然後用自己的名字，重新把島嶼命名為「不列顛」（**Britain**）。

這就是不列顛歷史的開端，但肯定不是終點。

巨人被丟下山之後，過了許多年，睿智的李爾王（**King Lear**）與女兒們發生了些插曲，整個國家一分為三。沒多久羅馬人出現了，給大家帶來暖氣、道路和高架橋。

接著，亞瑟王（**King Arthur**）從一塊石頭裡拔出一支神奇的劍，就有了整段圓桌武士的故事。同段時間裡，貪財兄弟檔亨吉斯特與賀薩也來了，他們背叛了沃蒂根王之後，創立天使之地，然後做了那些家裡罐頭上印的故事。

不過，英格蘭現在成了薩克遜，需要紀念一下為他們而戰的古代不列顛英雄，所以跟一些虛幻故事密談過後，知名魔法師梅林（Merlin）帶領遠征隊來到愛爾蘭，便在此地聚集了幾顆石頭，稱為「巨人之舞」（Giant's Dance）。接著，藉由念力把巨石陣放到船上，載運到索爾茲伯里平原（Salisbury Plain），放置成一個圈，用以紀念古代不列顛英雄，此地後來被稱為「巨石陣」（Stonehenge）。

阿爾弗雷德國王（King Alfred）打倒維京人，雙方達成協議之後，國王在一處牧羊人農舍裡，把蛋糕顧到烤焦，被牧羊人的妻子給罵個半死，後來才知道這人原來是國王。

阿爾弗雷德從烤焦的蛋糕學到寶貴的一課，了解到看大格局的當下，也得專心注意小細節才行。為此，國王十分感激，還封了這位牧羊人為主教。

克努特國王（King Canute）也經歷過類似的啟發，用實際的例子來證明國王實權的話，最出名的一個例子是他差點在北海淹死那一次，這次經驗證實國王無法掌控潮汐，也不能控制海流強度。

沒過多久，哈洛（Harold）讓他的軍隊失望了，金雀花王朝也來了又走。

最後，都鐸王朝（Tudors）現身，接著是斯圖亞特王朝——但他們打輸內戰，敗給克倫威爾（Cromwell）——之後查爾斯二世（Charles II）以貓王之姿，掀起了神話般的華麗逆襲！還有，查爾斯的髮型比貓王還要大顆！

稚氣王子查爾斯穿上蘇格蘭裙讓自己更吸引人，這點就相當稚氣（你現在已經知道真正原因了，但還是先照著原定計畫講故事好了）。美國獨立了——在地圖被畫上粉紅色，不列顛成為歷史上最偉大的地方，連浪花都歸他管——因為這國家的命運顯然就是如此。

之後的道路也不是平順無礙。即便不列顛已經把地圖上許多地方都畫成粉紅色，但不幸的是，「拜牛」的印度人卻起義搞破壞，接著布爾人（Boer，十七世紀移民到南非的荷蘭後裔）又突然想到南非是屬於他們的。不過後來秩序也恢復了，大家從此就過著幸福的日子，也剛好趕上維多利亞女王於一九〇一年安詳離世的那年。

結束。

不列顛這段深具特色的歷史，如果有太過輕描淡寫的地方，那是因為故事來源其實是童書作家亨禮雅妲・伊麗莎白・馬歇爾（H. E. Marshall），於一九〇五年首刷出版的《島國故事》（Our Island Story）。

這本五百頁的硬皮書，附有阿琪波德・史蒂文森・福雷斯特（A. S. Forrest）用水彩繪製、色彩飽滿的精美插畫，帶領讀者走上一趟歷史的旅程——從涅普頓一直來到愛德華時期，不過是有帶了一點自以為是的語調。這本書在整個二十世紀裡，成為中產與上流階級英格蘭七到十二歲孩童書架上的日常讀物。

由於本書暢銷熱賣，馬歇爾女士又繼續寫了十四本給兒童讀的歷史書籍，包含一九〇八年《我們的帝國故事》（Our Empire Story），以及一九一三年《德國歷史》（A History of Germany），不過成績都沒有超越《島國故事》。到了一九五三年，《島國故事》這本書一直都還在印刷銷售；這一年皇后加冕登基，也是食物配給結束的前一年。

在二十世紀「體面的」家庭裡，這本巨作成為許多孩童的第一本介紹歷史的書籍，至少是有關「不列顛歷史」的第一本書，不過當時似乎也只認為不列顛歷史才是重要的。該本書談的是命中註定的帝國命運，諸神建立這座島嶼後，又歷經時間與天意的洗刷與磨練，故事中的每一起事情都有目的，定義清楚又簡單，發生的事情奇怪但又難以阻擋，讓整體故事更加精彩，正如一九八〇年代美國那些尷尬的情境劇，每一集的結局就是故事裡的人物有學到教訓。至於不列顛的終極命運，從來就不會受到質疑，一丁點都沒有。

我統整出來的簡短敘述，讓整串故事感覺有些瘋狂，那是因為在現代人眼裡，這樣的內容成了一種超現實的幽默。一戰剛結束的時候，人們對維多利亞時代對大不列顛的認知受到質疑，甚至還招來應得的奚落，據說還啟發了塞勒（Sellar）和耶特曼（Yeatman）於一九三〇年推出，距離優質還很遙遠的紀錄片《一〇六六的種種》（1066 and All That），其「必要的序幕」深具先見之明：

「歷史，和你怎樣想無關，而是你記得的內容。」

這比馬歇爾的引言更加深入、引發共鳴，因為馬歇爾是這樣告訴讀者的：

「你會發現有些故事是你在學校教科書裡找不到的——智者表示這都只是童話故事，不是歷史。但對我來說，這些故事也屬於《島國故事》，理當不應被遺忘，比這些故事更甚者，無疑就是童話故事了。」

馬歇爾講的「故事」，有些胡扯到根本是會讓人掉下巴，就連塞勒和耶特曼也都顯得相形見絀。有關波浪之王涅普頓，以及特洛伊王子布魯特斯的敘述，讀起來就像是編年史作家蒙茅斯的傑佛里嗑了藥、喝了一整夜蘋果酒，為馬歇爾前半本《島國故事》寫下的故事題材。亨吉斯特與賀薩兄弟檔、亞瑟王、梅林、羅賓漢、涅普頓等人，很顯然都是虛構的人物，但卻都以真實歷史人物登場。

該書剩餘的部分都是些經過扭曲、編輯、刪改的內容，就跟虛假家族傳奇瞎扯一堆家族神話故事差不多。

該書創作的時候，愛爾蘭馬鈴薯飢荒這樁慘劇仍深植於人們記憶之中，但書中卻以怪異的抒情手法帶過——大概是不希望讓不列顛看起來太冷酷無情。

我們讀到的內容是：「富有的人把錢和食物給貧窮的人、飢餓的愛爾蘭人，可是即便能做的都做了，慘劇依舊很不堪。」

馬歇爾還會轉向去講述有些略有不同的內容——尤其是在解釋一八二九年《天主教徒解禁法》（Catholic Emancipation Act）頒布之前，天主教遭遇的不平等待遇，卻始終認為「儘管發生了這些事情，他們還是過著幸福快樂的日子」。

舉例來說，威廉．威伯福斯（William Wilberforce）廢除奴役，但年邁、可憐的農園主人可就高興不起來了：

「他們付了很多錢給奴隸，被迫失去這一切似乎對他們不公平。」可是，當「我們」這些納稅人仁慈的給他們補償，「最後所有的難處也都煙消雲散」。

《島國故事》幾乎都是以國王和（一些）女王的視角來看待事件，這作法在當時並非不尋常，不過這種假定看法嵌入了「我們」被君主——甚至包含拙劣君主——統治是最棒的觀念。如果君主從缺，那就抓希臘、羅馬的眾神來湊合。

該書有許多章節是直接由莎士比亞的作品剽竊而來。

理查三世（Richard III）被形塑成十足鬧劇裡的流氓，亨利四世真的就分為兩個部分陳述，從莎士比亞劇作擷取出來的冗長文字，好像抄書吏寫下的內文，一副真的都是哈爾王子（Prince Hal，莎士比亞筆下的亨利四世）和朋友講出來的話一樣。

有些章節經過精心的巧手，誇大事件真相的始末，至少對現代讀者而言，這作法基本上就是漫畫效果。我個人最喜歡的是關於威廉四世（William IV）的故事，身為喬治三世和夏洛蒂皇后（Queen Charlotte）孩子的他，理當不會成為國王。但順位繼承人的運氣不好，兩位哥哥又疾病纏身，所以威廉就被推上了王位。一八一五年，大家決定最好讓這位五十歲的王子做好登台的準備，而且為了預防兩位妻子過世，還趕緊再給威廉討個老婆。

不過這當中有個問題，因為威廉長大成人後，幾乎都是開心過著「罪惡」的生活，與愛爾蘭女演員多蘿西亞·布蘭德（Dorothea Bland）一起生活，這女子在舞台上的名字是喬登太太（Mrs Jordan）。

多蘿西亞早年生活充滿熱情，舞台表演的事業也相當成功。她出生在放蕩不羈的劇場家庭裡，十三歲起就踏上都柏林的舞台，但快二十歲的時候，因為懷孕醜聞，被迫逃離到英格蘭。一七八五年，二十五歲的多蘿西亞來到倫敦，在德魯里巷皇家劇院（Theatre Royal, Drury Lane），出演音樂喜劇《鄉村女孩》（A Country Girl）的女主角，演出大為驚豔，多蘿西亞也展現出喜劇天分。

多蘿西亞後來成為明星，擔任莎士比亞戲劇的要角，像是《第十二夜》的薇奧拉（Viola），以及特別版《哈姆雷特》的奧菲莉亞（Ophelia）。藉由演出數部當代喜劇，而且都是非常受到歡迎但現今多已遺忘的劇作，多蘿西亞鞏固了自己的地位。一七九〇年，這位走非傳統路線的聰慧女子，邂逅上國王，當時國王還只是克萊倫斯公爵（Duke of Clarence）。一七九七年，兩人就一起住在灌木之家（Bushy House），位在特丁頓（Teddington）的一處鄉村住宅，兩人生了十個小孩，過上所謂幸福家庭的生活達二十一年之久。直到多蘿西亞實質婚姻上的丈夫想找一位「合適妻子」的壓力大到不堪負荷時，兩人才被迫分離。

亨禮雅妲．伊麗莎白．馬歇爾沒有提到喬登太太，也沒有提及威廉多采多姿的生活，以及從皇家貴族標準看來就是個幸福人生的部分。反之，馬歇爾告訴我們，前海軍軍官成了極棒的國王，因為「不列顛人民一直都很喜愛水手，所以也很熱愛自己的水手國王」。

此章節的結尾留下這麼一句引人遐思的話：

「威廉四世在位期間，做了許多事蹟。等你長大一點，你就會發現這些事蹟很有趣。」

緊接著，馬歇爾便速速講其他故事。

後來，不列顛在全球四處航海、統治各地，彰顯了他們的目的，訊息相當清楚。他們的殖民統治是在幫這個世界一個忙，不過大家往往不會感激他們的付出。

印度人叛亂時，總得有人給這群壞胚子上一堂課！直到維多利亞女王把印度政府「納入自己所有」的時候，才收回這道命令。不過這事根本就沒發生過。

書中也提及，庫克船長抵達澳洲時，當地至少有五十萬名原住民。庫克船長就地把他們拆散成「稀少零散的原住民人口」——縱使其人口數到一八五〇年才被歐洲人超越。曾有此一說法，其實是在暗指當地人寥寥無幾，總是拿著矛隨處晃蕩。至於那難以承受的真相，就直接被掩蓋了。

毛利人做過唯一一件崇高的事情，就是接受不列顛統治，於一八四〇年簽訂《懷唐伊條約》（**Treaty of Waitangi**），就此把他們的土地充公。為了這件事情，一九九五年伊莉莎白女王二世還出面道歉。

當不列顛再次消滅「偷盜黑人的習慣」（即奴役）時，書中是有提到非洲黑人，但卻也只是快速帶過。非洲大陸占了八頁枯燥的版面，還對當時仍算是近期的布耳戰役（發生在南非）瞎扯蛋一番，但完全沒有提到集中營和真正的非洲黑人，更沒談到其中的來龍去脈。不過這段故事的寓意就是，不管戰爭或是其他發生的事件有多可怕——至少人們（講英文的白人）最後都成了朋友。

此書清楚闡明共同殖民奮鬥的觀念：

「澳洲位在世界的另一邊，英國白天，那裡就是黑夜。」這是我們讀到的內容。「不過，這兩座島嶼上的人是好兄弟、好朋友，愛可以跨越海水波浪，維繫起兩地人民。」

愛德華時期的「兒童聖經」簡化了基督教敘述，刪除無趣的部分，留下有趣的神蹟和釘上十字架，再搭配上精美的圖片成書。《島國故事》對不列顛的歷史，也是做了差不多一樣的事情。

一百年過去，這本書在許多家庭裡，已是一本近乎標準版的不列顛歷史書籍，後來即便帝國衰敗了，書本的地位依舊是屹立不搖。《島國故事》這本書起了安慰的作用，確保不列顛人民成為其歷史的主要擁護者。就跟波浪之王涅普頓的兒子阿爾比恩一樣，不列顛雖然不是第一個誕生的帝國，但肯定是最棒、最受喜愛的一個。

在亨禮雅妲．伊麗莎白．馬歇爾暢銷作品之後出現的英國兒童文學，許多也都保留同樣的精神。

不久之前，當我們還在吃著無味的食物、試著發動英國國產汽車、想著提拉米蘇是什麼玩意的時候，不列顛文化——尤其是兒童文化——本質上就是同類事物的組成。直到一九九〇年代，電視還是只有四台，多數人都是觀看一樣的電視節目、聽同樣的音樂、閱讀相同的內容。

進到一九七〇年代，有些（多為中產階級）父母會給孩子買《邊看邊學》雜誌（**Look and Learn**），我的父母也是如此。我讀這本刊物的時候，其銷售量已縮小且持續在走下坡，最終於一九八二年停刊。那個時候，大約有幾千名書呆子兒童在看這本雜誌，他們的父母大都很富有，而雜誌的核心觀念就是重述亨禮雅妲·伊麗莎白·馬歇爾對不列顛的解說，另附上許多鮮明誘人的插圖。

二十世紀末，主導兒童文學的「小瓢蟲圖書」（Ladybird Book）大為成功、隨處可見，乃是採取了同樣的觀念模式，也置入能吸引孩童的精美插圖，輝煌時期為一九六〇年代和一九七〇年代，銷售了數百萬本。

「小瓢蟲圖書」有著深具代表性的硬皮精裝，長寬為 11.5 × 18 公分。從一九六〇年代開始，每位小學生基本上都讀過他們的書，其中一個原因是英格蘭和威爾斯主要的學校，在教導學生閱讀時皆採用了「關鍵字」系列叢書（"Key Words" series）。彼得與珍（Peter and Jane）——三十六集叢書孕育出來的明星——為其刊物定下形象，由於非常受到歡迎，也替何謂英格蘭人訂下了某種標準。

彼得與珍的世界非常安全，是白人的世界，也是永恆不朽的。

彼得與珍的社會階層刻意維持在模糊不清的位置，讓人好奇，但其家人卻有著鮮明理想化、烏托邦一般的英國人形象。他們一家人住在戰後的夢幻島（Neverland，彼得潘居住的夢幻島），那裡的每樣東西既明亮又乾淨，井然有序之餘，還都有功用。抽菸斗的老爸開著一台從不會故障的閃亮亮轎車去上班，媽咪整天都能保持心情愉快，不需要吃鎮定劑，不用來一根金邊臣香菸（Benson & Hedges），不需要白天來杯琴酒，也不擔心害怕將來到的核彈戰爭。

這裡完全沒有膠味濃厚的龐克頭、種族暴亂、一週三日的限電措施（the three-day week）。

週末的時候，一家人會提著購物籃前往海邊，搭乘的火車明亮又整齊，車廂沒有被塗鴉，座椅也都沒有破裂，而且還一定準時，完全不會故障。

小瓢蟲圖書的定價，人人都負擔得起，多年以來都維持在兩先令又六便士——改為十進制後就是十五便士；約當二〇二一年的兩英鎊半。該系列叢書是周日主日學的獎品，也是孩童會用零用錢去買的東西——基本上就是日常生活的一部分。

除了彼得與珍這個極端家庭的世界，尚有其他數百本小瓢蟲圖書系列，書種橫跨多個領域。

有自然界系列，還有大受歡迎的「學習」（Learnabout）叢書，教導孩童變魔術、編織、如何使用放大鏡生火等等。另外還有「各行各業」（People at work）系列，介紹消防員、漁夫、警察和護士。不知是否是刻意所為，但這些系列叢書都在闡述「應有的秩序」，這點與《邊看邊學》雜誌和亨禮雅妲．伊麗莎白．馬歇爾的《島國故事》的核心觀念一致。

警察就是在單車上的男人——有時是機車，有時是轎車——而且跟其他男人一樣，警察都是可以依賴信任，有著堅忍不拔的性格，是和藹可親近的。女人的話則是待在廚房裡，要不然就是提著籃子；若進到職場裡了，那也只能打打字，如果是做為「女性基層員警」（Women Police Constables），那畫面就是幫孩童找回遺失的泰迪熊。

當時有許多人都採信了這樣的敘述內容，而且至今仍有不少人還抱持此觀念。現今許多懷舊人士仍會遙想起那個有「騎著單車努力工作的可靠人」存在的年代，這種可靠的人永遠都有空回答你現在是幾點幾分。

事實上，一九五〇、六〇、七〇年代見到非常多引發關注的「不老實警察」案例，施虐逼供無辜老百姓，犯下多起司法不公的例子。一九五〇年，市區警察在處理提摩太・埃文斯（Timothy Evans）的案件裡，那位無辜的威爾斯畫家兼室內設計師，遭誣陷謀殺了妻子貝爾（Beryl）和嬰兒哲拉丁（Geraldine），最後還被吊死。

可悲的是，埃文斯並非是唯一一位被政府不公平執法的受害者。一九五二年，索馬利亞出生的漁夫馬哈茂德・馬坦（Mahmoud Mattan）遭逮捕並被控謀殺，警察搞砸這起案件後，便依據卡地夫（Cardiff）一名證人的說詞把他給處決了。

一九五七年，整個布萊頓市警方陷入賄賂、勒索的嫌疑。一九七六年，「伯明罕六人案」（Birmingham Six）被不當定罪，起因是愛爾蘭共和軍在該市放置炸彈，六人都被判處終生監禁，但他們根本跟這件事情沒有關聯。

可是，小瓢蟲圖書沒有提到腐敗的警察，也沒有「司法不公」的系列。

小瓢蟲世界裡的警察杯杯沒有腐敗行為且值得信賴，總會有空告訴你現在的時間，就像消防員總是能從樹上拿下風箏，以及你剛從小瓢蟲「學習」叢書上，學會用放大鏡生火的時候，消防員就會來幫你撲滅火苗。

另外，漁夫是身穿黃色亮面雨衣勇敢又帥氣的男人，不管天氣是好是壞，總是會出門補點魚、加點菜。

小瓢蟲圖書的《漁夫》（The Fisherman）一書，其書封底的地圖畫的是「北大西洋漁場」，似乎是在暗示整片海洋都屬於不列顛所有，即不列顛的漁夫在不列顛治理的不列顛海域裡捕捉不列顛的漁獲。

此書告訴我們，「有些漁夫出海捕鯨魚」，而且捕鯨人手持捕鯨叉與槍，矛槍尾還裝有炸彈：

「當舉槍的捕鯨人看到鯨魚時，就會對鯨魚發射槍枝……炸彈爆炸後，鯨魚很快就會死掉。」

是的，就連用爆破炮彈宰殺鯨魚也被形塑成英勇行為，但當時英國船員穿的是大件套頭衫和黃色雨衣在捕捉鯨魚。

不過可以肯定的是，影響力最久遠的——可以肯定毀了兩代人以上對歷史的理解——就是「歷史探險」（Adventures from history）系列，共計有四十二本書，討論三十六位偉人的人生、一群山頂洞人的故事，以及六位代表性女性的生命故事。

這幾位幸運的女性是維多利亞女王、埃及豔后克麗奧佩特拉、伊莉莎白一世、監獄改革鬥士伊莉莎白．弗萊（Elizabeth Fry）、聖女貞德，以及佛羅倫斯．南丁格爾。

沒有黑人，也沒有亞洲人，無論男性還是女性都沒有。埃及豔后或許可以說是非洲皇后，但她到底是哪裡人，至今依舊爭論不休。她的祖先是馬其頓希臘人，家族長久以來都是近親亂倫，因此有些人認為她是白人，可是沒人知道她母親是誰，所以答案很模糊，因此她也有可能是黑人。部分證據顯示，埃及豔后是家族裡第一位講埃及話的人，這樣一來她母親是埃及人的可能性就增加了，不過學習新語言的原因可以有很多，因此還是沒有任何結論。

在小瓢蟲圖書裡的插畫，埃及豔后絕對是個白人，而且還會夾帶著伊莉莎白．泰勒（Elizabeth Taylor）流傳下來的印象，因為泰勒在一九六三年在好萊塢電影中，出演埃及豔后一角。

三十本歷史系列叢書的作者為同一人，名字和頭銜都相當隆重，官佐勳章（OBE）獲勳人、文學碩士、哲學博士暨文學博士羅倫斯．卡德．畢奇（Lawrence du Garde Peach），以前是位情報官，後來為《膨奇》周刊（Punch）撰文，接著才成為知名作家。他的作品常出現在一些大多已被遺忘的影片和劇作裡頭，但主要是在《兒童時光》（Children's Hour）廣播節目裡播出，該檔節目是戰前時期每天專為年輕人製作的一小時內容。畢奇在一九四三年的最後一份稿子，是寫關於戰爭時期的雀躍故事，名為《果斷行動》（Get Cracking），描述一支國民軍隊學習操作機關槍的故事，與二十五年後的《老爹軍團》有著相似的氛圍與型態。場景是在理想化的英國鄉村，有茅草小屋和寂靜市集，重點是這裡有一群努力克服困難打勝仗的人。隱晦不明的商業作品，卻帶著宣傳目的，這肯定會讓英國資訊部（Ministry of Information）感到滿意。

畢奇的著作走的就是這種調調，歷史的陳述都「被馬歇爾化」了，內容繞著顯赫人物（大部分都是）在做大事，但壞人老是一直從中作梗。故事中的國王，許多又都是直接從莎士比亞作品挪用過來的，有些甚至還是出自《島國故事》。

華特．雷利（Walter Raleigh）為了伊莉莎白女王，把自己的斗篷扔在水坑上——但這段插曲明明是十七世紀一位信用度低的神職人員湯瑪斯．傅樂（Thomas Fuller）捏造出來的。知名吟遊歌手布隆德爾（Blondel）是為了尋找主人才拿出魯特琴吟唱，也就是那位被關押的獅心理查（Richard the Lionheart），但這其實也是虛構的。

即便是壞國王有時也會有好的時候，因為有壞國王才會讓好國王能在之後登場。

畢奇沉浸在許多歷史的虛假之中，其講述稚氣王子查爾斯（似乎非常喜歡查爾斯）的書本裡，我們讀到的是：

「昆布蘭公爵，個性安逸且有著德國人的喜好，占領了亞伯丁[1]。」

所以公爵被說成是德國人，可是公爵明明是在倫敦出生長大。另外查爾斯不知為何又成了蘇格蘭人，他可是出生在義大利，母親是波蘭人，一生大多數的時光都待在法國。

不過，相當不可靠的歷史敘述並未就此結束。

在《查爾斯二世》（Charles II）這本書裡，我們知道斯圖亞特王朝的國王被流放的時候「非常貧窮」，晚年的時候「國王還會回想起這段時期，那時候他甚至得自己下廚煮飯」。讀者您姑且好好想像一下這畫面！

1　Aberdeen，位於蘇格蘭。

這不是真的！國王的貧窮，與一般平民的貧窮，大不相同！國王被流放的時候，住的地方奢華又免付租金，先是住在荷蘭海牙（The Hague），後來又住在聖日耳曼（St Germain）的城堡裡，所有花費都由他人支付呀！

再者，除了六位女性順利擠進窄門，其餘女性皆未被提及，但取代國王的女王、生了小孩的或是死掉的倒是被帶到了。畢奇就和亨禮雅妲．伊麗莎白．馬歇爾一樣，同樣做了些巧妙的閃躲。《查爾斯二世》一書中，國王的情人奈爾．桂恩（Nell Gwynn）是當時非常引人注目的人物，她為國王生了兩個小孩，但卻只被提及是「當時非常出名的女演員」。

小瓢蟲圖書沒有提及阿芙拉．賓亨（Aphra Behn），她是十七世紀偉大的劇作家、詩人、小說家、間諜，當時克服了非常多阻礙才稱為當代頂尖作家，其一生成就讓她可以在一六八九年長眠於西敏寺大教堂（Westminster Abbey）。可是有別於跟她同期的人，賓亨的名聲很快就遭邊緣化、被遺忘，遭遇這種情況的人還有不少。

黑人則是遭形塑成孩子樣的圍觀者（或是野蠻人），至於像是大衛．李文斯頓（David Livingstone，本人身高有五呎八，約一百七十二公分，只不過照片上看不出來）這類的偉大白人則是扮演著讓非洲變好的趾高氣揚角色。即便在一九七〇年代，整體系列叢書的概括性看法依舊讓人感到驚奇，小瓢蟲圖書後來的銷售量走下坡，卻依舊沒有出版少一點帝國主義，或是少一點偏袒的書籍。

進入到一九八〇年代，小瓢蟲與其同夥曾經尋求轉變。一九八〇年，《邊看邊學》雜誌大膽採行修昔底德式冒險，於結束出版倒數兩年，推出「到底發生了什麼事」（What Really Happened）的系列專文，目的是要揭露虛構歷史。只不過，為時已晚，當時很少人在讀這本雜誌，而且傷害早已經釀成。畢竟，我們大多數人都不會質疑孩童時期所學到的歷史知識，我們終其一生大都相信我們被告知的資訊。

無疑的，二十世紀隨處可得的英國兒童文學，對整個國家的心態起了巨大且無法抹滅的影響。

馬歇爾、小瓢蟲圖書、《邊看邊學》雜誌筆下的虛假伊甸園，用魔法變出亞瑟王的卡美洛，那裡有茅草小屋和十全十美的孩童，每樣東西都井然有序，每個人也都各司其職。英國這塊土地上的人，全都是偉大正派的人，有盡職的警察杯杯、有忠誠的妻子、有開心的漁夫——這謊言一直嵌在好幾世代人的心裡，宛如寄生蟲一般附著。然而，這一切都是虛幻，迷人有趣的夢幻，隨後會反過來咬你一口。

＊＊＊

二〇一〇年，位於羅浮堡（Loughborough）的小瓢蟲圖書停止印刷後的十二年，保守黨與自由民主黨（Lib Dem）聯盟，終於結束為期十三年的在野黨日子，順利重返政權。

這次的回歸，其保守理念變仁慈了，更有同理心了，要我們關心環境，擁抱誤入歧途的年輕小混混。不過在這番操作與虛假外表底下，隱藏著目的。

在多位二十一世紀保守黨員的心裡，可都懷著要矯正十幾年來激進人士與其他幫倒忙人士的心態，尤其是新上任的教育部部長麥可・戈夫（Michael Gove），他有任務在身。曾經做為記者的戈夫，打開鉛筆盒、拿出筆墨，宣布自己的目標就是要消滅阻礙現代教學的惱人傾向。戈夫特別不滿意歷史課程，因為他與保守端的自由黨同盟相信，正是這些教學內容給現今的社會問題種下毒根。當時的英國右翼普遍認為，「正確的歷史」已經被毀滅。留著鬍子、腳踩涼鞋的左翼分子，因其有害的來源查證、材料與事實，把「榮耀的阿爾比恩」給錯置，是時候回歸到正確的歷史了。在正確的歷史裡，光鮮的英國人「發現」非洲瀑布，「當地人」充滿感激。

戈夫認為，孩童被教導了錯誤版歷史——也就是它不是亨禮雅妲・伊麗莎白・馬歇爾著作裡所寫的內容。坦白來說，讓英國看來有點壞的故事，會毀了大家的樂趣，還讓《祖魯戰士》（Zulu）看來像是一部種族歧視的電影。

是時候校正回歸了。

這場屠殺行動的首位受害者是「世界歷史」。我想說的是，當英國人都認為只有《島國故事》和《我們的帝國故事》才是重要的時候，誰還需要知道世界歷史呢？英國人不是都讀過小瓢蟲圖書嗎？會對帝國感到羞恥嗎？他們會不知道在自己出生之前，「我們」英國人所做的偉大事蹟嗎？

戈夫希望一切可以回歸到小瓢蟲圖書裡所敘述的秩序，從《大憲章》一直到二次世界大戰結束為止的這段時間裡，沒有占太多的篇幅——如同傳教士倡導的那樣。

其實，有些工作早就已經完成了。五年前，右翼智庫「市民社會研究所」（Civitas）發起一項計畫，目的是要讓馬歐爾相當怪異的著作重返印刷廠，再次回到學校圖書館的書架上——為了達到此一目標，他們積極培育許多位居高位的朋友。

二〇〇七年七月二十日，歷史學家崔斯坦·杭特（Tristram Hunt）刻意在BBC晨間新聞節目上提及《島國故事》，使書籍銷售因而快速攀升，讓市民社會研究所和其支持者感到無比開心。

《每日電訊報》的讀者、支持戈夫的托利黨人士，以及支持英國脫歐的新興勢力，他們來自各行各業，全都非常喜歡「島國故事運動」（Our Island Story Movement）的想法，這口號是市民社會研究所這間智庫喊出來的，這下感覺又更像異教了。這本書可以矯正對這個帝國的不實指控，重新讓英國成為一切事物的核心。很快的，整本書就被當作贈品，送進校園裡，愛懷舊的祖父母輩也瘋搶該書，想把英國「正確的歷史」傳給下一代。「島國故事運動」為六、七年級學童舉辦寫作競賽，撰寫「英國歷史如何觸動他們生命」的文章。勝出的學生可以與工黨議員法蘭克．菲爾德（Frank Field），一起參觀上下議院，而菲爾德後來成為支持英國脫歐的重要人物。

這些舉動皆與教導真正的歷史毫無關係，這是在侵占表述內容，並針對工黨布萊爾執政期間的激進作為做反擊。這一群小瓢蟲圖書自由主義人士（Ladybird Libertarian）——扶植虛構歷史——尋求再次推行附有懷舊圖畫版的國家歷史。歷史本身是否屬實不重要，重點是人們相信這是真的歷史。

就像《金鹿號》（Golden Hinde）出航時吹起的微風，這時他們正是迎風前行。取得政權之後，首相戴維．卡麥隆（Dave Cameron）保持口徑一致，也把《島國故事》列為自己最喜愛的書籍。現在看來，明顯是個損人利己的共謀花招，他們擁護虛幻的過去，主動忽略掉實情，更不做批判思考。

戈夫當時的首席顧問多明尼克．康明斯（Dominic Cummings），自稱非常喜愛修昔底德。可是很奇怪，戈夫、康明斯與其部門所做的每一件事情都違背這位雅典學者的教導。歷史已經被重設成為受眾人歡呼的虛構歷史，小瓢蟲圖書自由主義人士順利取得歷史陳述的掌控權。

後來，市民社會研究所對「投離」（Vote Leave）行動產生深遠的影響，也左右了英國決定離開歐盟的決定，這其中並非毫無關聯。對於英國在歷史上是強權、扮演重要角色的陳述裡，歐盟的存在就是一種威脅，因為在真正相信脫歐人士眼中，把我們英國人的所有一切跟德國人、比利時人、法國人綁在一起，那會拉低「那個」「我們」：有獨立「主權」且自傲的國家。此處爭論的核心等於是訴諸於理的激進派，與訴諸感情的受騙保守分子，兩道力量之間的爭鬥。

支持脫歐的一方有個奇怪的面向，那就是有一群「投離」的保守黨重量級政治人物和具有影響力的人士，他們都在海外長大，但想法全都是捏造出來的。其中有一位很出名，即秘魯出生的丹．漢納（Dan Hannah，後來成了爵士），公認是「脫歐主腦成員」。漢納的文章曾談到在成長過程之中，他一直都相信英國是「精確、正直、守時的代表」，但他在一九七〇年代末期來到英國後，卻發現現況並非如此。七〇年代末期的英國相當頹敗，倫敦等大城市只剩下空殼，隨處依舊可見到煤灰與戰爭造成的損害。產業萎縮，什麼都沒用，沒有人戴圓頂高帽，國家與首都看起來一點都不像小瓢蟲圖書裡描述的那樣。

漢納在牛津大學的老師羅傑．斯克拉頓（Roger Scruton），簡要說明該名學生的認知失調情況：「這位僑生的思想屬於舊時代，無法接受事過境遷、再也回不去的現況。」

漢納的著作《我們如何創造了自由》（How We Invented Freedom），協助發展出許多脫歐謀略。閱讀該書時的感覺，很接近小瓢蟲圖書和馬歇爾筆下的烏托邦世界。漢納和許多支持脫歐的夥伴一再重提帝國時期，也認為與澳洲、加拿大、大英國協（The Commonwealth）合作的時候，英國的地位應該排在首位。儘管這些國家已表態，並不渴求要加入這項計畫，而且沒有英國當老大哥來指揮大家，他們也都「過得很好，謝謝！」但對漢納這類人來說，大英帝國很棒，只要我們去敲敲門，大家很快就會迫不及待加入第二個大英帝國。這股傲氣可以用鮑里斯・強森的話來做個總結，出自其於二〇一六年為《旁觀者》寫的文章：

「非洲的問題，並不在於我們曾經負責掌管，而是現在我們不再掌管此地了。」

伊頓中學校友雅各布・芮斯莫格（Jacob Rees-Mogg）效仿愛德華時期議員，於二〇一九年還寫了本取代《偉人歷史》（Great Men of History）的著作，書名為《維多利亞時期的英國》（The Victorians），書中指出十二位十九世紀的英國男性大人物創建了現代世界，這世界也因為他們而變得更好。

對於喜愛芮斯莫格和漢納的人來說，兒童圖書館裡的神話早已預告了脫歐的傲氣。只要離開歐盟，英國在歷史上最棒的時機點將會再次到來。「歐洲」拖累我們，一旦掙脫枷鎖，我們就能輕易回到我們原本的位置。小瓢蟲圖書自由主義人士的根基，不是長在經濟或政治的情感或理智之上，而是生長在大英夢幻島（British Neverland）上虛幻、欺騙的信念之上，島上井然有序、有誠實的警察島，而且在那裡，不列顛尼亞（Britannia）基本上就能掌控一切生計。世外桃源阿卡迪亞（Arcadia）從未存在，但這一點也不重要，要緊的是人們相信阿卡迪亞的存在，而且願意投票回到過去。

＊＊＊

如同我們所見，每個國家都會發生把歷史變成神話。就跟所有的國家都把自己放在地圖的正中間一樣，以前許多人就計畫要掌控兒童書籍的陳述導向，為的就是要編織有利於國家的謊言。我們稍後會談到北韓金氏家族，他們就是利用兒童文學，從嬰幼兒時期開始給大眾洗腦。

韋納納粹大屠殺圖書館（Wiener Holocaust Library）裡，有一區納粹兒童歷史書籍，書本裡有色彩鮮豔的插圖，還有孩童開心揮舞著旗子。如果你半閉著眼看，幾乎可能會以為是出自一九三〇年代或之後的現代歐洲國家的書。

美國也是一樣，文學也是遭密謀用來編織民族主義的共同陳述。第一個例子就是華盛頓．歐文為克里斯多福．哥倫布編寫的美化傳記，美國兒童文學清楚闡明這項道理。

一九一七年，馬歇爾也給美國做了她為大不列顛做的事情，寫了《我們的那個國家》（This Country of Ours）這本書，講述美國的故事，從維京人一路談到伍德羅．威爾森（Woodrow Wilson）如何在第一次世界大戰中贏得勝利——這起事件發生的時候，紙張上的油墨才剛乾呢！

如同馬歇爾的其他本著作一樣，這本書也是獻給（很有可能是虛構的）一位孩子，叫做「佩吉．史蒂文森」（Peggy Stewardson），馬歇爾這樣寫道：

> 期望你看完這本書時，你會想說：「我很高興生為美國人，也很開心我可以對美國國旗敬禮。」

《我們的那個國家》設定的命運陳述，就跟《島國故事》一模一樣，都是有關「新天堂」的故事，大「美國夢想」之類的內容。

排除了哥倫布之後，美國歷史是在十七世紀英國人出現之後，才算是真正開始發展。

馬歇爾似乎非常尊敬「昂首闊步」的約翰．史密斯船長（Captain John Smith），這位被印第安女子寶嘉康蒂（Pocahontas）從死裡救出來的船長，而且寶嘉康蒂為了挽救英國人的性命，與「不可信任」的父親波瓦坦（Powhatan）展開鬥智。

其實，這則寶嘉康蒂救出船長的故事都被講爛了，但它很有可能是史密斯自己捏造出來的內容，也可能是抄襲了蘇格蘭民謠《年輕的北燦》（Young Beichan），這首民謠講述一位爵士拯救土耳其公主的故事。史密斯似乎非常喜歡這首民謠，因為在他的暢銷傳記裡，常會提到他被「許多當地女孩」用各種方法給解救出來。

馬歐爾講述的寶嘉康蒂故事裡，這位女孩真實的名字其實是阿蒙納特（Amonute），是一位有著本能反應的天真單純原住民。這位美麗的女孩，違抗其與生俱來的野性，歡迎基督徒來到美洲。也因為她有這樣的舉動，接下來發生的事情就合理化了。

幾乎、剛好就是在英國人抵達的那個時候，這位女孩就站在英國人這一方，警告英國人要小心她那位可怕的父親，且要是給父親知道她做了這些事的話，父親「可能會殺了我」。

這段故事完全不欠缺帝國建造的寓言：寶嘉康蒂象徵美洲既有的原始美善，但還是需要第一位白色人種的維吉尼亞人（Virginian），以及後來到的拓荒先祖，才能解開潛在能力。

寶嘉康蒂後續遭遇的綁架勒索經過都被輕描淡寫帶過，被迫改信基督教的部分也被修改成是因為想要嫁給約翰．羅爾夫（John Rolfe）的必要過程：「有著一股美好的野性，但卻是個異教徒？不過這道阻礙很快就克服了。寶嘉康蒂完全不反對成為基督徒。」馬歐爾是這樣告訴讀者的。

寶嘉康蒂和其族人在歐洲白人的美國歷史中有著象徵作用，但馬歐爾顯然對於他們不感興趣。因為每起事件都是透過史密斯一夥人的視角來觀看，沒有說出口的假設是：美洲其實是歐洲人所有。原住民會給他們玉米，這點幫助是很大，但原住民還是非常礙事。

波瓦坦（既是寶嘉康蒂父親的名字，也是這支族人的名稱）可不是身穿獸皮的野人，不會邊跑邊大聲喊叫，更不會發射弓箭攻擊之後，把手下敗將的帶髮頭皮圍在脖頸上、回到自己的帳篷。他們是漁夫和獵人，在北美大陸東部沿海定居，也就是在現今稱作為維吉尼亞州（Virginia）的地方。當英國人在一六〇七年抵達的時候，波瓦坦治理了至少三十個不同的原住民部族，組成複雜的聯盟。

波瓦坦根本就沒有不好客，對於陌生人來到他們的領土，波瓦坦展現出熱情的一面，甚至還幫助英國人撐過頭幾個冬天。因為當時英國人種的糧食都欠收，也非常不適應當地的氣候，日子難以生存。

如果史密斯是可以相信的，那麼阿蒙納特（寶嘉康蒂）甚至教會英國人種植菸草，無意之中就是為其族人和歷史上數百萬計菸客招致噩運。

從現有可靠的資料來源看來，阿蒙納特（寶嘉康蒂）是位充滿好奇心的聰慧女子。就跟其他族人一樣，她也一樣很仁慈，但卻遭受粗暴對待，甚至可能有被英國人侵犯過。被英國人馴化過後，就不斷遭利用，後來還被帶到英格蘭遊街炫耀，最終於一六一七年在倫敦近郊的格雷夫森德（Gravesend）過世，年僅二十三歲。

馬歇爾講述美國的著作，就跟前傳一樣，沒有太大的區別。由於稱頌美國白人，所以這本書才得以持續印刷幾十年。它使用的語調成為許多現代美國兒童文學的口吻，與一九〇三年首刷出版的《漢森的初階美國歷史》（Hazen's Elementary History of the United States）特別相像；這本書非常受歡迎，還成為二十世紀美國學校課堂及美國年輕人書架上的常見書籍。

大家總是說美國人把每樣東西都做得比較大——深入閱讀漢森這本書，便會發現歷史上的壞事也是有同樣的情況。

「六百年前，整個美洲大陸都沒看過美國人……」這是我們讀到的內容，也只熟悉「……在森林裡狩獵的古銅色膚色人種。」

我們又被告知「十五世紀的時候，美洲的居民只有印地安人，他們是一群野蠻民族」，與其截然不同的是「英勇的英國船長，像是德瑞克（Drake）和雷利（Raleigh）」，另外「英國海軍上將」約翰．郝金斯（John Hawkins）也跟他們很不一樣。

德瑞克和郝金斯其實都是黑奴買賣商，但這部分不道德的細節已被掩蓋。我們被告知的是，一六一九年移居詹姆士城（Jamestown）的人帶了奴隸前來，這些移居的人：「……發現……對菸草種植很有幫助，所以帶來更多奴隸，因此奴隸成為我們歷史的一部分。」那個時候，奴隸被包裝成某種自發性的社區服務。

故事繼續發展，一頁又一頁杜撰的內容，通常還會附上一張某人的筆記照片。到了一八三一年，我們讀到「廢奴主義人士」的出現，這些人：

「透過演講和發送傳單來煽動人心，其中有些內容還向奴隸提議砍殺主人、換取自由。」

暴力與非暴力反抗之間，的確有不同的聲音在爭論。不過，長久以來，同樣的論點也一直纏著所有的解放運動。歷史上，僅有非常少數的奴隸和受壓迫的人是透過非暴力改革或起義而獲得自由，要找到一九八〇年代以前的案例更是不大可能。甘地為印度人爭取獨立，乃是透過被動反抗與和平的手段，但其中還是有暴力的部分；當英國結束統治，印度得以分離時，仍見到數百萬人被殺或是流離失所。另外，還是有不少殘酷的革命活動，其中兩個例子都是發生在戰後時期，一是一九七四年葡萄牙「康乃馨革命」（Carnation Revolution），二是一九八六年菲律賓「人民力量革命」（People Power Revolution）迫使總統馬可仕（Marcos）下台。然而，直到中歐與東歐的共產獨裁，在一九八九年被推翻之後，我們才見到非暴力運動成功推翻迫害者。

在去殖民化的年代裡，英國與其他國家把獨立「贈送」給許多國家的人民，過程往往都很平和。不過，那也是因為前帝國霸權願意交出政權。

美國擁有奴隸的人並不願意這麼做，藉由虐待暴行和長期恐嚇的方式，維持其蠻橫行徑。此種殘酷行為引發反暴力運動，這一點都不意外。一八三一年八月，維吉尼亞州的南漢普頓郡（Southampton County）有一名奴隸，名叫奈德・特納（Nat Turner），站出來帶領叛亂。特納相信，是神派他來解救神的子民，更相信日全蝕是來自天上的訊號，告訴他該採取行動了。因此八月二十一日這晚，特納帶頭起義，反抗奴隸主人。在這一場肯定會出現暴力的運動中，共計有五十五名白人被殺。

但這場叛亂起義最後是失敗了；前後持續了六週，特納與其同夥被捕、被吊死。擁護奴隸制度的白人隨即撰寫文章和書籍，基本上是在表達：「看看這些野蠻人，還有那些認為他們應該要有自由的人。」

此起意外事件，讓南方農園主人感到害怕，並採取更嚴苛的暴政，估算約有三百萬名奴隸活在嚴峻壓迫的生活裡。一八〇四年北方廢除了奴隸制度，不過因為南方非常依賴免費勞役，而且當地文化就是白人至上，這意味著南部各州態度只會更加強硬，更進一步擁護自己的權力，壓迫他人、獲取經濟利益。

接下來的三十年間，奴隸議題成為分裂美國政治環境的主因。一八五四年，民主黨（Democrats）通過《堪薩斯—內布勒勒斯加法案》（Kansas-Nebraska Act），允許新成立的洲，依據「人民主權」（popular sovereignty），自行決定其區域領土內是否要有奴隸制度。接著政治危機就出現了。

一八六一年，共和黨（Republican Party）嶄新成立，主要就是針對此項法案及其後續的政治爭論而來，這是同盟的結果。十九世紀大多數時間裡，美國政治乃由民主黨和惠格黨（Whig）所主導。惠格黨在現代或許可以稱做為「保守人士」（small c Conservative，相信保守主義，但並非保守黨），代表著社會秩序與宗教上幫倒忙的人；共出了四位總統，但於一八五六年垮台了。殘餘的惠格黨人士與自由土地黨人士（Free Soilers）合作，發起共和黨運動。自由土地黨這一群社會改革人士，其理念和經濟主張都是反奴隸制度。經濟上，認為奴隸制度不公平，不只是對受害者不公，北方白色肌膚的勞工和創業家也遭受不公待遇，因為他們沒有免費勞工可以來競爭。只要奴隸制度存在一天，南方就有不公平的競爭優勢。

一八六一年舉辦了一場選舉，新成立的政黨勝出。

共和黨的首位總統亞伯拉罕．林肯（Abraham Lincoln）登場，大概也是最受敬重、讚揚的歷史政治人物。

漢森在《初階歷史》那本書總結表示，披頭四粉絲平靜儲備著尖叫聲，在街上認出約翰．藍儂：

「以前的時候，全國上下幾乎沒有人認識他，但現在對我們來說，他好像是神為了這個時間點而預備的。」

不管你如何捏造或詆毀，林肯的故事必然成為美國夢的典範，他的故事根本就是窮人進入富人世界的童話。出生在肯塔基州（Kentucky）偏僻鄉下，家裡是只有一間房間的木製小屋，從未完整上學一年，學業幾乎都是在家靠自學而成。

林肯七歲的時候，父母成了所謂的「擅自占屋者」（squatters），在印地安那州（Indiana）南部的公有地上架起簡陋遮蔽處，後來改成固定式小木屋，並買下周遭的土地。九歲時母親過世，十八歲時最愛的長姊也離開了人世。

林肯年輕的時候，絕大多數的時間都是在幫忙父親種田，不過他還是有找時間出來自學，後來長大成為美利堅共和國（The United States）的領導人。

林肯很受到欽佩，同時也是充滿了許多問題的人，但他終究是一位政治人物。不過漢森講述這段故事時，盡情發揮了小瓢蟲圖書的自由主義。因此這段聽來耳熟的偉人故事，正氣凜然，這位有著南方背景的偉人帶領北方贏得勝利的內容，一再重複流傳、講述。

可是這可不是「好人與壞人的陳述」。在漢森和馬歇爾的著作裡，南方「邦聯」（The Confederate）的將軍意外獲得好評。這下唐納．川普可能會說這是「兩方人都非常優秀」，但為了故事的結局得要爭出個輸贏。

馬歇爾把羅伯特．李將軍（General Robert E. Lee，邦聯軍方領導人）形容成一位「崇高的基督教紳士」，也是一位「很棒的士兵」，還進一步把他擴展成「他真的一點都不壞」的錯誤說法，導致今日南方軍事戰略家仍舊相信這個說法。這個說法的根長得很深，認為李將軍是位仁慈的基督徒善人，希望大家都成為朋友，會帶領南方人打仗乃是為了讓大家能夠團結在一起。

只不過，此一說法忽視了李將軍為了鞏固富有白人地主，擁有繼續拴住奴隸的權力，才成為帶領軍隊出征的重要角色，而這場戰役估計約殺死了六十一萬八千人。

現代捍衛李將軍的人馬——特別是想要留住紀念李將軍雕像的這群人——甚至還張口說出李將軍反對奴隸制度，這說法的依據完全只憑一八五六年一封信件內文的引用，信中其實是在講述李將軍之所以會支持制度廢除乃是因為：「……比起黑人，這對白人來說邪惡非常多。」

檢驗真相讓人緊張，往往會讓《偉人歷史》的光環變暗淡，而且歷史會讓我們知道「老亞伯」（Old Abe）並非是個世俗聖人。

沒錯，林肯的確是為了解放奴隸而帶領北方軍隊上戰場，但他對黑人真正的看法卻是隨著時間流動和其政治目而在轉變，因為林肯終究是一位政治人物，他可不是耶穌。

一八六三年，蓋茨堡戰役（Battle of Gettysburg）的前一晚，林肯在那一場大家都知道的演講上表示，美國一直以來「都是在自由之中孕育，也投注一切於人人生而平等的主張」。可是林肯的一生之中，大部分時間都沒有真的採信這個說法。

一八五八年，林肯在伊利諾州的參議員選舉裡，對上民主黨參議員史蒂夫．道格拉斯（Stephen Douglas），並就新領地可有奴隸制度的議題舉行了七場辯論。道格拉斯當時已是被認可的人物，主張「人民主權」，認為美國白人男性可以自行決定其領地與在該領地上的人，是否要加入聯邦成為有奴隸制度的洲，或是乾脆做個自由之州（Free State）。

一八五八年九月十八日星期六，第四場辯論於查爾斯頓（Charleston）舉行，林肯表示，自己「並沒有，且從來都沒有，以任何方式，贊同實現白色人種和黑色人種的社會與政治平等。」

林肯還指出，他不支持白人和黑人結婚，也不贊同黑人擁有投票或是出任陪審團的權力。縱然是很難接受，但是林肯卻堅信認為應該把黑人「遣送」回非洲。

一八二二年起，「美國殖民協會」（The American Colonization Society）把有了自由之身的奴隸給送「回去」賴比瑞亞（Liberia）。該國理當是個自由的非洲國家，但其實是美國的殖民地，乃是美國為了送回奴隸，在非洲西部海岸建立的國家。

這項計畫根本就是災難一場！亞伯拉罕．林肯的祖先早在十七世紀就離開了歐洲，若不能就此認定林肯應該是英格蘭人、愛爾蘭或是日耳曼人，那麼也很難說恢復自由的奴隸是「非洲人」。

只因為是黑人，就自然被認定為「非洲人」，然後就被送到一個全然陌生的地方，一個不是祖先家鄉的國度。這作法不僅是愚蠢，更是以種族歧視的方式，看待黑人是誰、什麼是黑人。

賴比瑞亞這邊也是一團亂，恢復自由的奴隸和當地人不斷發生衝突打架。很不堪的是，這回美國黑人——又被稱為美裔賴比瑞亞人（Americo-Liberian）——占據了殖民者、迫害者的角色。二十世紀以前，該地區的原住民與美裔賴比瑞亞人，並未享有相同的權力。

林肯強力支持「遣返」賴比瑞亞計畫，更贊同擴大「黑人殖民化」（black colonisation）。基本上，他期望可以把絕大多數的黑人都送離美洲。我們可以理解，這樣的想法激怒了黑人激進分子和廢奴主義者。

這位共和黨總統見到終結奴隸制度成為關乎道德的議題，但不表示他認為黑人就應該與白人一樣平等，也不表示他希望在白人的美國裡見到黑人，至少他一生大多數時間裡的想法是這樣的沒錯。

林肯這位政治人物也是會改變自己的說詞，以求符合時代所需。他不是廢奴主義者，更認為改變慢慢發生就好。因此一八六五年時，林肯終於要讓黑人擁有投票權的時候，他其實只想給讓「曾在美國內戰上過戰場的黑人大兵」就好。

漢森和馬歇爾兩人都是默默不提這些細節和矛盾點。如同多數談很廣的美國歷史一樣，兩人的兒童歷史裡，企圖把黑人從故事裡剔除，刪改、提升「偉大白人」的分量。偉大白人成就了一切，黑人能獲取自由是仁慈「白人」貴族的另一項壯舉。

弗雷德里克．道格拉斯（Frederick Douglass）是共和黨中傑出的社會改革家、廢奴主義者及演說家，乃是美國頭幾位站出來支持女性擁有投票權的政治人物。他當然認為林肯天生就是有種族歧視，不過他還是非常崇拜這位總統。

一八七六年四月十四日，道格拉斯在獻給黑人的「自由人紀念碑」（Freedmen's Memorial）揭幕典禮上，有場精彩的演講。身為黑人的他，提醒在座的白人聽眾，林肯最首要的動機，乃是做為「全力為白人謀福利」的「白人總統」。

自由人紀念碑，以視覺呈現方式，闡釋了漢森與馬歇爾在童書裡所寫的內容。林肯，這位仁慈的主人，以家長般的姿態，自命不凡地站在一位僅裹著舊布、蜷縮身子的黑人身旁，宛如是一位了不起的宗教人物在賜予自由這份禮物。實在是太自以為是又惹人厭，當然也沒有帶出黑人在內戰裡所扛起的角色。廢除奴隸制度是「白人給的禮物」，而且是按照白人的條件所贈與的禮物。

身為黑人，卻遭形塑成跟野人一樣，同時也是被犧牲對象，命運的好與壞完全掌握在白人主子手裡。

小瓢蟲圖書甚至沒有提及道格拉斯，漢斯和馬歇爾也是如此。二十世紀的兒童文學都沒有承認北方聯邦軍（Northern Union Army）裡，有二十萬名黑人大兵與水手參與了內戰。即便是遭遇自己人的偏見對待，這些人還是在彼得堡（Petersburg）、哈德遜港（Port Hudson）、納士維（Nashville）等地，打了多場戰役。戰爭結束時，二十五名黑人大兵的事蹟，足以讓他們獲頒榮譽勳章（Medal of Honor），即美國最高等級的英勇獎項。

有關林肯的傳記和影片有幾百部之多，但卻沒有講述威廉．傑克森（William Jackson）的作品。傑克森是「邦聯」主席傑弗遜．戴維斯（Jefferson Davis）家中的奴隸，他個人冒著極大風險，在戴維斯家裡聚集情報。有種族歧視的戴維斯太自負了，壓根兒都不認為自己的「車夫」傑克森，會偷聽內容並記錄下來。到了一八六一年底，傑克森逃到對方的陣營，提供關於作戰與補給計畫的有用情報。傑克森的貢獻，以及其他包含美國首位黑人國會議員羅伯特．斯莫爾斯（Robert Smalls）在內各方人士的付出，全都刻意抹滅，就連童書裡有關內戰的描述也都是編造的，更寬闊的想像也都是編織出來的。

而且，這不只發生在男人身上。

馬歇爾和漢森也都沒有提到哈莉特．塔布曼（Harriet Tubman），她或許是內戰之中最出名的美國黑人。塔布曼出生於十九世紀初期，一出生就是奴隸，受盡粗口粗語的劫持者（也就是她的主人）凌虐，還鑄下改變她一生的傷害。最終，塔布曼逃離農園，來到費城（Philadelphia），並搭建起逃離路線，協助父母與兄弟姐妹，以及其他約七十人順利逃到北方。

內戰時期，塔布曼躲在邦聯陣線後方搜集情報，然後成為一名商人和農夫，直到後來才因英勇的所作所為而得名。講述內戰時期的故事裡，塔布曼的部分很是受到歡迎。二〇一五年，經由全國投票決定，甚至還發了公告，宣布塔布曼的頭像將取代第七任總統安德魯．傑克森（Andrew Jackson），被印在二十美元的紙鈔上。

總統競選期間，唐納．川普主張「完全的政治正確」（pure political correctness），他在NBC電視台節目《今日秀》（Today）表示，應該把她改印在兩塊美元的紙鈔上；順帶一提，實際情況是該款面額的紙鈔已不復存在。

川普當上總統之後，與其行政團隊刻意拖延二十美元紙鈔一案。二〇二一年一月，喬．拜登（Joe Biden）宣誓就職後，立即重啟計畫，並於二〇二二年塔布曼離世滿兩百年之際，將她的頭像印製在紙鈔上。

哈莉特・塔布曼在美國成為大家崇拜的對象，更在非裔美國社群以外的地方樹立起典範。然而即使是塔布曼，她的故事也難逃虛構歷史的干擾。誇大與不實會左右政治對話的各個面向，而過程之中，真相也會被扭曲。

塔布曼過世之後才被眾人知道，名氣也越來越大，但有關她的陳述被拉扯扭曲、重寫挪用，就跟歷史上偉大英雄人物遭遇的情況差不多。二〇一六年，希拉蕊・柯林頓（Hillary Clinton）的總統競選活動就不斷拿出塔布曼的名言：「只要我可以說服他們是奴隸，那麼就能救到上千上萬的人了。」這句話還被做成數百萬個網路哏圖。

慘的是，根本就沒有證據顯示塔布曼說過這句話。許多位非裔美國學者指出，這句引言很危險，是用來掩人耳目用的。二〇一六年，萊斯大學（Rice University）歷史系教授卡勒布・麥克丹尼爾博士（Dr Caleb McDaniel），在其部落格寫道：

> 很不幸，這必然的結果幾乎就是出自專制的想法，認為有些人是「選擇」不要恢復自由，或是「不知道」自己是奴隸，因此肯定是默認接受自己就該被剝削。

所有歷史擁護者，無論好人或壞人，都會被敵對方拿某個點來證明一些事。可是虛構歷史就是虛構歷史，不能因為「你的」陣營要運用這段陳述，那就硬說成是正確的歷史。

美國學者米爾頓．塞內特（Milton Sernett）在其撰寫的塔布曼傳記中，提出自己的看法，認為塔布曼已成為「美國扭曲最嚴重的人物」，並伴隨著後續發展出來的後果。的確，關於塔布曼一生的細節資訊常被膨脹放大，被她救下的人數常被誇大成三百多人。另外有個說法，表示當年懸賞了四萬美元取她的人頭，這恐怕也是假的。

人類需要英雄，因此也是普通人的政治人物就成了大一號的神明，勇於逃離奴隸生活的女性就成了神力女超人。至於「偉人」的瑕疵與失誤，以及他們故事裡複雜的部分，全都被美化掩蓋，並持續改寫誇大其善行。

長期以來，美國內戰歷史刻意抹除黑人的歷史，以及抹滅關於黑人男性與女性的故事。這是因為，這些人不符合白人想要記得這些事件的模樣。白人決定就是要惡意詆毀美國黑人，讓他們旁觀自己的遭遇，成為不了「真正的美國人」，甚至不是「真正的人類」，但是受害者是要被同情的。當事件的真相後來成為歷史的主流之後，就必須跟其他事物一樣，提升至縝密學術研究準則的高標準。

與所有「偉人」的歷史陳述一樣，塔布曼的故事也需要被好好研究一番，歷史可沒有「特別通行證」（free passes）。

小瓢蟲圖書、馬歇爾、漢森和其他人都為了某些目的，把普普通通的道德表現晉升為神明等級的作為，捏造出美國與英國的特殊主義。故事書裡的傳奇內容滲透了政治思想傾向，政治人物與人民大量吸取這幾位作者著作的國家，也繼續被這些故事書給牽著鼻子走。當然了，我們也可以忽略兒童垃圾文學，就當成只是說說的「故事」罷了，畢竟有誰會笨到去相信梅林的魔法，以及用魔法蓋出來的巨石陣呢？

講講亞瑟王和他的劍這類童話故事有什麼不好的呢？聊聊老好人亞伯拉罕・林肯簡單易懂的傳說，這位不求私利的人物解放了黑人，讓他們恢復自由之身，這故事聽來不是很欣慰嗎？

是這樣的，答案就是：影響非常大！真相很重要！不然的話，就會像軍隊的廢棄軍火那樣，日後也會爆炸；年少時期不好的歷史會在許多年後，引發屠殺行為，但故事書裡卻沒有講到這個部分。由於是錯誤的想法，謊言便會持續發酵、散播，發展成大騙局，接著整個國家就會想開戰廝殺了。

謊言成史8

希特勒曾是失敗的藝術家

TEN GREAT LIES
AND HOW THEY SHAPED THE WORLD

FAKE HISTORY

創造自我神話的力量

一九一八年八月八日，凌晨四點十九分，接近法國亞眠（Amiens）東部索姆河（Somme）的德國壕溝裡，數千數萬名大兵都還在睡覺。一夜之間，濃霧下降，如一條厚實的毛毯籠罩住防空洞，壕溝上方是空蕩的夏季夜空，滿月的月亮和繁星就在那一頭，但什麼完全都看不見。低聲交談的哨兵努力保持警戒，可是他們真的看不清，最遠也只能見到手上長槍的頂端。

這幾個月以來，該條防線也沒發生什麼事，所以也沒預期會有什麼大事發生。只不過，就在一分鐘的時間之內，整個風雲變色了。

四點二十分，法國砲兵部隊開火了，德國大兵在睡夢中被驚醒，在濃霧與混亂裡蹣跚行動，此時震耳欲聾的引擎聲和金屬撞擊聲，更加劇了恐懼的氛圍。十多台英國惠比特坦克（British Whippet）加速前進，同時還啟動霍奇克斯（Hotchkiss）重型機關槍掃射，子彈所經之處無人生還。

此舉完全出乎德國軍隊的意料！這天被捕抓和傷亡的人數計有三萬人，可謂是「百日攻勢」（Hundred Days Offensive）的開端，也揭開了一次世界大戰的最終章。

接續兩個月，同盟國再接再厲，持續向前推進。到了九月二十八日，軸心國一路被逼退到北方運河（Canal du Nord），來到興登堡防線（Hindenburg Line），距離德國邊境僅有二十四英里（約三十九公里）。

這支同盟國軍隊是英國第五營（British 5th Battalion），成員有加拿大人、澳洲人、紐西蘭人、比利時人、法國人、美國人、暹羅人（泰國人），隸屬威靈頓公爵（Duke of Wellington）的軍團。其中有位二等兵，名叫亨利・坦迪（Henry Tandey），是一位來自英國利明頓溫泉區（Leamington Spa）的二十七歲年輕人，從軍之前的工作是在管理鍋爐。

身經百戰的坦迪是名盡責的軍人，西方戰線的主要戰事裡，從伊普爾之役，到索穆河之役和帕尚代爾之役（Passchendaele），皆可看見他的身影，還曾在戰場上負傷兩次。雖然外表看來謙虛文靜，但卻是個貨真價實的英雄！

一九一八年十一月十一日，停戰日這天，坦迪受到高度讚揚，在戰報中被提及了五次之多，並獲頒傑出表現勳章（Distinguished Conduct Medal）和軍功勳章（Military Medal）。要是在今日的話，坦迪還會獲頒英國軍隊英勇事蹟的最高榮譽，即維多利亞十字勳章（Victoria Cross）。

九月的那個早上，威靈頓公爵的軍團越過了法國馬廣（Marcoing），這地方位在康佩（Cambrai）的東方，深具策略性意義，到了中午這支軍團便已拿下橋樑。在九月陽光殘存的陪伴之下，坦迪與其戰友堅守崗位，突然間，德國軍隊從河對岸的北邊展開反擊。

數百名訓練有素、士氣高昂的普魯士衛隊（Prussian Guard）衝入橋另一端的村莊，控制住第五營的前線位置。

坦迪不具軍階，但還是扛起責任，很快他就帶頭拿起德國機關槍掃射，猛力對決。儘管行動中，他頭部受了重傷，但還是堅持不撤退。槍林彈雨、子彈橫飛之際，坦迪幾乎是靠一己之力，在橋中間一處破洞鋪上木條板，進而順利保住這座橋。接著他又帶頭拿著槍上的刺刀衝向敵軍，像根大柱子似地，把敵軍衝散，然後重新攻下村莊。

單靠一個人的力量就能扭轉戰役情勢，可說是相當罕見，但坦迪就是那個了人。也因為這股驚人的勇氣，我們要給他維多利亞十字勳章。

不過，亨利．坦迪會被記得，並不是因為這起事件，也不是本書要提到他的主因。其實出了重大事件的這天下午，一件短短幾秒鐘的插曲就此代表了坦迪的一生。

正當德軍撤退的時候，坦迪負傷、迷了路，後來竟與德意志帝國軍隊（Imperial German Army）巴伐利亞軍團（Bavarian Regiment）的二等兵（Gefreiter），直接面對面的相遇。

這位來自敵軍的大兵手上沒有任何武器，此時坦迪腎上腺素還在急速分泌，手上的李英菲爾步槍（Lee-Enfield）的槍膛是滿的。他舉起步槍、指頭準備好要扣板機、瞄準——接著動作就停止了。就是這麼一小段的瞬間時刻，讓未來世界的歷史都圍繞著這位來自利明頓溫泉區前鍋爐管理員的本能反應在打轉。當下，這位德軍二等兵全臉緊皺，等著迎接無可避免的下場，但坦迪卻沒有開槍。

事情是這樣的，亨利有一套樸實的道德思想，其中的要點就是不殺手無寸鐵的人。這位德國大兵沒有對他造成任何威脅，而且亨利也很同情這位士兵。所以他放下步槍，做勢要對方趕緊離開。

二等兵阿道夫．希特勒點頭表示感謝，接著起身逃跑，去展開他那惡名昭彰的人生。

＊＊＊

二十年後某天，這位納粹領導人，在巴伐利亞阿爾卑斯山的貝格霍夫（Berghof）住所書房內，從一幅畫上指出坦迪，給英國首相內維爾．張伯倫（Neville Chamberlain）看，並回憶起這件往事說道：「那個人差不多準備好要把我給殺了，當時我以為再也見不到德國了。」

「天意救了我。」他說道。

這幅畫作是義大利藝術家福圖尼諾．馬塔尼亞（Fortunino Matania）某幅作品的複製品，原作是一九二三年受格林霍華德軍團（Green Howards Regiment）之託，繪製一九一四年英國士兵在門寧（Menin）十字路口的景象，畫中右下角可見坦迪身上背著一位負傷的戰友。

馬塔尼亞非常著迷於修昔底德追求精準的精神，所以會為自己的畫作，在真實世界裡找出各項物品，還會拿出玩具士兵，重現畫作場景。該幅作品的確是用這種手法繪製而成，但標題搞錯了，因為裡頭畫的不是門寧的十字路口，而是伊普爾之役結束後的村莊格魯維特（Gheluvelt）。

原作現在還掛在格林霍華德軍團的博物館裡，地點在北約克夏的瑞奇蒙（Richmond），畫中許多人物都有名字，其中就包含坦迪。

希特勒拿到這幅複製品的經過，想必是一段偶然機緣的故事。

一九三〇年代，希特勒手下一位醫師奧托．施溫德（Otto Schwend），曾在一九一四年伊普爾之役中，拯救過一位英國軍官的性命，這位英國人就是擲彈兵衛隊（Grenadier Guards）第一營的麥斯威爾．厄爾上校（Colonel Maxwell Earle）。厄爾上校的頭部中彈，頓失一顆眼睛，右耳也幾乎沒了，倒在一旁等死，真的就是靠著這位德國醫師撿回一條命，也結交到一位新朋友。

一九一六年，這位頑固守舊的厄爾上校跟其他軍官一起被關在瑞士，這安排很不尋常，居然把戰犯轉移到中立國家。在戰爭邊緣的這一頭，有近六萬八千名英國和印度的服役軍人，拖著殘缺畸形的身體過日子，而幾英里之遙的地方仍舊戰火交鋒。

厄爾定期寫信給施溫德，在一九一七年被遣返回國之前，這位德國醫生還親自來訪。這段友誼，超越了戰爭和納粹興起的時間。就在一九三六年，厄爾給施溫德寄了一張明信片，上頭正是馬塔尼亞的畫作。

這位醫生拿給希特勒看，希特勒一眼就認出坦迪，一九一八年放了他一條活路的坦迪。後續雙方的書信往來中，厄爾便寄了一幅複製品給希特勒。為此，厄爾還收到這位獨裁者的副官[1]弗里茲．維德曼（Fritz Wiedemann）的來信，信中寫道這位長官：

「上頭下令要我向你表示誠摯的感謝，謝謝你這份友好的禮物，裡頭實在是充滿許多回憶！」

1 輔佐指揮官處理行政事務的中階軍官。

希特勒給張伯倫看的就是這一幅畫，看完畫之後，希特勒還請首相回去的時候，向坦迪轉達感謝之意。

張伯倫這趟德國行是為了簽署慕尼黑協議（Munich Agreement），這是一份丟臉的妥協內容，竟同意讓德國強占蘇台德區（Sudetenland），該區當時乃歸屬捷克斯洛伐克（Czechoslovakia）所有，但這件事卻沒有讓捷克斯洛伐克政府表達意見。此項協議羞恥、不光彩，據說邱吉爾為此還對張伯倫說：

「戰爭和恥辱之中，你得選擇一項。你選擇了恥辱，但你還是有戰要打。」同樣的，這句名言的來源依舊是不可考，很有可能又是一條假名言。

張伯倫的出賣決策傳出來後，英國上下都很開心，民眾聚在一起感謝神，因為被侵占的不是「我們」，是那群在東邊操著一口奇怪又好笑語言的人，是他們會被侵吞。

英國首相還有一項任務，他答應了那位 Führer（德國元首），要打通電話給坦迪。九月三十日，首相抵達英國赫斯頓（Heston）機場，手中揮舞著帶回來的慕尼黑協議，以及「為了我們時代的和平」（peace for our time）[2]的承諾之後，風塵僕僕回到唐寧街，拿到電話號碼就趕緊撥通給坦迪。

2　不是「我們時代裡的和平」（peace in our time），這裡常會出現錯誤引用。

接下來發生了什麼事情，說法有兩種。一個版本是坦迪過世後，《密德斯布勒晚報》（Middlesbrough Evening Gazette）的採訪指出，那晚電話響時，坦迪離開餐桌去接電話，回來後毫不在乎的解釋說：「只是張伯倫先生打來轉達希特勒的感謝之意」。

另一個版本是當時坦迪不在家，他外甥接的電話，隨手記了張紙條，放在電話機旁。

這段故事是很棒的「如果說」歷史：亨利．坦迪這位英國阿兵哥有機會殺了希特勒，但最終卻沒有下手。這故事啟發了麥可．莫波格（Michael Morpurgo）創作小說《風雪之鷹》（An Eagle in the Snow），歷史頻道（The History Channel）也為次製作了紀錄片，YouTube 上有幾十則相關影片，網路上更有數百篇相關的文章，以及幾千條「另類歷史」討論串，全都是跟這段故事有關。原因很簡單，這是一段很棒的故事！你或許以前聽過，但卻沒看到它被寫進書本裡，我們都知道這代表什麼意思。

這段故事根本就沒有發生過。

因為這兩個人根本就不可能在一九一八年相遇！當時，坦迪人在馬廣，而希特勒所屬軍團在馬廣北方五十英里（約八十公里）的地方，而且那時候希特勒在休假，他人是在二十八日事件發生當天才回到部隊的。

當然，在戰爭中偶遇是很有可能，希特勒有可能要從戰役中逃跑的時候，與敵軍的士兵面對面遇到，但此人就是坦迪的機率非常小。希特勒利用了坦迪，故意把坦迪拉入自己捏造的故事裡。

希特勒非常熱愛閱讀戰爭文學，也清楚坦迪是英國軍隊裡極受表揚的二等兵。如果他的人生要被寬恕，他的偉大命運要有能啟動的東西，那麼只有最棒的可以做到這些。

一九四三年的春天，美國戰略研究辦公室（U.S. Office of Strategic Studies），即中央情報局（CIA）的前身，委託任職於哈佛大學的精神分析學家華特・蘭格（Walter Langer），分析這位德國領導人的「心理剖繪」（psychological profile）。蘭格教授與其團隊投注八個月的時間，仔細研究希特勒寫下的每一樣東西，訪問親眼見過希特勒的人，研讀這位納粹領導人全部的訪問內容。

此舉堪稱是給政治人物製作「心理傳記」（psychobiography）的首例，該份檔案至今讀來還是津津有味，能洞悉這位德國領導人的內心。不過，此舉也不是沒有招來爭議。依據高華德規則（Goldwater Rule）——美國精神病學的一種指導原則，認為在沒有與本人面對面訪談的情況下分析一個人，這種作法「很不道德」。由於希特勒犯下的罪行和留下的臭名，情節重大，欲尋求「理解」希特勒，可說是問題重重。

不過，以了解這位德國領導人的心理動機來說，蘭格教授的研究算是第一次嘗試，也由於是現代研究，沒有受到戰後思想的約束，因此具有歷史來源的價值。該份研究於一九六八年擺脫機密檔案的限制，並於一九九九年公諸於世，提供了許多有用、有趣的資訊。

在第一部分「希特勒自認為的自己」之中，蘭格教授嘗試以希勒特自己在一戰裡的經驗為視角來探討這位獨裁者，尤其專注於討論讓他興起自己有「神明保護」（divine protection）念頭的事件。

把自己能在壕溝裡倖存歸功於天意，這種想法不罕見。英國詩人羅伯特．格雷夫斯（Robert Graves）是從一戰退伍的榮民，在其精彩的回憶錄《告別往事》（Goodbye to All That）中，可見到他在壕溝裡的生活中，常會出現各種有東西護身與迷信行為。

當時的英國報紙會以報導「幽靈士兵」（ghost soldiers）的方式，警告大家要遠離德國軍團，甚至還說到蒙斯戰役（Battle of Mons）有天使出現的故事，這位天使神奇的介入守護英國軍人。包含我自己的在內，全都是虛假家族傳奇，我們身邊總是充斥著某位親戚因神明保護又或是因為好運，然後從鬼門關回來的故事。

一九三八年，《每日郵報》記者喬治．沃德．普萊斯（George Ward Price）訪問希特勒，蘭格教授在其報告中引用了該篇報導，其中希特勒講道：

當時我在壕溝裡吃我的晚餐……有個聲音似乎在對我說：「起來，到那邊去。」這聲音非常清晰，並堅持我一定要照著做，就像是一道軍事命令一樣。我立刻站起來，拎著我的晚餐罐頭，沿著壕溝走了二十碼（約十八公尺）……我才剛停下來，一道閃光劃過，發出震耳欲聾的聲響，地點就是我剛剛離開的地方，一顆偏離軌道的炮彈打中我剛剛跟一群人坐著吃晚餐的地方，這群人當場全都死了。

蘭格教授後來下的結論是：「很明顯，（希特勒）認為自己是救世主，命中注定就是要他來帶領德國邁向榮耀。」

一九一八年十月，希特勒遭遇毒氣攻擊在休養，躺在病床上的他表示自己看到預像，並寫在自傳兼政黨宣言《我的奮鬥》（Mein Kampf）一書裡：「我當時就感應到了，我將讓德國自由，我將成就這件事情，在那當下我立即就知道，這一定會成真。」

他之所以會被救下來，乃是有旨意的，而在馬廣發生的事件正合乎此番帶有宗教意味的陳述。至於他其實不曾到過馬廣這點，一點也不重要。這故事讀起來就像是在讀聖經故事；希勒特和一九一八年的德國一樣，既迷失方向又被擊倒，但卻還是擊敗了英國軍隊裡最強的勇士，並奉命要來帶領他的民族成為最強大的國家。

坦迪的故事會如此吸引人，英國人之所以普遍都相信這則故事，原因與女清潔工看到邱吉爾侵略計畫的故事不同。坦迪的故事裡，有許多元素都是真實存在。坦迪在馬廣的確做過這些事情，他的確是個正派、謙虛的人；至於希特勒也確實擁有那幅畫的副本，而且清楚表明是坦迪送給他這一條命。

扭曲這些內容後，編造出截然不同的陳述，接著由其他人加入更多完全是虛構的元素，目的就是要編織出一段「好故事」。

張伯倫打電話給坦迪這段，肯定也是騙人的，可能是坦迪家人在傳述的虛假家族傳奇，但後來卻漸漸被認為是真實發生過的事。

二〇一三年，歷史學家大衛．強森博士（Dr David Johnson）寫了一本關於坦迪的詳盡傳記，名為《那位沒有射殺希特勒的人》（The Man Who Didn't Shoot Hitler）。在深入挖掘英國電信的記錄之後，發現一九三八年到一九七〇年代，坦迪跟大多數人一樣，家裡根本就沒有裝電話。強森博士懷疑「到底張伯倫有沒看過那幅畫？」因為這位戰前首相留下大量的日記、信件和筆記的內容之中，完全都沒有提到這件事情。

不管這起都市傳說的真相為何，反正是希特勒起的頭，其他人跟著渲染散播。總之，希特勒的支持者和敵人都相信了這一則故事。一九三九年八月，這起故事遠播到連《考文垂先驅報》（Coventry Herald）都跑去訪問坦迪，但他本人可沒有打算要順應附和：

「根據他們的說法，我遇過阿道夫．希特勒……或許他們是對的，只是我不記得這個人而已。」

可是，後來發生一件離奇的事。事過一年，考文垂市（Coventry）發生大爆炸，坦迪的房子也受到波及，此時坦迪神奇恢復對這起偶遇的「記憶」：「我不會射殺受傷的人。」坦迪對同一份報紙進一步解釋道：「當我看到那些被他殺害的人群、婦女和小孩，我向神懺悔，因為當初是我放走了他。」

考文垂大爆炸發生在一九四〇年十一月十四日，造成嚴重的傷亡，據稱奪走六百條人命、八百六十三人受傷，一座十四世紀的教堂被摧毀，四千三百處房屋損毀。這個時候，坦迪接受了這段毫無根據的說法，更加以重新利用，以求滿足自身和國家的需要。這段故事有英國的新版本，訊息也很清楚：坦迪象徵英國美好的一切，這人與生具備正派、沉著、果敢，但他仁慈行徑獲得的回報卻是自己的家鄉被毀壞的野蠻作為。英國不能再仁慈了！

這段故事的真相性，就跟蒙斯戰役裡的天使一樣，其實沒有發生過。

強森博士指出，坦迪做為一戰的英雄，應該是因其自身的關係而被紀念，至於希特勒的故事則是虛晃一招，用來轉移真實世界行為的焦點。不幸的是，接受了希特勒的人生故事之後，坦迪無意間把此平行現實（parallel reality）的傳奇故事給合理化，也使得自己的英勇行為相形黯然失色。

有些故事非常好，好到大家根本就不在意是不是真的，坦迪沒有射殺希特勒正好就是個例子。

雖然聽起來可能會有點不舒服，但部分原因是因為許多人對於希特勒與其代表的意象，仍感到非常有興趣。坊間有小規模的希特勒產業，包含影片、書籍、紀錄片、專長學習等。電視也常出現講述關於希特勒和其黨羽的節目，而且歷史相關頻道因為有希特勒的名字，所以廣告賣得出去——這裡頭參雜了金錢與廣大觀眾群。

惡名昭彰的希特勒滿足我們人性內在對於好人與壞人的部分渴望，他就跟自己的勁敵邱吉爾一樣，早已膨脹到超過現實；他不再是真的人類，還成為歷史裡頭漫畫等級的超級惡棍，近似於神話般的怪獸，具備有我們共有想像中最黑暗的一面。但即便他把我們給吸引過去，他仍舊是一個讓我們感到害怕、反感的人物。

人們喜歡恐懼，科幻小說排行榜上第一名就是關於連環殺手的書籍，有關精神病患吃人肉的電影也是很受到歡迎。希特勒與《沉默的羔羊》主角漢尼拔・萊克特（**Hannibal Lecter**）、英國連續殺人犯蘿絲・威斯特（Rose West）一同占據著相同的位置，只不過希特勒的分量還是比較大。

希特勒過世後八十年，他的肖像隨處可見，書本封面和雜誌也都還見到希特勒的照片，就和邱吉爾一樣，相關的傳記、電影、紀錄片不停推出，希特勒的傳奇持續流傳不止。

希特勒的傳奇故事，終究是由他自己而起。雖說點頭承認，或許會讓人感到不安，但這位現有記憶中最糟糕的專制人物，對自身的陳述仍握有鋼鐵般的支配權。

納粹黨對於形象的操控，技巧精湛又出色。從一九三一年黨員雨果．博斯（Hugo Boss）精細設計的制服，到紐倫堡（Nuremberg）精心策劃的演講和場面舞台，納粹黨的用意就是要吸引住人、讓人著迷——事實上，就是想要讓觀眾感到驚豔。希特勒被形塑、精雕、呈現為當代大眾的偶像，而且每個小細節都不放過。我們腦海裡的希特勒樣貌，以及電視場景裡看到的希特勒，全都是巧妙製作而成的形象。

希特勒成了威斯坦．休．奧登（W. H. Auden）所稱之「精神病的神」（psychopathic God），這人物的存在似乎超出了人類的境界，在我們共同的心裡有著無可動搖的地位。

在我們的意識裡，對於真實世界裡的希特勒——不是蘭格教授與其他人觀點裡的希特勒——竟然離奇的不清晰。這是有原因的：一般都覺得，若是去理解希特勒的話，等於是冒著把希特勒變成人類的風險，也就是冒著把他的行為給合理化的風險。在「否認猶太大屠殺是永遠的威脅」成為主流的時代，以及修正主義（revisionism）想要寬恕第三帝國（Third Reich，納粹德國）對數百萬計無辜人民犯下的罪行，這也許是合理的顧慮。

不過，由於我們去不面對「人類的希特勒」，便由得這位來自奧地利林茲（Linz）的屠夫下士「希特勒」，成為他期望這個世界所相信的那一位「希特勒」了。

第一個例子中，由希特勒本人撰寫而成的傳記《我的奮鬥》完成於一九二四年，並於隔年印刷出版。有些出版品充其量只是把印刷頁面集合成冊，而《我的奮鬥》正是其中一本書。數本暢銷傳記皆獲得這樣的臭名，不過讀的人並不多，真是可憐吶！這是因為拿起《我的奮鬥》這本書翻開書頁，就是得準備來揭穿希特勒的暗黑迷思。

我手上的版本，乃是一九三九年由愛爾蘭記者詹姆士・墨菲（James Murphy）翻譯而成，作者充其量就是個精神失常的瘋子。坦白說，或許不會感到太意外！但更妙的地方在於，這瘋子無聊、自戀的程度，會讓你無法想像居然會有這種人存在。

《我的奮鬥》讀起來就像是在看一個非常生氣的人，手拿擴音器在大講自己的人生故事。這洋洋灑灑五百頁的文字，顯然沒有經過編輯，反覆出現的內容讓人厭煩，簡直有讀不下去的感覺。

文字密集交織，混雜著對所有巧妙美好事物的無謂自傲、自我憎恨和不滿情緒。的確，這聽來或許很鮮明——就希特勒的名聲而言，他本來就不是個幽默風趣的迷人小子——但是發現他有多麼愛生氣、多麼讓人討厭時，還是感到相當驚奇。文字顯露出希特勒是個暴躁的男人，厭惡聰明的小孩、幫倒忙的人、法國人、猶太人，以及每一個在他成長過程中不認同他是「天才」的人。忙著把叮噹響的錢財納入囊中的同時，希特勒還是有時間證明他那深藏的虛偽智慧裡的愚蠢，因為實在是太明顯了。這裡有個例子，希特勒反猶太人的抨擊文字，相當出名。我要挑戰你讀完這一段：

「馬克思主義的猶太教義否定了大自然的貴族原則，並用多數人與其死亡的重量，取代權力與力量的永久特權。因此也否定了人類的人格價值，質疑民族與種族的重要性，藉此刪除了人類存在與擁有文化的假設。做為宇宙的基礎，這條教義能終結所有秩序，也就是人類靠智力想得到的秩序。」

希特勒的《我的奮鬥》這本書，與現代社群媒體上種族歧視的酸民的高傲發言，竟然非常相似！就是推特和臉書的那種發文，字母全都用大寫字，只要有人回應表示其世界觀太蠢，就會把對方封鎖的那一種。

手上若沒有蘭格教授的分析，你也可以知道這種人的智力和情緒都沒有發展健全——而且還似乎永遠被困住，成了總是被使喚的討人厭小孩，然後還有個老是不准他畫畫的父親。三十六歲的希特勒花費了一段又一段的文字，誇大炫耀他在學校的表現，但那已經是二十年前的事情了。希特勒誇口稱十一歲的自己有地理學科方面的天賦，另一項是歷史；

這兩項是他有優異表現的學科。

這感覺就像是在公車站牌旁，被一位滿身汗的中年男子靠近搭訕，一心想要告訴你他小學的 SATS（評估小學生受國家課綱教育的表現）成績。

希特勒在奧地利林茲的高中歷史老師，名叫李奧帕德·波契博士（Dr Leopold Poetsch）。在《我的奮鬥》一書中，他對這位老師的描述比較不像是教育者，反倒像是蠱惑人的陰陽術士——我的歷史老師（有毒的陽）是海厄姆老師（陰）：「聽老師上課時，我們的熱情會被點燃，有時我們會感動到流淚。」希特勒這樣寫道。

波契博士是一位反猶太人的陰謀論主義者，對哈布斯堡王朝（House of Habsburg）有著無可動搖的深仇大恨，認定哈布斯堡王朝帶頭的「奧匈」帝國糟蹋了日耳曼民族。此外，共謀的除了東方「劣等低級的」斯拉夫人以外，還有猶太人，所以猶太人從一八四〇年代開始，才能在奧地利享有繁華富貴與平等地位。

波契博士要的是——奧地利與德國統一——的大日耳曼帝國（Greater Germanic Reich），並深信雅利安人種的謬論，此點後來讓親衛隊底下的阿內那本智庫多了許多考古學工作。

波契博士的想法，讓年幼的希特勒產生共鳴，希特勒告訴我們：「我學會了要去理解、緊抓住歷史的真實含義」，這歷史就是「有著相同血脈的人應該要在同一個帝國裡」。

這當然不是什麼「歷史的真實含義」而已，而是在主張真正的日耳曼人是從亞特蘭提斯帝國而來的，亦是主張英國曾是海王贈送給阿爾比恩的禮物。

作為希特勒老師的十七年後，波契博士又教出了另一位阿道夫——阿道夫．艾希曼（Adolf Eichmann），此人後來成為納粹大屠殺的主謀之一。身為親衛隊的上級突擊隊大隊領袖（Obersturmbannführer），艾希曼得負起共同責任；他不當囚禁、羞辱、挨餓、謀殺數百萬計無辜的男人、女人、兒童與嬰幼兒——只因為這些人是猶太人、同性戀者，或是偉大的艾希曼視為「劣等」的種族。

艾希曼，就跟希特勒和納粹統治階層大部分的人一樣，也是個徹頭徹尾的笨蛋，認為自己是屋子裡最聰明的那一個。

愚蠢填滿了納粹主要擁護者的「思想」，也寫滿在《我的奮鬥》的每一頁裡。一連串的不情願，綿延不間斷，枯燥至極，彷彿希特勒是在邀請我們來鄙視他一般。

然而在大眾意識裡，甚至在敵對手的眼中，這本書就算不是某種法西斯主義的《資本論》（Das Kapital），至少也是納粹的宣言。一本充斥著怨恨的聖經，阿道夫傳講的福音，所以是一本「很危險的書」。

即便《我的奮鬥》是如此的爛又無聊，卻依舊有著強有力的象徵意義：成為想把一切合理化的有利證物。

凡是寫出「知名著作」的作者都會被視為聰明人；慘的是，數年以來《我的奮鬥》一書也成了知名著作。這宛如是政治巫術，即使許多國家已經禁止這本書好多年，仍然沒有擋下這股發展，反倒讓這本書發展成會讓人陶醉但又具威脅的影響，像極了法西斯主義裡的潘朵拉的盒子。

比較好的作法，就是直接拿起來閱讀，而不是藏起來。這麼一來，納粹思想的平庸真面目，以及納粹核心裡的那個男人，就會跟沒穿衣服的國王一樣被揭露。不過，就算《我的奮鬥》是一個瞎扯蛋的著作，仍在一九三〇、四〇年代成為德國暢銷書，賣出約一千萬到一千兩百萬冊。希特勒為此大賺一筆，以現今幣值估算，約進帳一千兩百萬美元，成為當代最富有的作者。不過也因為如此，希特勒得支付一大筆稅金，但因為他本人廢止了民主制度，再加上他認為自己無須支付稅金，所以他果真就沒有付半毛稅金。

想像一下，現今政壇裡有人在做相同的事。

希特勒本來就沒有打算成為作家，他從小就希望當畫家，不過他父親拒絕承認兒子「顯然是有畫畫的天分」，這是希特勒在《我的奮鬥》裡的早期自述。儘管希特勒發展出其他不同的人生樣貌，我們依舊沉浸在這一段的描述裡，也就是希特勒是位「殞落的藝術家」，這也是他本人希望當代人能記得的內容。即便不是真的，但卻對他的神話有著關鍵作用。

讓我們來看看證據。

由於父親阿洛伊斯（Alois）英年早逝，希特勒在一九〇八年搬到維也納（Vienna），希望可以進到藝術學院（Academy of Fine Arts）。

遞交出幾份自己的作品之後，希特勒順利通過初試，但在第二關就被刷了下來。同年春天又再申請一次，委員會建議他改去當建築師。希特勒對於專家給的建議不感興趣，忽略建言後，又繼續畫畫——不過沒有畫得很好。

戰前時期的維也納，藝術蓬勃發展，此時希特勒行走的街道，與現代主義維也納分離派（Secession）藝術家古斯塔夫·克里姆特（Gustav Klimt）和艾貢·席勒（Egon Schiele）走的街道是同樣的。不過，後兩位藝術家前衛、發人省思的創作，到了一百年後的今日，依舊充滿活力與富有原創性，但這些形容詞從未用在希特勒的畫作上。

一九三六年，美國旅遊作家約翰·加薩（John Gunther）曾去看過這位納粹領導人的畫展，形容其作品是「平淡無奇、實在是缺乏律動感、色彩、感觸、心靈想像。這些作品是建築師的草圖：精確但讓人感到痛苦的繪畫能力，僅此而已。難怪，維也納多位教授會建議他放棄美術改去專攻建築，因為實在是沒救了。」

許多鑑定過希特勒作品的人，都會藉此對希特勒精神分析一番。加薩指出，希特勒的畫作多為建築物與現代場景，畫中往往是空無一人，這讓有些人開始思考了，像是二〇〇二年馬克·費雪（Marc Fisher）在《華盛頓郵報》（The Washington Post）的文章就講道：

「在這些灑過消毒劑的街道上，（我們）看到希特勒執著於整潔的根源，也看到他相信自己的人生使命就是把德國和猶太世界給清乾淨。」

我找到舊金山蒙哥馬利畫廊（Montgomery Gallery）的共同創辦人彼得．費爾班克斯（Peter Fairbanks），他曾在美國版《古董路演》（Antiques Roadshow）擔任評審，我請彼得以商業角度，針對希特勒三幅作品提出看法，即《聖母瑪莉亞與孩提基督》（Mother Mary with the Child Christ）、《修道院廢墟》（The Ruins of the Cloisters）、《維也納歌劇院》（The Vienna Opera House）。

費爾班克斯認為《聖母瑪莉亞與孩提基督》比其他兩幅好，但也評論表示，若不是與阿道夫．希特勒有所關聯，此幅作品的「藝術價值極低或甚至是零」，且毫不具商業價值。

這評論與弗雷德里克．施帕斯（Frederic Spotts）不謀而合，施帕斯是位美國作家，先前也做過外交人員，於二〇〇三年出版《希特勒與美學之力》（Hitler and the Power of Aesthetics）一書，請來一位藝術評論家以匿名的方式，盲評希特勒的畫作。

這位評論家的洞悉，跟一九〇八年維亞納藝術學院給的意見一樣，認為這些建築物都「相當不錯」，不過缺少了熱情與原創性，「展露出對人類無感的一面」。

希特勒一生之中，至少創造了一千幅畫作。從網路上可以觀賞到的作品之中，發現幾乎都沒有人跡出現，他構想出來的世界讓人感到毛骨悚然。就像小瓢蟲圖書筆下，彼得與珍的故事書，隨處皆井然有序，每樣東西都很整潔，沒有人亂來。

希特勒的品味相當保守、乏味，其歷史、政治、哲學、人生的觀點就如同對藝術的想法一樣，皆在孩童時期就已定形，不再有任何變動。他自然會埋怨猶太人在他所處的世代裡，打造出充滿藝術氣息的環境，因此在《我的奮鬥》書中如此寫道：「就文化而言，（猶太人）污染了藝術、文學、劇場，譏笑自然的感受，推翻所有好東西、絕美之物與神聖、美好的想法，取而代之的是把人類拖入猶太人自有的本性。」

希特勒被現代主義所排斥，認為自己成為不了藝術家，問題不在於自己，而是現代藝術家與猶太人掌握了主流、共謀所致，這股不滿情緒點燃希特勒對兩者的長期迫害。掌握權力之後，希特勒對聰明人展開報復，就是那群共謀讓他被迫放棄夢想的人。一九三七年，為了要「教育」大眾有關「藝術的衰敗」，納粹在德國舉辦「頹廢墮落的藝術」（degenerate art）巡迴展覽，奚落當代偉大藝術家，如保羅．克利（Paul Klee）和康定斯基（Kandinsky）等人，改讚揚希特勒其糟糕無比的藝術品味。

在此的前一年，希特勒就在一場演講中表達了他的厭惡之意：「無法從作品本身理解的藝術作品，還需要做作出書說明，以證明其存在的意義，這些作品將無法再出現在德國人面前。」

希特勒喜愛的藝術家中，有愛德華．葛呂茲納（Eduard von Grützner），他其繪製了巴伐利亞人喝啤酒的過時場景；也喜歡像是馬塔尼亞這類的畫家，希特勒還掛起一幅跟小瓢蟲圖書風格很像的門寧十字路口之作。

希特勒樹立起新美學，禁止「藝術評論」，推崇庸俗的藝術家，就跟許多一九三〇年代的德國人一樣，他們都非常開心往勝利的一方靠攏，並收下一張又一張的支票。

要抓到希特勒的美學品味，只要看看德國華麗俗氣的建築藍圖即可——希特勒與其建築師亞伯特．史佩爾（Albert Speer）共同規劃出來的醜陋巨大城市。希特勒委託製作庸俗的大眾藝術與紀念碑來紀念死人，鼓勵繪製開心的雅利安農人，以及有著寬闊胸肌的勇敢大兵。所有一切都相當低俗，明顯缺乏任何美感。

最終，希特勒的傳奇，這位放蕩不羈的失敗藝術家屹立不搖，就跟偶遇坦迪的迷思一樣，因為這全都是希特勒所想要的。被忽視的天才，被維也納藝術學院趕出來的才子，靠著把畫賣給庸俗觀光客賺來的錢勉強餬口，這些內容奠定希特勒神話的基礎。神話誇大內容，表示在希特勒取得政權之前，德國的所有一切都是極其腐敗。希特勒的奮鬥故事，具體表現出德國的精神，但其偉大之處卻遭到興起的猶太人恐嚇——「現代」思想與頹廢墮落的藝術騙取了偉大的雅利安精神。

事實上，希特勒的藝術家「職涯」歷程，並非真的是一位天賦異稟的天才，還對抗現有主流而遭受挫敗，反倒比較像是成天過著遊手好閒、異想天開的媽寶生活。他人在維也納時，認定自己就是一名「藝術家」，所以沒有去努力工作賺錢。申請學院被拒絕之後，希特勒就靠著母親寄來的錢和「孤兒補助津貼」過日子，花光之後就跑去貸款。

一九一三年，希特勒終於繼承到父親的部分房地產，後來要不是因為開戰了，他恐怕早就揮霍掉這些錢財。不切實際如他，總是把自身的失敗和後來移居他處的國家問題，全怪罪給貪心的猶太人。可是他明明成天無所事事，還向自己的母親騙取錢財。

希特勒人生中這段短暫的插曲，描繪出來的比較不像是名失意的藝術家，而是個失敗的人類。可是，我們卻繼續沉浸在他的神話之中，因為人們就是喜歡「好故事」，而被藝術學院拒絕的情節裡，更存在著「如果說」的遐想。

邱吉爾與西班牙佛朗哥將軍（General Franco），兩人皆繪製創作了許多作品；他們在世時，畫作被展出，去世後，畫作也繼續被買賣。以邱吉爾的例子來說，其畫作賣價高出希特勒非常多。當然了，售價與真正的價值無關，而是出自誰的手。不過，首先是根本就沒有人把邱吉爾或是佛朗哥將軍定義為——不管失敗還是成功的——「藝術家」。

菲利普・蕭特（Philip Short）在其著作《毛澤東的一生》（Life of Mao）中，講述一段漢學家暨譯者亞瑟・韋利（Arthur Waley）的故事，某天韋利被問到對於毛澤東詩詞的看法，韋利答道：「這樣說好了，就是比希特勒的畫作好，但比邱吉爾的差。」這是個很棒的玩笑話，不過基本上已有多位評論家同意此一見解。舉個例子來說，二〇一四年，評論家保羅．布萊克（Paul Black）於《真藝術》（Artylist）發表文章，比較希特勒和邱吉爾的畫作：「這世界上，鮮少有評論認為希特勒的作品是真的有藝術價值，不過大體上是具備一些歷史意義。」

布萊克還指出，相對而言，四十歲開始繪畫的邱吉爾還算得上是有些天分。

布萊克讚許邱吉爾四十年來演化的風格，還表示其畫作展現出好眼力、富好奇心、樂於學習，還有最重要的一點就是勇於挑戰自己天賦極限的心。「邱吉爾的畫作中，可見到強大的業餘藝術家探索自身才能的真實感知。」布萊克寫道。

> 其實邱吉爾給其他剛萌芽藝術家的首項建議就是「要大膽」。因此，看來對勝利者而言，受藝術評論喜愛也同樣重要。

希特勒希望成為藝術家，但卻不是一般標準認定的那種藝術家。就像是想成為一名太空人，以現有能力向美國太空總署申請工作，但當你收到不任用的電子郵件通知時，這未必代表你是一名「失敗的太空人」。

希特勒一生中，多有怨恨與不滿，孕育出委屈之情後，更是死抓著不放，因而成了人類天性中的「拖拉之人」，企圖要把每樣東西都調降到自己的等級程度，而非提升自己、讓自己更好。

貶低良善、擁護仇恨，希特勒其實可以加冕自己成為「憎惡之王」。推崇庸俗藝術，貶低現代主義，他也同樣可以——至少在心裡可以這樣想——把自己平庸無奇的藝術推向最高，同時大力抨擊實際上是很棒的作品。

一九三六年，希特勒的自尊心更加膨漲了，因為納粹黨推出一本可在咖啡桌上放置的皮革精裝書《Adolf Hitler: Bilder aus dem Leben des Führer[3]》，宛如為粉絲精美製作的年度書刊，內容有許多希特勒對建築的看法，以及討論他做為演講者的威力。此外，書中網羅了五幅——全都與建築物有關——希特勒的畫作，還一併附上戈培爾稱頌奇才的文字。看來，這國家禁止藝術評論的範圍，沒有包含括希特勒的作品。

該書與時代脫節的陳腐程度，猶如保羅．布萊克所述：「很訝異，看過這本書的德國人沒有立刻放棄雅利安的優越感！」

把大屠殺與流行巨星相互做比較，或許沒有什麼新奇——不過，希特勒肯定是位明星，非常在行自我推銷與自我表現。希特勒行為與名氣的基石，在於他非常會在固定套路的演說上，放聲責罵，大談仇恨，而這套路就是整套平庸無奇的納粹主義，同時他自己就是這

3 直譯：阿道夫．希特勒：元首一生的照片。

場秀的主角。在「元首」這個核心角色上，希特勒散發出暗黑的神祕感與目的，這讓群眾感到瘋狂。紐倫堡與其他場演說的影響，重點不在於他講了些什麼，而是他的呈現與表達方式。了無新意的抨擊內容位居次要，首位是壯觀的場面、燈光、卍黨徽、身穿制服的男人和當下的氛圍。

心生愛慕的群眾很快就進入狂熱的狀態，著迷於活動現場的狂喜。

希特勒全心相信自己的目的，但他的腳本卻不是原創的。納粹出現時，德國早已經反猶太人長達數十年，所以完全不算是新穎的想法。「大日耳曼帝國」也是一樣很老派，當年歷史老師給孩童時期的希特勒上課時，就已經是舊有思想。就連希特勒出名的演說方式也是剽竊來的，抄襲自戰前反猶太人的維也納市長卡爾・魯格（Karl Lueger），他以暴力、民粹的演講方式和高低起伏的音調出了名。

希特勒這名演員，完美詮釋了這個角色，也相當陶醉於大家的關注，不過下了舞台之後，有些人發現他本人沒什麼魅力。一九三一年，《柯夢波丹》（Cosmopotian）雜誌記者朵樂希・湯普森（Dorothy Thompson）採訪希特勒，但未留下好印象，湯普森評論道：「這個人沒個性、缺乏特徵，面容像是諷刺漫畫裡畫的人物，身形軟弱無力，像沒有骨頭似的。非常健談，但談話內容不切題，沒有安全感，沒有準備好的感覺，像極了小人的模型。」

美國大導演奧森・威爾斯（Orson Welles）自稱，曾於一九三〇年代，與希特勒參加同一場健行活動。一九七〇年，威爾斯在《迪克．卡維特脫口秀》（Dick Cavett Show）上，告訴主持人他曾見過希特勒，這人展現出來的是「沒有個人風格……我以為他是空氣。」

長期以來，歷史學家都認為希特勒之所以會出頭、大受歡迎，其中一個原因就是私底下平淡無奇的樣貌。長期受到德國統治階層菁英的忽略輕視，認為他不出色、容易被影響——易於被推來擠去，當最終沒有利用價值時，就會被冷落。這群菁英低估了希特勒操控人的天賦，也小看了希特勒有多相信自己，以及對暴民的呼籲、請求。

到了一九三〇年代中期，希特勒早已放棄大藝術家的夢想，改追求成為大將軍的夢。他的惡行與暗黑傳奇之所以能存續這麼久，乃是因為架構於希特勒認定自己就是個軍事戰略的天才，以及有了軍隊和坦克就無人能敵的信念。事實上，與繪畫相比，希特勒指導軍隊的能力並沒有比較好。

一九三四年，希特勒自行宣布成為德國元首，也是德國武裝軍隊的最高統帥。隨後，希特勒越來越想要掌握直接管控軍隊的權力，遂於一九三八年成為武裝軍隊的總指揮官。一九四一年侵略蘇聯慘敗，軍隊總指揮官的位置讓希特勒獲得直接下令控制軍事設備的作戰位置，希特勒就此有了軍事上的無限權力。期望自己能成為拿破崙，但他能力根本不足，無從勝任。一次世界大戰期間，希特勒是名未受任命的低階軍官，只能傳遞訊息罷了，其戰略知識都是從書籍、文章想辦法挖出來的。

不信任資深軍官，這其中可能有原因，因為許多軍官也覺得無法理解希特勒。由於常常與指揮官吵鬧不休，戰後倖存下來的人便把德軍戰敗倒下的原因，全怪給這位元首。軍官會這麼做，一點都不難理解。分析研究德國納粹時，有一點非常重要，要記得所有的殺戮與混亂，都非一人所為，而是數百萬人促成的。希特勒之所以有膽子去犯下罪行與惡劣行為，那是因為有許多人投了他一票，支持他、鼓勵他，擴張他的自身傲氣，這其中就包含希特勒底下的軍官。

不過不管怎樣，希特勒終究是個很糟糕的軍事領導人。不採納意見、十足迷信、仰賴直覺，過於在意枝節，但卻對複雜的事不感興趣。此外，他要的是確認偏誤，直接忽略掉讓人震驚的真相。

一九四一年六月，希特克蓄意侵略蘇聯，派出三百萬兵力進入蘇聯，開啟完全沒必要的第二條戰線，犧牲掉數百萬條德國人的性命，最終還釀成大戰，這回希特勒是徹底低估了敵對手，以及此項任務的規模和當時的天候條件。還有一個重點，希特勒並非以解放自由之姿侵略蘇聯，而是以暴政相待，目的是殺戮和奴役，無長期治理的規劃，該次侵略全然架構在斯拉夫人比較劣等的信念，所以不用花太多時間就可以拿下。

希特勒在侵略行動開始時，便對主要人員表示：「你只要把門踹開，整個腐敗結構就會碎裂倒下！」但是蘇聯人沒有收到這句話的留言，在發現自己過於鬆懈後，便趕緊重力回擊，這股決心扭轉了戰局。

根據德國最高統帥部估算，只要能拿下莫斯科，就能可以打勝戰，因此展開決定性的政治和心理賭注，直搗蘇維埃帝國的核心。然而，希特勒此時比較在意的是奪取產業資源和打敗紅軍。最終，莫斯科並未被拿下。

蘇聯等多起事件發生過後，國際的整體局勢、規模與複雜度進入全然不同的局面。新戰線開啟，更多敵人加入戰局，但希特勒依據拒絕把控制權讓給其他人。一個人必無法獨攬一切大權，更別說是得為遠在幾千英里之外的蘇維埃境內的史達林格勒（Stalingrad）、北非等地發號司令。希特勒嘗試過了，但他讓不好的事情變得更慘。

德國原本是常打勝戰的戰爭機器，這下成了一隻行動緩慢的負傷野獸。前線收到指令的時間都過晚，內容更常不符合實際戰場狀況。希特勒擁有想要掌控一切的私慾，但卻承擔不起這個角色，最終導致德國失敗，整個國家付出上戰場和犧牲數百萬條人民性命的代價。

希特勒私底下的一面，對情勢也無任何助益。二〇一四年，希特勒的一位僕人伊莉莎白．卡爾哈默（Elisabeth Kalhammer）接受訪問時，回憶想起，即便是在戰事高漲之際，希特勒還是會熬夜，一邊吃著他最愛的宵夜「元首蛋糕[4]」（Führer cake），一邊看卡通，而且這位仁兄鮮少在午餐前起床，常常窩在棉被裡直到下午兩點才起身。

一九四四年六月六日，大君主作戰首波攻勢展開，同盟國登陸諾曼地之際，德軍受到延阻、反應不及，原因是這位納粹領導人此時還在睡覺，也沒有人敢叫他起床。沒有希特勒下達命令，無從部署增援軍，遲遲不敢動作的下場就是德軍消耗掉寶貴的時間和主動權，成千上萬的同盟軍也已順利上岸。

這天中午，希特勒總算是起床了。仰仗著他出了名的「直覺」，判斷這是同盟軍要他相信這一則錯誤訊息，因此決定放棄反擊，想以此做為轉移焦點的策略；因為他相信同盟軍會從其他的地方入侵。直到當天傍晚，同盟軍已成功搶灘後，希特勒才相信他得採取行動了。

希特勒是位偉大軍事策略家的說法，多來自一般民眾的看法，因為當時的宣傳策略就是這麼告訴大家的。就跟希特勒在法國殞落後的艾菲爾鐵塔下昂首闊步，或是拿著地圖研讀的這些照片一樣，希特勒被形塑成果敢堅定的軍事指揮官。至今，仍是有許多人深信這

4 使用蘋果和葡萄乾製成；希特勒堅持得在白天烘培製作並放過夜，也喜愛巧克力和司康。此外身為反對喝酒的人，希特勒改喝大量的茶。

樣的形象，因為——就是因為——這是個好故事。

希特勒在一九四〇年成功征服法國，無庸置疑。不過，此次行動主要還是歸功於旗下將軍的規劃，外加上非凡的好運氣和英法兩國的無能，才不是因為希特勒是個軍事天才。

如同我們看到的敦克爾克這段故事，「無可阻擋的希特勒」傳奇具備了更廣大的目的性。

要說二次世界大戰是盎格魯法國（**Anglo-French**）姑息導致的下場，那麼也可以說是德國侵略的結果，但兩者都是過於簡化的說法。一九三〇年代的時候，姑息對許多人來說都是很合理的行為，大家都不想要有戰爭，也不覺得希特勒會想要打戰。後見之明就是有個好處；要是張伯倫和法國總理達拉第（**Daladier**）沒有簽下慕尼黑協議的話，要是他們出來對抗希特勒的話，後來事情的演變可能會完全不同。不過，我們當然不知道——也無從知道——會演變成這樣。

最後，一九四〇年德國能夠成功拿下法國，其中一大部分原因是同盟軍未能有效合作，還讓希特勒被過分讚揚。與其承認自己失敗了，不如承認是敵人太厲害，那麼乾脆說是阿道夫和納粹太無可阻擋就好了。就跟二等兵坦迪的故事一樣，希特勒提出的陳述既邪惡又天才，兩方人馬都可以拿來使用，所以才會流傳至今，二次大戰的其他政治宣傳亦是如此。

這股對希特勒與納粹的著迷感，不健康、也不尋常，但就是久久不散去。電影有塔倫提諾（Terantino）導演的《惡棍特工》（Inglourious Basterds）、史匹柏的作品，另有數千計的紀錄片與書籍。相關敘述已演變成「好人與壞人」的長篇故事，還常常發展成「華麗又血腥」的納粹主義故事，而不是譴責納粹本身的乏味與平庸。

我們應該要問的是：為何會有一群擁抱變態、凶殘幻想的種族主義怪人與惡棍，可以在歷史上占有一席之地？一些傳統、小規模的歷史頻道或許不會希望你這樣想，但其實納粹主義和阿道夫．希特勒根本就沒有什麼值得「著迷」的地方。

有史以來，自戀的人都有辦法找到機會竄出頭，展開大屠殺，以滿足自己的不足。希特勒想要能被後人記得，但我們還是記得他的受害者比較好。

＊＊＊

希特勒絕不是最後一位能力不足的人類，但卻靠著嚴格的形象管理與種族仇視，建立起自己的傳奇故事。

以諾．鮑威爾（Enoch Powell）愚蠢、不友善的「血河」（Rivers of Blood）演說，證明了這種事情可能會發生在任何一個地方。

英國保守黨議員鮑威爾一直很希望能成為印度總督，戰爭結束後的那幾年，他的夢想改變成首相。不過，他遇到個問題，也就是那些沒有跟他一樣優秀的「次等人」，不知道鮑威爾想要當首相，所以都捷足先登了。到了一九六〇年代，成了中年男子的鮑威爾，感到此時時間所剩不多。

情勢窘迫之下，鮑威爾決定借助仇外與偏見，外加上稍微的把自己神化的巧妙伎倆。認定自己只要好好利用群眾的成見，便很有機會取代時任保守黨領袖的愛德華．希思（Edward Heath）。因此一九六八年四月二十日，在阿道夫．希特勒七十九歲生日這天，鮑威爾在伯明罕（Birmingham）對保守黨的忠誠黨員，發表了這一場知名演說。

該場演講的重點就是，若不管控移民政策的話，勢必會導致種族戰爭。遺憾的是，當時的英國普遍、堅定接受這個看法。鮑威爾這場演講可是經過縝密的籌謀，事先通知媒體，連地方電視台都派出跟拍車。此演講很快就在全國各地的酒吧、電視台攝影棚內，引發人們對鮑威爾的偏見表示認同。

以諾．鮑威爾可不是穿著長筒靴的光頭小混混，他可是握有傑出的學位文憑，大眾普遍都認為他是個有聰明才智的政治人物。鮑威爾是傳統學者，在劍橋大學拿到雙修一級榮譽學位的優異成績，從軍時也當到旅長。此人聰明引用希臘與羅馬的典故，成功喚起「伯河谷之血」（blood of the Tiber）的共鳴。如此一來，鮑威爾「狗哨」（dog whistle，使用暗語向特定對象傳達政治訊息）的種族歧視就不同了，因為他談吐高雅，引用拉丁典故，讓仇恨多了一種知識分子的正直。

鮑威爾在其野心之下，用這場演說點燃火葬堆，他的「警語」持續不滅，差不多就跟《我的奮鬥》一樣，起了同樣的「黑魔法」威力。至今，還是有人會拿這場演說當作是知識分子的認證，並作為是暴民的種族歧視基礎。許多鮑威爾的支持者想盡辦法在幫他解釋，表示這場演說「被誤解了！」鮑威爾如此聰明，肯定是愚昧的群眾刻意扭曲他講的話，他只是單純引用了維吉爾（Virgil）講的話。可是這根本就是在瞎扯！

如果你讀過「血河」，你會很清楚其中的要旨，而且你會更驚訝的是這內容有多糟糕。這場演說之中，沒有一樣不是瞎扯來的。這一鍋大雜燴裡，有著成腔濫調的種族歧視言論、都市傳說、老婦人在抱怨黑人小孩對著信箱在鬼吼鬼叫，外加上各種無路可走之下的瞎扯主張，像是：「這國家在十五、二十年後，就會見到黑人拿著鞭子在打白人。」

那些只是廁所門上的種族歧視語言，換穿上薩佛街（Savile Row，以訂製西服出名的倫敦街道）的紳士西服而已。

如同希特勒的著作，鮑威爾的演說也是架構在虛假的尊重之上。因為大家沒有認真了解內容，所以就想像它是非常無敵的言論，即便它根本就是很危險的書。歷代以來，有非常多相似的政治宣言，書就擺在架上沒人讀，但卻已經幫了想出名的專制者，抹上一道可靠的光彩。格達費（Gaddafi）有《綠皮書》（Green Book），毛澤東也有一本紅色的《毛語錄》；兩本書的內容盡是各種無趣的修飾語句，出版目的都是為了聲譽和證明有才智。

毛澤東這本經典巨著充斥著滲透性言論，譬如：「勤儉辦工廠，勤儉辦商店，勤儉辦一切國營事業和合作事業，勤儉辦一切其他事業，什麼事情都應當執行勤儉的原則。」真是發人省思的言論。

已故的格達費上校，其聰穎心智留給我們的禮物是：「女人，就跟男人一樣，都是人類，此乃無庸置疑的真相。」真的，講得都是真的。

中國領導人習近平掌握政權後，為此類偉大的作品全集和政治文學，又增添了兩本著作，內容有理論、有演講、有引言。書名很吸引人，稱為《習近平談治國理政》。除了第一卷，還有萬眾期待的第二卷等。

從習近平文思泉湧的創作之中，我們學到了：「觀看NBA球賽非常刺激，在全球各地都有吸引力，在中國也是非常受到歡迎，我有空的時候也會看電視上的NBA球賽。」這句話上頭是寫著「宗教是人民的鴉片」，是嗎？

沒有想著籃球賽的時候，習近平這套門擋級的著作，為我們介紹了一個世界，這個世界居然不曉得他們需要「習近平思想」，也就是這套中國全新的政治理論。中國政治人物、中國書籍評論家、中國共產黨黨員、推特上的中國機器人，還有就是馬克・祖克柏（Mark Zuckerberg），他們收到這套書的時候，全都無比開心。臉書這位創辦人對「習思想」非常著迷，所以還為公司員工大批購入。祖克柏的平台在中國被禁用，但應該只有憤世嫉俗的人才會認為，祖克柏或許是想藉由推廣這本糟糕透頂的文學作品來獲取利益。

相對近期的美國電影《金牌警校軍》（Police Academy）裡頭的娛樂元素，「習思想」全都具備了，只不過欠缺最重要的原創性。「習思想」認為中國是個偉大的國家，但卻迷失了方向，唯有重新與真正的（亦是「假想的」）歷史連結，中國才能「再次恢復活力：重返榮耀。」

習近平表示中國具有五千年綿延不絕的獨特歷史，提倡西方國家所沒有的固有純正與智慧，還認為是西方思維與干涉已毀掉中國的命運。就各方面來說，這就是特殊主義，只不過一點也不特殊，就跟其他特殊主義一樣。正如北京市外的假迪士尼樂園，看來不只是詭異，建造手法還相當粗糙，習近平的觀點就是把老舊不堪的爛東西給重新包裝，一點也沒有說服力。

習近平的口號軟弱又無力，「我們比歷史上任何時期都更接近偉大復興的（中國夢）目標」，其實跟「讓美國再次偉大」（Make America Great Again）、「奪回掌控」（Take back control，英脫歐派的標語）沒什麼差別。依據與中國人的對話來看，即使是已經在英國住上好一段時間的中國人，這種想法似乎已深深植入現代中國人的心智中。就連受過良好教育的中國人，也都認為自己的歷史比其他人都悠久，更可一路回溯。另外，還相信只有習近平才有辦法讓中國往前邁進。

俄羅斯的部分，弗拉基米爾・普丁（Vladimir Putin）創建文學智庫，他個人在文學上的付出，也只是合寫一本有關柔道的書籍。可是，他卻要人們重新拾起伊萬・伊林（Ivan Ilyin）這位基督教的法西斯主義和民族主義人士所提出的觀念，在總統任職期間，更是大力推薦伊林的著作。

耶魯大學歷史系教授提摩太・史奈德（Timothy Snyder）形容伊林的哲學觀是「俄羅斯的基督教法西斯主義」，其觀點整體來說就是認為：「這個世界是腐敗的，需要一個具備全政治（total politics）的國家來拯救才行，而這個國家正是純潔的俄羅斯。」

俄羅斯特殊主義所端出的信念，認為得讓俄羅斯砍掉重練才行，而且方法只有一個，那就是把歷史整個消滅，並讓特別熟知「俄羅斯精神」的超級英雄取代之。那麼你這下就猜到了，這位俄羅斯總統就得自己得對號入座才行。

伊林非常崇拜希特勒，這點眾所皆知。面對有希特勒這麼一位前人，普丁不去擴大自己的野心，而是想把其他人一起往下拉到自己的程度。史奈德在《前往失去自由的道路》（The Road to Unfreedom）一書中，述說普丁如何成功刻意破壞民主——包含英國、法國與美國——並企圖在其中播下意見不和、不滿情緒的種子，鼓舞分裂運動。此外，他沒有努力改善人民生活的同時，自己卻已荷包滿滿。

根據俄羅斯分析師史坦尼斯拉夫・貝爾柯夫斯基（**Stanislav Belkovsky**）提供給聯邦調查局（**FBI**）的資料估算，這位俄羅斯總統的財產約當有七百億美元之多，而二〇一六年美國參議院司法委員會（**US Senate Judiciary Committee**）收到的數字是兩千億美元，這下普丁就成為全球最富有的人了。不論實際數據到底是多少，普丁先生龐大資產的來源完全不明。

儘管利用政權搶奪俄羅斯人民、違反國際法，普丁在他鎖定攻擊的國家內，仍受辯護派政治人物與評論家的姑息。這群人還表示，現代西方領袖只要再看一點平日白天時段播出的電視節目，了解一下納粹的崛起，那麼就能有不錯的政績了。

就算是高教育程度的先進國家，人們還是很容易受虛幻故事的影響，跟祖先會去找獅頭神獸尋求慰藉差不多的情況。外表強健的男人跑來兜售蛇油和偏方，靠的是強而有力但不可信的老套說詞。可悲的是，這一套手法還是可以哄騙一票人。此外，出版一本書籍，就是構造迷思的絕佳工具。

一九八七年，紐約商人唐納・川普自己出了一本書，叫做《交易的藝術》（**The Art of the Deal**）。該本自傳兼商業交戰手冊的書籍，把川普形塑成超級出色的天才，具備差不多是超級人類等級的洞察力，其促成交易的能力，可說是無人能比。

該書暢銷之餘，也鞏固川普的名聲，讓他成為——若不是全世界的話——那也是全美最知名的房地產大亨。川普因為該書聲名大噪，就連對他的批評也都接受了川普是美國人所推崇的大亨形象，具備敏銳度與經商才華。

只不過，《交易的藝術》其實是一場騙局。唐納・川普根本就沒有提筆寫半個字，甚至也沒讀過這本書，它是虛假的出版行為。

該書的實際作者是一位叫做托尼・舒華茲（Tony Schwartz）的仁兄，當有人來找他提議合寫這本書時，他猶豫了，因為他發現川普是個沒料的空殼，智力有限之餘，想法也很少。第一次會面時，面對舒華茲仔細費心構想出來的提問，川普都只給了一個字的答案，這下身背房貸重擔的舒華茲感到憂心重重了。不過，最後兩人還是達成協議，舒華茲會跟著川普跑行程，直接偷聽川普講電話，然後寫出這本書，並讓川普成為作者。

我不覺得揭露許多本知名人士的暢銷書「其實不是本人寫的」這件事情，算是公開多天大的祕密。不過，該書出版後，川普聲稱這是他的作品，今天也還是這樣表示。二〇一六年六月，角逐白宮職位時，川普在川普大樓的大廳告訴支持他的群眾：「我們需要一位寫了《交易的藝術》的總統。」

到底川普有沒有寫這本書，一點都不重要。重要的是，大眾認為這本書就是川普寫的。這是典型的自我宣傳與造神操作，目的是要維繫川普就是個經商天才的傳奇，這樣就能保送進白宮了。

隨著時間過去，舒華茲發現自己協助創造出一隻野獸，因此設法與川普保持距離。二〇二〇年十月，舒華茲向《衛報》（The Guardian）表示：「（他的書）的確協助建構了唐納・川普的神話，而且慘的是，我真的覺得這本書起了很大的作用。」

或許，收視極佳的《誰是接班人》（The Apprentice）系列節目的效用更大。正如同希特勒在紐倫堡演說一樣，該節目藉由巧妙的影射手法，加深川普在數百萬美國人心中的形象。電視節目打造出來的是一個難以捉摸的虛幻形象，川普成了果敢、俐落、有見解的傑出大人物。但是，這都是剪輯出來的效果。

不幸的點在於實境秀節目的界線非常模糊，電視觀眾並不樂見到自己觀看的是事先擬好腳本的實境秀。

據稱，川普自己也信了這一場騙局，所以開始相信自己就是《誰是接班人》裡的川普，那一位傑出商人、那一位白手起家的百萬富豪。

實際上，川普的狀況，就跟希特勒是一名藝術家的情形差不多。川普是具有特權的兄弟會男孩，從父親那裡繼承到遺產，而其父親也是從祖父那裡繼承財產。雖說「川普的」著作在一九八〇年代賣出幾百萬冊，但他的事業卻是大賠錢，光是一九八六年到一九九四年間，川普就損失了十一億七千萬美元。

川普唯一在行的本事就是自吹自擂式的自我宣傳，以及閃躲稅金的本領。二〇一六年，川普支付給美國國稅局（US Internal Revenue Service）的稅金則額為七百五十美元。無怪乎在交出總統政權時，他證明自己是滿口空話與大話的人，全然無法勝任這份工作，相當不光彩。儘管他把自己形塑成一位「使命必達」（can do）的總統，但川普最終幾乎是什麼事都沒有做。

四年任期之中，其四大參選承諾多數都沒有兌現。川普保證不會在美墨邊境建起高牆，不會廢止或取代歐巴馬的健保法案。此外，他也沒有清償國家債務，反倒是堆高了債務數字，更沒有興建基礎建設，縱使他先前聲稱：「興建基礎建設是最棒的！建設的同時，我們還可以讓數百萬人有工作。」

二〇二一年，川普離開白宮，他的傳奇就是混亂、離間與懼怕。任內唯一發展起來的產業是陰謀理論，以及——歸功於川普應對新冠病毒肆虐成果所賜的——殯葬業。

希特勒把自己推銷成一位失意的畫家，以及一位能夠蠱惑民心的無敵政客，川普則是把自己形塑成這世界上最厲害的商人。兩人都有所發展，因為有足夠的人願意買他們的帳。

現在，舒華茲認為《交易的藝術》這本書應該比較適合取名為《反社會人士》（The Sociopath）——這本書的新書名也完美貼切《我的奮鬥》這本書。

就算是最大的民主國家也會被追求私利的騙子所哄騙，出版書籍洗腦大眾，鞏固自己的形象，進而神化自己，讓大眾相信他們的領導人其實是另一個不同的人。

當然了，川普不是希特勒，不須為謀殺數百萬人負起責任，也沒有引發世界大戰，造成六千五百萬人身亡。不過川普跟希特勒一樣，其團隊為了贏得政治利益，打造了「另類真相」（alternative truth），更讓說謊成為常態。此外川普還利用了暴民，二〇二一年一月，鼓舞支持者前往首都滋事，推翻選擇結果。川普證明了，儘管時間可能有在轉變，但民主還是很容易被危險民粹主義人士，用來掩蓋真相、投機利用。

如今，美利堅共和國或許算是有順利逃出川普的控制了。

謊言成史 9

要是拿破崙贏了，英國現在都講法文

TEN GREAT LIES
AND HOW THEY SHAPED THE WORLD

FAKE HISTORY

政治宣傳

一九八六年十二月，我的歷史老師安排了一趟校外教學，前往蘇維埃社會主義共和國聯盟。我和其他二十多位六年級學生，一起搭乘只坐滿一半的俄羅斯航空（Aeroflot）飛機，飛往莫斯科（Moscow）。

就在前一年，蘇聯共產黨（Communist Party of the Soviet Union）總書記康斯坦丁．契爾年科（Konstantin Chernenko）過世，改由五十四歲的米凱爾．戈巴契夫（Mikhail Gorbachev）取代之。這位小戈巴（Gorby）成為繼列寧（Lenin）之後，最年輕的蘇聯領導人——各方面皆與以往年邁的前任領導人非常不同。

取得政權之後，戈巴契夫承諾會進行經濟與政治改革（perestroika），朝開放自由（glasnost）發展。許多人都期望，簽署北大西洋公約組織與華沙條約組織（Warsaw Pact）的各國家之間，能夠和睦相處，因為從八〇年代開始，冷戰又再度成為熱門話題。

那一天，我們在那台搖搖晃晃的奧斯汀蒙特哥車上，我向父親確認我們真的不會全死在核爆的蘑菇雲裡，而父親也在轟轟作響的引擎聲中向我做了保證。雷根總統謀劃的戰略防禦計畫（Strategic Defence Initiative），即「星戰計畫」（Star Wars），就是為了保護我們的安全，凡是飛向我們的彈道飛彈都回被攔截，所以不會有事的。

但我無法徹底安心——「星戰計畫」要花好幾年的時間才會建造完成，這段期間我們該怎麼辦呢？每次只要外交一發生問題，大家就會開始討論戰爭事宜，很擔心會發生核武末日決戰。

對於我們的生活，蘇聯的威脅真實存在，被蘇聯核武攻擊的風險也感覺很真實。在鐵幕（Iron Curtain，冷戰時期與蘇聯的界線劃分）另一端的人看起來都很有威脅性。我們對俄羅斯人的印象都是好萊塢電影裡虛構出來的，他們是嚴肅醜陋的機器人，在東方的永凍層裡困苦討生活，而且他們的首領時刻都在密謀要搞垮我們，就是真實存在，同時只欠個「納粹共產黨」的命名。

我們抵達莫斯科後，看到的事物大多都符合我們的成見想法。列寧被安放在紅場（Red Square）的陵墓內，凶神惡煞的士兵在外頭踏步行軍，還有幾尊非常大型的工人雕像，但商店裡都空蕩蕩。

當時我們就只是一群在蘇聯迪士尼樂園發牢騷的觀光客，沉浸在確認偏誤之中；照片裡的我們，擺弄的姿勢都充滿諷刺意味——還有些傲慢——整個打從心底瞧不起這一切。

不過，後來卻發生了一件古怪的事情。某天下午，有幾位當地的小孩在旅館外頭找上我們，他們幾個人看起來頗酷——其實比我們酷很多——表示想聽聽我們隨身聽裡的音樂。其中有一個人還跟我們聊起他的表哥，說他表哥是紅軍裡的士官，有在偷偷販售軍中物品給觀光客。後來，我和一位同學就約了這位表哥在停車場碰面，買了幾頂軍人的帽子，和一面從旗桿上偷取下來的紅旗。

這個人很有趣，一點也不像是機器人。其實，我們遇到每個俄羅斯人都不像是機器人，長得也不像拳王伊萬．德拉戈（Ivan Drago）。引用《007 情報員》（Dr No）、《印第安納瓊斯》、《神鬼戰士》（Gladiator）、《王牌大賤諜》（Austin Powers）等一大堆電影已經講到爛的說法——他們其實「跟我們沒什麼不同」（not so very different from us）。

每周三我們在學校都會玩軍人遊戲，穿上軍人的制服，然後跨步行軍。有的時候，正規軍隊的長官也會到學校演講。

一月的某個下午，那時我們剛從蘇聯的校外教學回來，有位年輕上尉剛好來給我們做演講。這位上尉非常和善，態度隨和，笑起來很迷人，他表示自己也不喜歡核武和其他武器，但在「星戰計畫」建造完成之前，這是有存在必要的壞東西，可以保護我們免受蘇聯的威脅，接著他就播影片給我們看。當兵看起來很有趣，可以認識女生，搭直升機到處飛，還可以在搖滾樂一出現的瞬間進行爆破。

宣傳影片結束之後，上尉開始激情演講。突然間，一位身穿紅軍制服的士兵出現在大廳後方，大聲吼道：「你這大英帝國的豬，全是軟弱無力的資本主義者！」——也可能是用了其他的字，顯然我是記不得每一個用字，所以這一句引用是虛構的，抱歉了！不管怎樣，你懂就好——這兩個人就一來一往，照著稿子相互叫囂問候，最後是這位英國軍人駁斥了這位「俄羅斯人」（其實是上尉的同袍）所說的一切。

這是一場沒有具名的戲碼，這位上尉扮演對抗蘇聯的迷人王子，而這位「俄羅斯人」飾演連環殺手藍鬍子的角色，但有可能是在演拉斯普丁（**Rasputin**，操控沙皇的淫亂神祕主義人士）。胡說八道一番之後，曙光出現，宛如一顆慢慢活過來的綠能燈泡。不過，這可不是一位講者出自善意的演講，在場的學生——非常明顯且赤裸——就是在接受政治宣傳。

我以前都認為只有英國公學才會灌輸此類保守觀念，這種糟糕透頂的內容可不會出現在我的學校，但到這一刻我就不再這麼想了。在這個有噴火戰鬥機和熱啤酒的土地上，我們都照著規則在玩板球，公平競爭。可是就在這一刻，在我眼前上演的一派胡言，成了赤裸裸的證據，證實了一切。

我很希望自己可以告訴大家這些，所以當時我站了起來，厭惡的走離現場，就如同本書一開始寫的那樣。不過，當時我可是人人敬重的高年級生，還是禮拜堂委員會的成員，千真萬確！所以，我就只好溫馴的坐在位置上，一結束就趕緊溜走；或許當時心裡還在想著莫斯科街上的那群青少年，但比較有可能是在想晚餐會吃什麼。

美國大文人馬克・吐溫曾寫道：「比起說服對方承認被騙了，直接誆哄對方比較容易。」的確，政治宣傳的首條守則就是，目標族群要夠容易去相信耳朵聽到的——或是眼睛看到的——所有一切；至於第二條守則是吸引人的謊言總是好過醜陋的真相；第三條是就算人們發現自己被洗腦了，但還是會願意繼續相信。

首位使用 propaganda 一詞者，乃是教宗格雷戈里十五世（Pope Gregory XV）。一六二二年教宗設立了「傳道總會」（Congregatio de Propaganda Fide），旨在「異教」地區宣揚天主教。這一招是為了制衡荷蘭與英國的新教徒，他們隨著帝國擴張，到處宣教。教宗格雷戈里期望藉由廣派天主教佈道團到這些地方，以梵蒂岡之火對抗新教之火，於是在非洲與亞洲派出大批修道士、大肆發送天主教教理文宣。

當然了，早在該條詞彙出現之前，政治宣傳的概念早已存在。

伊朗有個長寬達十五公尺、二十五公尺的貝希斯敦銘文（Behistun inscription），一般大家都視它為第一個現存的政治宣傳。大約完成於西元前五一五年，這塊巨大的石板上頭有刻文，豎立在陡峭的石灰岩懸崖上一百公尺處，內文是在誇耀波斯帝國的大流士國王（King Darius）是一位多麼偉大的君主。這塊銘文完成之後，用來放置的台子被移走了，所以沒有人在上頭竄改或是塗鴉，真是可惜！這也表示，自此以後的兩千年裡，沒有人真的讀過這段文字，除非搬來一個長一百公尺的梯子，或是有台功能強大的望遠鏡才行。

因此，貝希斯敦銘文差不多可以說是資訊戰「初期」的產物。儘管大流士如此偉大，但顯然還是沒有預先想好該如何把訊息散播出去。

不過，這塊銘文並非現存的首個政治宣傳例證。還有一個可能是更古遠的物件，這是一萬年前位在西班牙莫雷拉（Morella la Vella）的洞穴石壁畫，畫中繪製了許多位弓箭手在打仗——證明了人們在記錄勝利，也說明了早在中石器時代，人類就會誇耀成功與勝利。

政治宣傳最單純的意思，如牛津字典所做的釋義：「為了宣揚政治目的或是觀點，系統性拆解資訊，特別是採用偏頗或誤導的方式。」

換句話說，荷馬的長篇史詩是政治宣傳，所有的宗教文獻和已經早已被遺忘的神話故事，也就是在火堆旁傳遞史前獅子人雕像時講的故事，全都算是政治宣傳。打從有人類出現以來，便在誇耀自己的成就並哄騙他人。

到了亞歷山大大帝（Alexander the Great）的時代，難懂的石刻畫和洞穴石畫早已消失，易於識別的現代手法取而代之。歷史上「偉大的」男人與女人，也非憑空出現——得靠他們自己付出努力才行。亞歷山大（出生於西元前三五六年）就跟父親菲利普二世（Philip II）一樣，非常重視「品牌」的重要性，進而成為形象管理與輿論導向的專家。

西元前最後的五百年間，縱使軍力持續增長、文化有傑出表現，但阿吉德王朝（Argead

dynasty）的馬其頓（Macedon）領導人還是遇到了品牌的問題。古希臘的其他城邦只把馬其頓視為好過野蠻人一點點的族群而已，至於雅典人一點也不認為馬其頓是「真正的希臘人」，倒是把他們看待為後來興起的粗人和土包子——一點都沒有品味的鄉巴佬，成天只會在領土上滋事。

為了解決如此不友善的對待，阿吉德王朝開始散播說他們是宙斯之子赫拉克勒斯的後代，富有希臘勇氣美德與強健體魄。

亞歷山大大帝的硬幣上，刻意將其形象與赫拉克勒斯結合，但這點並不新穎，新奇的是整個帝國上下全都是用同一張圖像。這番統一設計形象的作為，就跟蘋果電腦、古巴革命家切．格瓦拉（Che Guevara）一樣，打造出非常有力的品牌形象。隨著亞歷山大大帝的硬幣在帝國內流通，他本人也成了「商品」被推銷出去。

性，也是可以兜售的。不過呢……就跟電影《名模大間諜》（Zoolander）裡的主角一樣，亞歷山大大帝也是只有一種表情，的確是個很棒的表情。帶著幾分留戀難忘之情，微微抬頭向上凝視，頭頂著柔順迷人的捲髮。自此以後，這位在西元前繃著一號表情的仁兄，成了大家競相模仿的對象，青少年偶像更是全然仿效，從詩人拜倫（Byron）到魯道夫范倫鐵諾（Rudolph Valentino），再由大衛．鮑伊（David Bowie）到火星人布魯諾（Bruno Mars），比比皆是。

西元前三三六年，亞歷山大的父親遇害身亡，這位年輕帥氣的統治者致力於鞏固父親菲利普所打下的江山，同時積極往東方擴張。不幸的是，希臘位於底比斯（Thebes）和雅典的兩大城邦則有不同的想法，他們透恨了由馬其頓人來治理他們。隨之而起的反抗起義中，亞歷山大的作為更讓他們不開心，屠殺成千上萬人不說，沒殺死的還被當奴隸賣掉——唯獨他喜愛的希臘詩人品達（Pindar）的後代除外。

亞歷山大的超級目標是入侵波斯的阿契美尼德帝國（Persian Empire of Achaemenid），但斬除叛亂消耗掉不少時間和資源。為此，亞歷山大想出一個狡猾的計謀，並給歷史另闢了一個用途，以期達到自己的政治利益，這真是新穎的觀念呀！

為了讓其他希臘人都願意相挺，亞歷山大表示入侵波斯並非是為了自己，而是要報復阿契美尼德帝國在一百年前企圖侵略希臘。那一場侵略行動見證在溫泉關戰役（Battle of Thermopylae）之中，三百名斯巴達戰士死守到最後一刻的傳奇。這件事在西元前四世紀的希臘化時期（Hellenistic Greece），可說是相當不得了的一起事件，還因此孕育出詩詞、歌曲，以及「斯巴達精神」的觀念——如同一起西元前的敦克爾克事件。

而且，就跟敦克爾克一樣，發生過的事件都會被大肆理想化與神化。「三百壯士」打從一開始就是胡說八道，因為斯巴達在此場戰役之中，有多達一萬名聯盟軍。然而，「人少少的」就是能成就了不起的故事，人們也樂於買帳，如此一來亞歷山大即是順利得逞。

波斯波利斯（Persepolis）是大流士大帝（Darius the Great）打造出來的波斯大城，當亞歷山大成功占領此地後，便整個夷為平地。尼科米底亞（Nicomedia）的總督，也是歷史學家阿里安（Arrian），依據他親眼見證表示，亞歷山大的動機非常清楚：「亞歷山大燒掉波斯波利斯的宮殿，乃是為了替希臘人報仇，因為波斯人當初用火與劍毀掉希臘的城鎮與聖殿。」

把打敗波斯人解釋成是為了報復，亞歷山大成功讓希臘人願意跟他同站一邊，更讓此場勝仗歸希臘人共有，更重要的是不必再花費時間來平定人心。

西元前三二三年，三十二歲的亞歷山大過世時，掌管的帝國之大，可一路從亞得里亞海（Adriatic Sea）延伸至今日的巴基斯坦。能夠促成這樣的天下，靠的是熟稔的拉攏手段與虛構的統一感，外加上運用其迷人的英雄形象與魅力進行治理而成。但靠著崇拜他個人而起的整場騙局，也隨著他的離世陷入破滅，整個帝國也隨之四分五裂。

亞歷山大肯定是位很棒的戰地指揮官、策略家，也是位很有手段的政治領導人，但他卻不是一直都像看起來的那樣「偉大」。他的脾氣極差、有仇必報，常常純粹因為礙事而把人殺了、把城鎮夷為平地，個性也相當輕率，最終因為自身缺乏遠見，沒有指定繼承人，所以打下的江山多數都就地化整為零。

至於那些存留下來的——顯然就是統一的希臘，以及希臘文化與觀念的政治宣傳——

都只是延伸父親菲利普的功績罷了。攻下希臘的是菲利普二世，隨後更以科林斯聯盟（League of Corinth）之名，統一希臘，開創了希臘化時期，同時侵略波斯帝國的計畫，其實也是出自菲利普之手。

可是，有誰聽過菲利普呢？大家只記得亞歷山大大帝，主要原因正是因為此人是個政治宣傳天才。亞歷山大的名字和形象延續至今，就算看起來不是特別火辣性感，但他可是首位自我宣傳、輿論操控大師！

打造屬於你自己的神話——如同我們看到希特勒和邱吉爾的作為——神話會流傳下去，確保歷史書裡有一塊你的位置。就算跟真相相差甚遠，那也沒關係。

＊＊＊

亞歷山大的手段相當奏效，後來締造大帝國的人，無不效法整套拿來用的。亞歷山大「大」帝是羅馬人給的稱號，而羅馬人的首位皇帝奧古斯都（Emperor Augustus）也就名正言順的盜用了同樣的形象、舉止、行為。拿破崙．波拿巴（Napoleone di Buonaparte）也同樣如此，這位科西嘉島（Corsica）出生的富家子弟，是托斯卡尼（Tuscan）不太重要的貴族，後來也效法了奧古斯都。

拿破崙站立在多位偉人肩膀之上，建構了現代政治宣傳的觀念。一七九七年，年僅二十八歲的拿破崙已在義大利指揮法國軍隊。

拿破崙之所以能指揮法國軍隊，乃是因為自身的決心和名聲，但同時也是藉由一些巧妙的手段操作。如同亞歷山大，拿破崙非常清楚該如何向人民宣傳，以及如何編造傳奇。此人非常擅長使用當代的社交媒體，不過當時網路和電影院都還沒有出現，所以只能運用藝術創作、肖像繪畫、衣著服飾、音樂和媒體，這就是浪漫主義的年代。借用史丹佛大學教授亞伯特．瓜拉爾（Albert Guerard）的說法，拿破崙是把自己投射成「浪漫的理想化身」。

十八世紀晚期的法國非常流行金屬製紀念章，拿破崙明白自己要被注意到的象徵意象很重要性之後，即找人製作一系列五枚紀念章，一面描繪他在義大利打勝仗的場景，另一面則是頭戴月桂花環的本人，既是羅馬人，又是亞歷山大的戰士——此人物形象集合浪漫、英雄、皇帝於一身。

成名之後，拿破崙設法讓藝術家願意把他畫成一位瀟灑氣派的革命家，尋此脈絡之下的首部作品是一七九六年的《阿爾科萊橋上的波拿巴》（Bonaparte at the Pont d' Arcole），為拿破崙喜愛的政治宣傳畫家安東尼．傑昂．格羅斯（Antoine-Jean Gros）之作。拿破崙被塑造成「十足的亞歷山大」，手拿旗幟、帶領軍隊打硬戰——他一頭長髮飄逸落下，劍上的題辭是「波拿巴，義大利軍隊」（Bonaparte, Armée d' Italie）——就是要避免人家不知道他是誰。

之後的二十年間，格羅斯和其他拿了好處的藝術家，力推他們的人、他們的金主。就跟芭比娃娃或是公仔一樣，同樣的產品會推出各種不同版本的變化。我們看到的拿破崙，是個富有行動力的男人，是人民所擁有的那一位，是光榮的羅馬皇帝，是為了征戰而翻越阿爾卑斯山的漢尼拔（**Hannibal**，西元前二〇〇年左右的天才軍事家）後代，甚至還有勤奮工作的官僚形象，在早上短短幾個小時裡，奮力研究、確定《拿破崙法典》（**Napoleonic Code**）的細節內容。如果你看過西方政治人物的照片，無論是拿著一支筆、坐在書桌前，或是騎馬英姿，又或是坐在坦克車裡——可能部分就是源自拿破崙。

拿破崙也操弄音樂：大氣磅礡的殺戮合唱曲，講述法國的野蠻敵人，以及要解放被暴君奴役的人民。事實上，就跟《統治吧！不列顛尼亞》（**Rule, Britannia!**）這首歌相去不遠。《出征歌》（**Chant du Départ**）這首歌的歌詞創作於一七九九年完成，也就是拿破崙取得政權的時間點，內容就是在頌讚：

擅抖吧！法國的敵軍！嗜血的國王自傲，
至高的人民面前，暴君退回墳裡去！

聽起來都還不錯，但一旦知道「至高的」人民指的是只有「男人」和「白人」時，就會覺得不對勁了。一七九九年的女人沒有任何權力，直到一九四四年，法國女人才有投票權。雖然法國大革命廢除了奴役制度，但一八〇二年又被拿破崙恢復了。

先把音樂放一邊，拿破崙最偉大的政治宣傳新手法，就是掌控媒體的力量。昏暗的十八世紀，拿破崙人在義大利廝殺，拉攏國內報業，還成立自己的報社。到了一七九七年，仰賴超過六個傳聲筒，拿破崙把自己鼓吹成一時之選，同時也攻擊批評的聲浪。其中，《義大利軍隊的信件》（Courrier de l'Armée d'Italie）和《法國從義大利軍隊來看》（La France vue de l'Armée d'Italie）這兩份報紙都歸拿破崙所有。假軍方報紙之名，把報紙分送到部隊裡，除了報導家鄉的生活新聞之外，拿破崙——這位英雄——也成功把自己推銷出去。藉由幾份報紙的報導，鞏固了拿破崙在部隊的支持度，並順利回到首都，而且首都的報刊也是在奉承報導有關拿破崙——往往會誇大處理——多起勝仗情況，全是無償印刷。

真的就是在製造假新聞，還莫名有現代感。某程度來說，這些畫作和紀念章就是現代社交平台 IG，那些樂曲創作就是 YouTube，報刊則是推特和臉書。

十八世紀晚期時，法國人民識字率頗高，至少有百分之六十五的成人識字（男性的比例更高）。拿破崙藉此善加利用，成為唯一一位能夠終結這一切混亂的人，可讓因革命分裂的法國重新團結的強人，更是遠離巴黎混亂政治的清流人物——實實在在的人民公僕——可以讓法國再次偉大。

拿破崙在政治宣傳上的付出，效果其佳，變成眾所皆知的風雲人物，「波拿巴風潮」還紅到法國境外，甚至連在英國也宛如巨星般響叮噹，作家威廉・海茲利特（William Hazlitt）還稱呼拿破崙為「現代歷史中最偉大的人物」。

惠格黨黨員亨利・福克斯（Henry Fox）為掌璽大臣（Lord Privy Seal），他的妻子伊莉莎白・瓦薩爾・福克斯（Elizabeth Vassall Fox）也是拿破崙的忠實粉絲，更在見過拿破崙本人之後，在荷蘭大宅（Holland House）的花園豎起這位法國領導人的半身像。詩人拜倫創作有關拿破崙的詩詞，蘇格蘭貴族找來畫家描繪拿破崙，貝多芬的第三號交響曲也是在表達對拿破崙的敬愛之情，取名為《拿破崙交響曲》（The Bonaparte Symphony）——但因為拿破崙在一八〇四年又給自己加冕成為皇帝，貝多芬非常氣憤，遂改變心意，刪掉樂譜上有關拿破崙貢獻的內容[1]。

把自己變成偶像的問題在於，你得跟創造出來的形象一樣優秀才行！就算是化為肉身的在世神明，也很難經得起這種審查。福克斯太太首次見過未來皇帝本人之後，或許就對

1 此乃真實發生過、罕見「好故事」。貝多芬當時非常生氣，氣到直接在樂譜上有拿破崙名字出現的地方捅出洞來。

拿破崙誇讚不已，所以才會寫信給姐妹講述拿破崙「耳朵長得很好」，但其他人可未必一樣同感。這跟「真實人生裡的」希特勒，澆熄《柯夢波丹》記者朵樂希．湯普森的期望一樣，拿破崙本人也不如那樣棒的宣傳形象。

巴發利亞藝術家阿爾布雷希特．亞當（Albrecht Adam）於一八〇九年為拿破崙繪畫，他後來回憶道：

「他坐在那隻白色阿拉伯小馬上，姿態放鬆，頭戴一頂小帽子……如果沒有常在畫中看過他，不會認出這位偉大的皇帝——他可是在奧地利奧斯特里次（Austerlitz）和德國耶拿（Jena）打了勝戰，連君主都要對他鞠躬的大人物。」

一八一一年見過拿破崙本人的小說家保羅．寇荷（Paul de Koch）的形容是：「膽小、臃腫、肥胖，而且他的頭靠肩膀太近了！」

這位在滑鐵盧被俘的戰敗將軍，被諾森伯蘭號（HMS Northumberland）載到聖赫勒納島（St Helena）放逐，那艘船隻的負責人是少將喬治．賓漢爵士（Major-General Sir George Bingham），他寫道：「他的整體宣傳完全沒有傳遞出他是個非常偉大、非常出色的人！」

當然了，多數人、多數崇拜拿破崙的人未曾見過這位虛構故事裡的核心人物，頂多看過他的圖像，在報章上讀過相關文章，而這些在動態影像出現之前的年代也已足夠。在那個年代，一旦開始追捧某位名人，這位名人幾乎就無法從仰慕者的眼中抹去。

不過，英國倒也沒因為這樣就放棄。英國政府以教宗格雷戈里為榜樣，採取以牙還牙的手段，也效仿拿破崙，偷偷成立法文報刊，諸如 **L'Ambigu**、**Courier de londres**、**Courier d'Angleterre** 等，表面上看來是由法國大革命的流亡難民經營的報刊；此舉不僅可以盡情用力討伐拿破崙，英國財政部還會提供大筆經費。

反制政治宣傳與錯誤訊息，經由非正式途徑滲透入歐洲後，拿破崙對資訊戰展開最後一搏。先向英國政府提出抱怨，未果，接著運用在荷蘭巴達維亞（**Batavia**）、德國漢堡（**Hamburg**）和薩克森（**Saxony**）等地的影響力，阻止報刊傳播。拿破崙跟後來出現的民粹領導人一樣，譴責那些反駁他的假新聞的行為，並表示那些都是「假新聞」。同時，賄絡編輯與記者是有獲得一點成效，有些人受誘惑回到法國，有些則是收了錢閉起嘴。

不過，雅克．雷尼葉（**Jacques Régnier**）可沒被收買。身為「克里奧殖民地居民」（**Creole colonist**），雷尼葉痛恨法國大革命，也非常討厭拿破崙。一切得從一七九一年的事件說起；在非洲出生的傑昂．弗朗索瓦．裴皮隆（**Jean-François Papillon**）與革命鬥士喬治．比亞蘇（**Georges Biassou**）帶領之下，法國殖民地海地的黑奴起義反抗。拿破崙想要重新取得該島的政權，並重新實行奴隸制度，但隨後發生延宕許久的獨立戰爭，一八〇四年法國被打敗，出身奴隸的傑昂．雅克．戴沙林（Jean-Jacques Dessalines）成為南美洲及加勒比海地區首個共和國的第一位黑人總統。

雷尼葉被革命奪去所有，後來又因為起義失去一切。一七九三年的恐怖時期（Reign of Terror），此時憤怒的雷尼葉已搬到法國，為雅各賓（Jacobin，激進的共和主義）期刊Cosmopolite撰寫文章。這一年的大屠殺，他見到法國大革命兩大主要政治勢力相互較勁，常憑著謬誤的罪名，恣意殺戮、斬首、拘捕人民。

雷尼葉的出版商被處決，他自己則是躲掉被斬首的命運，但仍被關進牢裡受苦。一七九五年被放出來後，隨即逃往英格蘭，開始為政府主管機關賣腦袋工作，成為政治宣傳的打手。後來雷尼葉因債務入獄，一八〇二年報刊Courier de londres的老闆把他救出來，並給他一份當編輯的工作。

面對法國和拿破崙，雷尼葉有著滿腔的自憐與憤怒，以及不斷擴大的怨恨之情。開始從事編輯工作之後，表現良好，這工作或許可說是當代力抗拿破崙最有效力的政治宣傳打手。

與同儕不同之處是雷尼葉不接受賄賂，部分原因是英國政府給的錢比法國多。還有一個更重要的原因，雷尼葉跟歷史上許多惡名昭彰的政治宣傳人物一樣，動機是為了理想、怨恨與報復。失去家園、土地、資產，還差點犧牲掉性命——真是多虧了這麼一場革命——雷尼葉認為自己的不幸都是法國大革命和拿破崙害的，正是因為他跟攻擊目標有私人恩怨與理念上的敵意，致使他的信念無所動搖。

一八一五年爆發滑鐵盧戰役，也終結了雷尼葉做為對抗拿破崙打手的職涯。不過在此之前數年裡，雷尼葉在報刊、傳單上努力散播異議與不實訊息（disinformation），從西班牙傳到瑞典、俄羅斯和更遠的地方。在對抗拿破崙的資訊戰裡，雷尼葉的確起了很關鍵性的作用。

英國向理念與拿破崙主義相左的人證明有許多可行的辦法，而私下接受資助從事政治宣傳的「孤狼」（lone wolf）是普遍的作法。一八〇四年出版的《革命的蒲魯塔克》（The Revolutionary Plutarch）就是個好例子；此書作者號稱是「一位住在巴黎的紳士」，但其實很有可能是人在倫敦的盎格魯法國出版商兼作家路易斯．哥德史密斯（Lewis Goldsmith）。哥德史密斯原本是拿破崙的頭號粉絲，後來成了撰文反共和主義的激辯人士，此書指控拿破崙的政權在加重人權濫用。

《革命的蒲魯塔克》是「殘暴政治宣傳」的早期案例——刻意傳播虛構的赤裸暴力罪行，為的是要讓敵人失去信譽。即便到了社群媒體的年代，容易吸引注意力的暴力、感官內容，依舊是散播恐懼與不實訊息的有力作法，這跟一八〇四年的時候差異不遠。

《革命的蒲魯塔克》聲稱六十萬巴黎人口之中，有十三萬二千人是祕密警察，更詳盡描述祕密警察總部有個「地獄之室」（Chambre d'Enfer），犯人在這裡被施虐、強暴，並綁在架子上拔除四肢。書中大部分內容都是捏造的，但絕佳的政治宣傳都會參雜一點真相的元素，這樣整體就會多幾分可信度。在許多人心中，一七九〇年代的恐怖時期乃真實存在，也定義了法國革命；同理，祕密警察也一定存在。

在警政部長約瑟夫．富歇（**Joseph Fouché**）的帶領之下，法國的異議之聲被慘忍剷除；每個地方都有密探，拘捕與失蹤也相當常見，猜忌之心更是到處都有。不過巴黎有十三萬二千名間諜的想法，顯然是不實的內容。哥德史密斯的描述讓大眾普遍認為，拿破崙統治之下的法國，每件事情都是用斷頭台（guillotine）來處理，而在法國的日常裡，也可見到人頭在永無終止的放縱暴力之中，隨處往左、往右和往中間滾動。

一九七七年以前，法國都還在使用斷頭台，此裝置一般被視為固有殘酷行為和嗜血法國革命的極致表現。不過，斷頭台這玩意也有相當比重的虛構歷史。妙的是，為斷頭台命名的約瑟夫．伊尼亞斯．吉約丹（**Joseph-Ignace Guillotin**）本身是反對死刑的，之所以會提倡使用機器，只是因為他認為比起上吊，這種死法比較不殘忍。其實有好長一段時間只有「菁英」才能被斬首處決，因為這是快速、短痛的死法。因此，聽來或許詭異，但十八世紀時斷頭台在法國是被看作是「進步的象徵」。

吉約丹雖然為斷頭台命名，但他沒有發明斷頭台，也沒有參與建造的工作。在此之前，這台我們稱為 guillotine 的裝置，已經以其他形式存在數百年，而且最早的樣機可見於……嗯……英格蘭。早在十三世紀，它叫「海利菲克斯」（Halifax Gibbet）並開始服役，從當代木版畫看來，其外形和作用就跟斷頭台一模一樣，直到十七世紀克倫威爾（Cromwell）下令禁用才除役，並於一六五〇年拆除。

英國政治宣傳者顯然對這部分保持緘默，反倒強調這台「法國」的裝置很殘忍。

吉約丹家族因為名字與此台裝置有關聯而蒙羞，在約瑟夫過世之後，家族向巴黎政府請求變更裝置的名稱。被拒絕後，家族遂決定改名。可憐的已故約瑟夫，原本是一番善意，卻搞得自己惡名昭彰。

一般大家都相信，熱愛和平的吉約丹先生，也是被這台自己在推廣的裝置給處決身亡，即便到十九世紀初期，這樣的說法還是廣為流傳。一八一八年，牧師大人亨利．陶德（Reverend Henry Todd）改版《強森字典》（Johnson's Dictionary）時，也談了這段故事，並首次在英文裡使用 guillotine 一字，此時這位「發明人」也才過世四年而已。這是一段「好故事」，但真實性卻很低，因為吉約丹先生活到很大的歲數，而且是自然死亡。

影片與大眾文化讓大家普遍相信，法國一直到十九世紀都還把斬首當作是在玩撞柱子遊戲，現場還會有「無套褲漢[2]」（sans-culottes）發出如驢叫的呼喊聲。一八三〇年代，公開處決仍是場面浩大的公眾活動，不過此時國家斷頭台已從巴黎市中心移至桑德監獄（La Sante prison），使用機會大幅降低。一七九〇年代的恐怖時期暴行，總共造成一萬六千人死亡，其中有許多人都是命喪於斷頭台，但巴黎後來也擺脫了此段時期的糾纏。的確，從當代的資料看來，儘管法國的總人口大於英格蘭和威爾斯人口總數三倍，但拿破崙時期被處決的人數卻比英格蘭和威爾斯的總和少了三倍。

然而，我們所相信的卻是相反，這是拜法國詩人列尼葉（Régnier）、哥德史密斯等人所賜，他們政治宣傳手段非常高明，非常會傳播死刑處決和各種恐怖故事。至今還是有非常多英國人認為，拿破崙時期的法國就是一段沒完沒了的暴力情節發展，而傷痛就是最好的證明。當然，在此不是要說斷頭台搬到桑德監獄後，法國誇張的處決行徑就劃下了句點。其實，當歐洲其他地區已不再公開斬首後，巴黎依舊公開斬首好長一段時間，而最後一次公開斬首是在一九三九年六月，當時德國連環殺手歐根・魏德曼（Eugen Weidmann）在暴民起哄、吹口哨之下被砍下頭顱。在場圍觀的群眾包含十七歲的英國學生，名叫克里斯多福・李（Christopher Lee），他備受誇張行徑驚嚇，後來在自傳裡寫道：「我以為我會死在

2 指法國大革命的下層百姓、勞動階級。

那裡。」

不過，斬首行徑並未就此結束。法國最後一次送人上斷頭台是在一九七七年九月，這次是關起門來切下認罪殺人犯阿米達．疆杜比（Hamida Djandoubi）的頭顱。又再過了四年，法國才廢除死刑，長達一百八十九年歷史的裝置總算正式完全除役。

拿破崙傳奇，如同把他孕育出來的的革命一樣，既複雜且爭議十足。對某些群眾來說，拿破崙以前是——現在也是——法國啟蒙運動的浪漫化身、捍衛宗教自由、改革雙角帽（bicorne hat）時尚。拿破崙，是最能詮釋當代理念的人物；其頒布的《拿破崙法典》，編纂了法規，成為許多現代民主社會的基準；發起教育改革，為歐洲與其他地區奠定基礎；是一名軍事天才，也是深愛自己人民的民粹主義人士。既便已經過世兩百年，拿破崙的星星依舊閃亮，連在英國也是一樣閃亮。

然而，對另外其他人來說，拿破崙是個自我膨脹的強盜、是個流氓、是個心胸狹窄的暴君，欺騙無辜民眾，還重啟奴隸制度與專制政治，而且就算已經侵犯到其他國家的主權了，卻依舊堅持偉大的理念。他還是個嘴裡談著民主與自由，但卻以獨裁、帝王治理國家的偽君子。

一如繼往，真相就介於上述兩者中間。

拿破崙的野心招致三百萬到六百萬人死亡，其中很多都是他的人民。這是事實，但不能就此掩蓋掉他在教育、法律、宗教自由上的成就。光是入侵俄羅斯一事，估計就有一百八十萬名法國與盟軍的士兵身亡，這群人是貨真價實的歷史小兵，其犧牲都是為了達成他們皇帝的雄心壯志。拿破崙統治的法國，肯定是個獨裁國家。不過，十九世紀初期之際，拿破崙其最大的敵人英國，其實也很難稱得上是個民主國家。

一八〇〇年，英國成人人口之中，不到百分之五的人可以投票，擁有投票權的全是有錢人。大多數城鎮根本就都沒有議員代表，沒有所謂的祕密投票，因為許多選區常常只有一位候選人。一般民眾，甚至連富足的中產階級，根本就無法向其政府發聲。

此時的英國並非僅僅是個無害的父權社會，當時政府當局面對不同聲音的意見和激進觀點，皆是採取快速鎮壓的手段，一八一九年彼得盧大屠殺（Peterloo Massacre）便是一例。一八一九年八月的這一天，數百位民眾聚集抗議經濟不公，訴求是要改革投票權，這樣他們才有機會投票，但卻遭到手拿刀劍的騎兵迎面猛衝，總計至少十多人身亡，受傷的人數高達數百人。

拿破崙的征伐野心或許犧牲數百萬條法國人的性命，但英國不必跨出國界也能犧牲掉自己人民的性命。一八四〇年代的愛爾蘭馬鈴薯飢荒，起因或許是因為馬鈴薯染上疫病，但是一百多萬人會為此送命的原因，終究還是因為西敏寺政治人物與統治階層菁英的能力不足、反應緩慢、漠不關心、冷酷無情。

至於對拿破崙「剝奪他人自由」的指控，其實同期的大英帝國自己也遭遇野心問題。當時，英國當權派同樣把遠方和近地的人民都視為物品，而法國《拿破崙法典》儘管有許多瑕疵缺陷，但還是認定法國（男性）人口都是平等的人民。今日，英國還是持續有「蠻橫瘦子」（despotic Boney，暗指拿破崙）的想法，儘管十九世紀初期英國統治者出了不少差池，卻仍被看作是意圖良善的好人。

會有如此矛盾的情況，主要原因在於是這年代的政治宣傳力道非常強，深深烙印在英國人的精神想法上。自由工作者對拿破崙使出最有力的攻擊，大概就屬當代漫畫家詹姆士·吉爾雷（James Gillray）了，他的作品形塑了我們對拿破崙持續不變的錯誤印象。

一七九八年，納爾遜（Nelson）在尼羅河戰役（Battle of the Nile）擊潰法國船隊之後，吉爾雷就畫了一幅知名漫畫，描繪那位指揮官大發孩子氣；在後來的諷刺漫畫裡，更把拿破崙形塑成「骨瘦小子」（Little Boney）——一位穿著不合腳的憤怒矮小法國人。事實上，拿破崙身高有五呎五（一百六十九公分），這身高還稍微高出十九世紀初期法國人的平均身高。不過，攻擊領導人身高是很棒的貶抑手段，屢試不爽。沒有一項武器能比嘲笑更有用的了，而吉爾雷惡毒的諷刺漫畫尤其善於揭露拿破崙的神祕面紗。

不實訊息漫天紛飛，到現今還是有許多錯誤觀念殘存，這一點也不意外。還有個同樣錯誤的觀念；英國最終是打敗了拿破崙，但一般接受的想法和政治宣傳內容，大多堅持取自滑鐵盧戰役。其中有個主要的想法是來自威靈頓公爵的一句話：「滑鐵盧是在伊頓公學的田徑場上打的勝仗。」伊頓公學自然是感到非常驕傲，可是公爵並沒說過這句話，他本人其實十分討厭這間母校，況且他一七八四年畢業時，學校裡根本就還沒有田徑場。

英格蘭人主張滑鐵盧是「他們的」勝利，甚至還以此命名一個火車站。可是，其實這場滑鐵盧戰役——是在比利時滑鐵盧打的勝仗——也不是單靠英格蘭某私立學校的男同學贏得的勝戰，而是由許多國家和不同階層的人所組成的盟軍，大家一同達成的勝利。

威靈頓「鐵公爵」（Iron Duke）有一半的軍力，來自比利時、荷蘭，以及德國薩克森和漢諾威。其餘兩萬三千名軍力之中，約有三分之一是愛爾蘭人，另有三分之一是蘇格蘭人，剩餘約八千人是英格蘭人——只占各國士兵總數的百分之六——當中是有一些伊頓公學畢業的，但幾乎不是決策者。

此場戰役還遺留給英國人另一個老套的說法：「要是威靈頓公爵在滑鐵盧戰敗了，那麼我們現在開口講的都是法文。」真是個好例子，展示呆瓜想法竟能變成廣為流通使用的說詞，但顯然非常不實。要是當初公爵輸了滑鐵盧戰役，那麼英國和其他盟軍也不會被滅國，充其量就是在一場大戰中輸掉一輪罷了。威靈頓公爵與盟軍應該不是投降，而是撤退。此場戰役只是拿破崙的最後一把賭注，並非其他人的最後一局比賽。

即使當初拿破崙想盡辦法扭轉情勢，克服掉所有阻礙他的困難，然後侵略了英國，但這座島嶼上的人民也不大可能會改講法文。拿破崙當時占領了荷蘭、義大利多地，還入侵德國、波蘭、西班牙多數地區，不過這些地方至今仍保有原本的語言。

如果此番假設認為「戰敗國最後都會開口講占領國語言」的話，那麼顛倒過來才會是真的。法國人全都會開口講英文，這樣才是。如果你的母語是英文且沒有去過法國的話，那麼請相信我的話——但他們就是不會。

＊＊＊

人類做為一種生物，因其與生俱來的合群和願意合作的特質，成功繁榮發展茁壯。不過綜觀歷史歷程來看，也因為如此，我們易受謊言、共有特徵、不好的人際關係，以及特別會寫履歷表的人所影響，真是不幸。

能夠順利通過面試，或是成功約炮的人，首先要很懂得政治宣傳。我們每一個人都會為自身的利益，去說謊和杜撰故事。

社群媒體上的網紅，就是擁有該項技能最佳的例子。就跟所有政治宣傳手段高超的人一樣，最厲害的作法就是先要有一個基本現實（base reality），接著在上頭打造另類真相，然後開始兜售自己最棒的一面。我們這個時代特別成功的政治人物都會這麼做，他們會略過主流媒體，在社交媒體上打造自己的名聲，直接把訊息傳送到這世界上的手機網路裡。這也未必是件壞事，因為社群媒體也可用來反制政治宣傳。在專制和逐漸失去民主的國家當中，智慧型手機能讓反政府的聲音被聽見，還能傳遞反對的陳述內容與反政治宣傳來做為反擊手段。當然了，也不是每一起政治宣傳都是不好的，有時連國家政治宣傳也能是良善的。

以英國出名的「政府宣傳片」（public information film）做為例子；這類宣導短片從一九六〇年代開始播放，警告在水邊、火車軌道、十字路口會遇到的各種危險性。不出多久，孩童就都相信要是不乖跑到水池邊或車站旁玩耍，那麼就會溺水而死（或是被火車輾成兩半）。

雖然這樣想有點太誇張，但成效卻很好。一九七〇年代後期時，英國每年有兩千名孩童因意外傷害死亡，到了二〇一一年，該數據驟降到一百四十人。另外，從一九八三年起計，因溺水意外死亡的人數下降了三分之一。這樣的成果必非只歸功於政府宣傳片，不過宣導影片對於意識提升，的確起了很大又有效力的影響。

政府資訊就是政治宣傳；二戰期間，政治宣傳部甚至取名為資訊部，不過大部分英國人不認為這裡有在做政治宣傳。「政治宣傳」這條詞彙，會讓我們聯想到戈培爾、希特勒、蘇維埃。但是，一旦想到英國或是美國付出的努力，我們會——錯誤的——相信他們是良善或是誠實的。

事實上，縱貫二十世紀，英國在不實訊息和資訊控制這項暗黑技能上，發揮得淋漓盡致。一九一四年八月，宣戰後第四天，首相赫伯特．阿斯奎斯（Herbert Asquith）領導的政府通過《國土防衛法案》（Defence of the Realm Act），該法案其實是授予政府權力，逮捕破壞作戰計畫的記者與編輯。大多數人都謹守規定，就連作家和藝術家，無論是官方或是非官方的合作，都時刻在為偉大的作戰計畫付出心力。不過隨著大戰持續延宕，政府遂採取更加令人感到不安的手段。

一九一五年，正當徵兵成效萎靡不振之際，布萊斯報告（Bryce Report）公布了「德國被指控的暴行」（Alleged German Outrages）研究調查。這份長達四十八頁的報告裡，看似嚴謹參考引用政府文宣，詳細解說「德國的殘暴行為」。述說這位德國皇帝利用婦女孩童做為人肉盾牌，並以敵人「很享受謀殺、強奪」這樣的內容，讓讀者感到恐懼。還說，德國人可不是單單照著規則走，他們會對醫療院所發射炮彈，會處決平民老百姓，還會切下孩童的手，用以恐嚇入侵地區的人民。

布萊斯爵士（Lord Bryce）當年可是頗受尊重的大人物，此份報告一出，隨即引發轟動。報告在美國印製出版時，要求美國得介入大戰的呼聲越來越大，因為德國人是不受控制的怪獸——一定要制止他們才好！

由於過去用來對付拿破崙的「殘暴陳述」一招成效非常好，所以這招此時又被拿出來使用，剛好足夠用來建立真相的可信度，畢竟內容都有嚴謹標註引文和出處。然而，把手砍下來的這部分陳述，其實是難民逃離出來後散播的謠言，根本就是假的，但布萊斯報告不管三七二十一，還是拿來使用傳播。

保持謊言的可信度和渲染度，乃是大有力的策略，可以跟巴伐利亞軍團的屠夫下士阿道夫．希特勒一樣，引來大眾的欽佩。

是說，野蠻人很難是人類的敵人，而野蠻普魯士（德意志的前身）將軍派來的人很野蠻，這說法一點也不公平。首先，德國最高統帥部對士兵比較好，其壕溝環境比較好，設備也比較齊全。而且英國軍隊光憑「膽小」之名，就射殺了三百零六名自己的士兵，但德意志帝國軍隊只處決了二十五人。

大英帝國的目標很容易上當，會採信簡單的陳述，也接受確認偏誤的安撫，全盤接受為他們量身編造的說法，而且現今仍有許多人也還持續這樣相信。德國人都是壞蛋——會開戰都是他們害的——他們的殘暴行為都會被記錄下來，而「我們」是好人。

殘暴行為當然是有，還是到處都有。參與一次世界大戰的各個國家之中，沒有哪一方真的是無辜的。二次大戰爆發後，政治宣傳戰爭起了些變化，不只是因為納粹的作為使其敵對手的工作變得容易，希特勒與其黨羽也被形塑成壞蛋，恪守顯然很邪惡的教條，他們的意圖很鮮明，就是要趕盡殺絕、侵略有主權的領土；其實希特勒這群人已經成為這場大戰的假想敵。

英國資訊部有許多材料可以運用，並在許多條陣線上攻打政治宣傳戰。儘管忙於嘲弄敵對手、操弄恐懼感，但英國「國土陣線」的政治宣傳還是巧妙編造了「大轟炸精神」，以及「英國小歸小但卻有勇氣站出來對抗納粹戰爭機器」的說法。

英國也發展出「黑色宣傳」（**black propaganda**）——此種手段可以一路追溯到拿破崙時期，用來對抗拿破崙的文宣，包含從他國散播不實訊息的手法。一九四一年，英國情報處（**British Intelligence**）設立假電台，取名為**GS1**，再次使用聳動材料作為誘餌。德國大兵被誘惑來收聽「大老闆」（**Der Chef**），節目裡有位自稱是「納粹支持者」的人，富有個人魅力，但又聲稱自己不是「真的納粹分子」，胡言亂語、大聲責罵希特勒的缺點之餘，也大講這位領導人香豔的性癖好資訊。由於渴求真相，發現可從「大老闆」這個節目可以聽到真相後，大批納粹德軍士兵收聽該節目。他們聽到的內容，不是來自納粹政治宣傳機器經營的「主流媒體」——這才是「真相」。

祕密電台大為成功，藉由攻擊英國人和美國人，建立起信任度，甚至還在最後一集節目裡，戲劇性地謀殺掉主持人。德軍士兵聽到的內容，其實都是從倫敦播放出來的，而這位「大老闆」其實是前庸俗小說作家彼得．塞可邁（**Peter Seckelmann**）。「假新聞」的整套手法效果非常好，後來被找來盤問的敵軍鬥士得知自己被騙之後，無不感到萬分震驚，而且德國最高統帥部為了阻攔無線電訊號，還花了許多時間與金錢。

與英國付出的心力相比，德國是直接用英文向敵軍領地播送消息，這作法一點也不隱晦。德國這套手法，成就了原本不可能出名的美國納粹政治宣傳人士蜜翠．吉拉爾（Mildred Gillars），也就是「軸心莎莉」（Axis Sally），以及威廉．喬伊斯（William Joyce），又名「呵呵爵士」（Lord Haw-Haw）。吉拉爾非常受到同盟國聽眾喜愛，雖然提出的觀點會讓人反感，並且屢屢在散播恐懼，但她非常好笑。大戰結束後，吉拉爾入獄十二年，喬伊斯則是遭槍殺。

德國人搞砸的地方，就是手法過於直接了當。相較來說，英國處理不實訊息的手段較為狡猾，能在相信該節目的聽眾心裡引發情緒反應，也與此套手法無可爭議的大師——俄羅斯人——所做的方式雷同。

不實訊息 disinformation 一詞，首次於一九二三年亮相，當年約瑟夫．史達林在莫斯科設立了「特許不實訊息辦公室」（Special Disinformation Office），隸屬「主動措施」（active measures）策略計畫。蘇聯政府在海內外策劃各種行動，破壞他國的穩定秩序，並在海外引發不滿情緒，分裂、削弱敵對手，必要時還會改編歷史。

一開始的時候，這招只用在國內。在史達林的操控之下，敵人與之前聯盟的對象真的就從歷史上給抹去了。對這位蘇聯領袖效忠的中尉尼古拉．葉若夫（Nikolai Yezhov），後來未再追隨史達林，但有他的照片就把他的臉給移除，其他如托洛斯基（Trotsky）、加米涅夫（Kamenev）、赫拉葛夫（Khalatov）等人皆遭遇相同情況。這些人在革命早期，都是有重要地位的布爾什維克黨（Bolshevik）人物。蘇聯這台政治宣傳機器，創造了「另類真相」。

就在同一趟蘇聯國際旅行社[3]（Russian Intourist）的旅行裡，也就是一九八六年十二月的校外教學，我們有去位在莫斯科市內的列寧博物館（Lenin Museum），參觀了一個又一個展覽，同時尋找托洛斯基的照片，卻徒勞無功。我們問導覽員「哪裡有托洛斯基的照片？」這位顯然有些不高興的導覽員回道：「托洛斯基對我們來說，一點都不重要，他是個無關緊要的人！」這人可是列夫．托洛斯基（Leon Trotsky），發起一九一七年十一月俄國革命（Russian revolution）後帶領軍隊展開革命，他還是政治局（Politburo）的創始成員，更組建了紅軍，可是居然被說無關緊要！

俄文有個字 dezinformatsiya，人們被告知這個字是源自法文 désinformation，因此法國人自身也具備了該項特質。把這個字源的責任推給法國人後，法國人就感覺不可信賴了。

3 專門安排外國旅客到訪蘇聯的國營旅行社。

特許不實訊息辦公室的信條之中，有一條就是「散佈意圖矇騙大眾的假資訊」。最棒的不實訊息，就如同最厲害的政治宣傳一樣，把真實與虛假的陳述內容攪和一起，再參雜一些既有的流言和都市傳說，又或者是利用目標群眾的偏見，創造出「很吸引人的謊言」，並在既有恐懼之上煽風點火。

冷戰時期，俄羅斯人有許多可以玩弄的題材。整個一九五〇年代裡，美國中央情報局在自己人身上做了項實驗，派出上千名士兵來到野地「觀察核引爆」，但其實是要測試這些人會發生什麼變化。二〇一八年，一位生還者告訴 Vice 雜誌：「基本上我們就是被當作實驗的老鼠，沒有更好的字可以來形容的了。」

一九五三年起，美國中央情報局對精神病患、關押的犯人、士兵，甚至是自己的員工，施用 **LSD** 迷幻藥，為的就是想看看會起什麼樣的作用。

一九三〇年代到一九七〇年代之間，美國公共衛生部門（US Public Health Service）設法讓非裔美國佃農參與「塔斯基吉梅毒研究案」（Tuskegee Syphilis Study），還承諾會幫參與者免費醫治「髒血」（bad blood），但其實根本就沒有醫治參與者的打算。此項不道德研究，目的只是為了「要在不用藥的情況下，觀察梅毒的疾病自然史（natural history，即不同階段的病徵表現）」。許多非裔美國人不信任美國州政府的問題，至今依舊存在，尤其是在健康照護與疫苗施打方面問題更是不信任，原因就是源自該起事件，這樣就不難理解了。

不只是美國，早在俄羅斯人出現以前，西方世界裡的不信任就已經存在，俄羅斯人只需要把這玩意拿來當作武器使用而已。

一九五四年三月，德國國家安全委員會（KGB）成立後，蘇聯的特許不實訊息辦公室成為在西方散播焦慮與混亂特別有效、活躍的工具。國家安全委員會的前負責人歐羅格卡魯金（**Oleg Kalugin**），於一九七〇年代，在華盛頓的蘇聯領事館擔任「媒體聯絡人」，負責在美國與其他地區從事散播不實訊息的工作，他後來描述了工作內容：「不是搜集情報，而是顛覆作為：主動出擊的手段，削弱西方世界，破壞各種西方社群聯盟之間的關係，尤以北大西洋公約組織為首，要在聯盟成員之間播下不滿的種子，並損害歐洲、亞洲、非洲（與）拉丁美洲各地人眼中的美國。」

蘇聯找到數個可炒作不實訊息的領域，有反核運動、極左派邊緣政黨，甚至在溫和主流之中，還有西方世界的左翼黨派。另外，還有許多二次世界大戰遺留下來的問題，以及對於西方侵略蘇伊士運河、朝鮮半島等地所造成的懷疑想法，特別是在越南，人民對自己的政府很是質疑。

蘇聯散播出來的陰謀理論，有一群抱持著懷疑態度但願意傾聽的聽眾——蘇聯的行動非常有效，致使當時傳播出來的傳聞至今都還在迴盪。你一生之中，可能還相信過其中一兩個傳聞。

一九六三年，約翰．費茲傑羅．甘迺迪（John F. Kennedy）被暗殺後幾天，特許不實訊息辦公室開始散播謠言，說美國中央情報局內的麻煩分子，與跟黑手黨（Mafia）合作，一起刺殺掉甘迺迪，後來特許不實訊息辦公室還偷偷贊助出版一本暢銷書，專門宣傳該項理論。過了五年，人權鬥士馬丁．路德．金（Martin Luther King）遇害後，隨即故技重施，還在金遇害後引發的暴力事件之中，積極在美國煽動種族戰爭。

許多蘇聯時代的「大謊言」持續不斷衍生發展，至今仍有許多人在偷偷傳播甘迺迪是「被中情局暗殺」的想法，散播疫苗接種計畫是為了掩蓋某樣東西的說法，甚至還把美國供水系統添加氟化物看待成某種大規模控制的手段。

蘇聯的各種「積極手段」之中，就屬「感染行動」（Operation Infektion）最有名氣。此項計畫在一九八〇年代，成功說服不少西方人相信，馬里蘭州（Maryland）一間名叫德特裏克堡（Fort Detrick）的美國武器實驗室，蓄意創造出HIV／AIDS，也就是愛滋病病毒。

一封自稱是「美國科學家」的匿名信，寄到接受祕密資助的印度報刊《愛國者》（The Patriot），就在莫斯科資助的媒體輕推與提點之下，這起謊言傳遍整個世界。此次出手成果出奇的好，即便到了今日，就算沒有任何證據，還是有人偷偷在傳「愛滋病是美國實驗室製造出來的」。

人們之所以會願意相信「愛滋病」是美國政府製造出來的病毒，與美國政府曾把黑人和軍人當作小白老鼠來做實驗，肯定脫離不了關係。

一九九九年至二〇〇八年間，南非總統塔博·姆貝基（Thabo Mbeki）在職期間就利用了德特裏克堡陰謀論，散播對愛滋病病毒科學的質疑。

美國歌手肯伊·威斯特（Kanye West）二〇〇五年推出的單曲「聽他們說」（Heard 'Em say）唱道：「我知道政府操控著愛滋病」。兩人都是很好被利用的白痴，但也不只有他們採信、散播這道謊言。

「他們在實驗室裡製造出來的」，這說法仍被用來讓對方失信——而且不只有俄羅斯人在使用。新冠疫苗延燒期間，同樣的說法又再度浮上檯面——美國與中國政府雙方都在散播謠言，指稱對方在實驗室裡製造出這隻病毒，然後為了不道德的目的，害其他國家相繼被感染。

普遍的不信任感，不只是助長了實驗室製造出愛滋病的錯誤想法，更造成大眾不相信疫苗施打計畫，這狀況在黑人社群裡更為嚴重，甚讓人擔憂。二〇二〇年十二月，皮尤研究（Pew Research）發現，只有百分之四十二的非裔美國人願意施打新冠病毒疫苗，相較來說，白色人種與拉丁裔美國人有百分之六十三的人願意施打，亞裔美國人則有百分之八十二。

俄羅斯不實訊息機器持續不斷在助長恐懼發展，克里姆林宮（Kremlin）的英語頻道媒體RT電視台，主要就是在播送「反疫苗」的論述。不過，也要人們要願意採信，還要有「自由」陰謀理論家願意在推特、臉書、TikTok 等社群媒體上轉傳才行。在數位的時代裡，人們易於被大謊言欺騙——錯誤訊息的散播也比以前容易許多。

二〇一八年三月四日，（在英國獲得庇護）俄羅斯前情報員謝爾蓋・斯克里帕爾（Sergei Skripal）和女兒尤莉亞（Yulia），被人發現在英國索爾茲伯里（Salisbury）的海灘上嘔吐。經過查驗之後，發現兩人及一位前來幫忙的警察尼克・貝里（Nick Bailey）被下毒，這是一種神經性毒劑「諾維喬克」（Novichok）。

嫌疑最大的，當然就是克里姆林宮了。輿論長期以來都認為普丁先生有個嗜殺戮的惡習，況且此起事件與二〇〇六年十一月亞歷山大・利特維年科（Alexander Litvinenko）一案，有著驚人的相似之處。調查網站（Bellingcat）另外也發現，兩位俄羅斯軍事情報局（GRU）的情報員阿納托利・契皮加（Anatoliy Chepiga）和亞歷山大・佩特羅夫（Alexander Petrov），雙雙出現在案發現場。

儘管比起滑鐵盧戰場，此處確鑿的罪證多了不少，但是還是有許多人就是拒絕相信。俄羅斯不實訊息機器發現，英國媒體與政治菁英之中有熱切支持他們的人，甚至還有人認為此案是英國政府幹的。

整體來說，俄羅斯光彩亮麗的政治宣傳機器 RT 電視台，起了很大的功用，更扮演了舉足輕重的角色。RT 電視台把自己定位成「另類聲音」，播送「真實新聞」，透過衛星放送節目到西方國家裡的電視機，成功在觀眾心中，把黑的說成白的，白的說成黑的。其傳奇有經得起七十多年考驗的操作公式，把自己的目的與「真相」混合，再修飾、簡化陳述的內容，即可達到破壞力十足的成效。

同時，俄羅斯政府還利用了「推特上的酸民」，他們的工作是在網路上散播不實訊息，不過成功率有好有壞，很難說得準。

普丁的現代不實訊息計畫引發諸多混亂，川普競選、英國脫歐、難民危機、劣質反疫苗運動、歐洲無法計量的「分裂」運動，以及加州脫美（Calexit）、德州脫美（Texit）等獨立運動之中，都可看到普丁在其中搞鬼。川普在任四年期間，加州脫美和德州脫美兩起運動離奇安靜。加州脫美的幕後主使也被揭露了出來，是一位住在西伯利亞（Siberia）的傢伙。更詭異的是，就在川普下台之後，兩起運動又開始有新動作。

俄羅斯國營媒體的不實訊息也可見於許多健康議題之上，除了大肆猜疑「西方」5G 系統，從二〇二〇年開始，還有個相當愚蠢的流言，直指超快速的頻寬甚至可能導致了新冠病毒的肆虐。

二〇一九年，BBC 調查發現，RT 電視台與其姐妹台俄羅斯衛星通訊社（Sputnik）屢屢在西方5G道路上發動攻擊。邀請來的「專家」，其實都是陰謀理論家，傳播毫無根據的理論想法，指出「有蜜蜂在5G基地台下死亡」。然而這股恐懼策略的操作，還是成功了。

同時間裡，俄羅斯還運用自有媒體，把自己的中國製5G系統，形塑成優秀出色的技術，並把自己打造成全球主要的超級強權，不過其國內生產毛額（GDP）只不過跟西班牙差不多，還大大少於義大利的數字。

大謊言和不實訊息都發揮了作用，大家都這麼做。

羅納德．雷根閃亮亮的戰略防禦計畫，又稱為「星戰計畫」，也就是一九八〇年代我在擔心末日決戰要來時，父親用來安撫我的說法。此計畫甚至還被用來對抗蘇聯的協議籌碼，可是這項計畫其實從未真的存在過，也從未期待有天會出現。此項技術沒有被發明出來，光是想嘗試研發的費用，就很有可能會讓美國破產。真是典型的不實訊息！可是俄羅斯相信了，就跟許多想要相信的人一樣，都願意相信。

馬克．吐溫曾說：「比起說服對方被騙了，直接誆哄對方比較容易。」（是的，我已經引用過這句話）這句話處處可見——網路上、學校教科書，甚至是名言辭典裡也有。這句話寫得非常好，還是馬克．吐溫的代表性名言。只不過，問題在於——這句話不是出自馬克．吐溫。

謊言成史10

成吉思汗是野蠻人，不值得同情

TEN GREAT LIES
AND HOW THEY SHAPED THE WORLD

FAKE HISTORY

做為敵人的重要性

民族國家需要有敵人，若沒有的話，就算是最偉大的帝國也會失去方向——西元前二世紀的時候，羅馬也是遭遇同樣的狀況。

西元前一四六年，第三次布匿戰爭（Third Punic War）來到最緊張的時刻，經過三年圍城，羅馬共和國的將軍小西庇阿（Scipio）終於攻進迦太基（Carthage）的城牆，大批士兵湧入城內。歷經六天殘忍的近距離殺戮戰鬥，最終迦太基的將軍哈斯德魯巴（Hasdrubal，漢尼拔的弟弟）在該城最神聖的埃斯蒙神廟（Temple of Eshmun）下投降了。正當哈斯德魯巴降服之際，妻子對於丈夫的怯懦感到震驚不已，便牽著兒子的手，走進還在焚燒的神廟，自此再也沒有人見過她。

羅馬的勝利，無庸置疑，可是之後所發生的事情就很不可原諒了！迦太基這地方成了斷垣殘壁，大多數人遭趕盡殺絕，活下來的也都成了奴隸，這整個地方簡直是被詛咒了！

將軍小西庇觀望這些褻瀆之舉，不禁熱淚盈眶，轉身向自己的導師兼摯友，即希臘歷史學家波利比烏斯（Polybius），說道：「波利比烏斯，這是榮耀的時刻，但我有不祥的預感！同樣的命運也會發生在我們的領土之上！」波利比烏斯這位朋友，乃是可以藉由歷史之名，順手掩蓋該起事件的實際經過。接著，小西庇阿引用荷馬的話：「毀滅不容侵犯的特洛伊城這天將會到來——普里姆（Priam）與其子民終將被殺。」羅馬的衰敗，不是一天造成的。其實這起事件發生後幾年，羅馬的貿易蓬勃發展、帝國持續擴張，接著地中海地區更維持了一段相對穩定的兩百年羅馬盛世（Pax Romana），帶來和平與繁榮。不過，即便有如此盛況，當時有些人——包含相當直言不諱的歷史學家李維（Livy）在內——便開始講述這場盛世將會結束，還開始傳講羅馬共和國已經喪失使命感，必須回到以前那個年代的想法；因為隨著發展越變越大，早期的精神已消失殆盡，羅馬需要有掌控力的大人物，扭轉道德淪喪的情況。

羅馬人摧毀最後一個強大的敵人迦太基之後，變成除了自己，再也沒有其他對象可以攻打了，也就是欠缺敵對手的情況之下，羅馬出現了存在危機。

美利堅共和國，乃是由龐大的移民所組成，總能清楚定義自己，又或是透過對「他者」（the other）的領悟，進而定義出「想像的共同體」。野蠻原住民「印地安人」、殘忍殖民者「大英帝國」、納粹主義，以及一九八三年被雷根總統視為「邪惡帝國」的共產東方（Communist East），全都扮演起這樣的角色。美國的敵人定義了美國為何物，敵人也用來描述「想像的共同體」。

不過，隨著蘇聯解體、一九八九年柏林圍牆倒塌，美國發現自己遭遇的難題，竟跟兩千年前的羅馬一樣。現在僅存的超級強權，成了沒有小丑的蝙蝠俠，只能把玩戴了手套的拇指頭，想著可以拿自己的腰帶裝備和華麗豪車，幹點什麼事情——褪去隱喻這一層的話，指的就是軍隊、炮彈、船隊、空軍戰力。

取而代之，美國向「毒品」宣戰，一個能配得上自己能力的敵對手，但這終究是一場打不贏的戰爭。同時間裡，美國繼續四處尋找其他敵人，最後突然在二〇〇一年九月十一日這天早上找到了。

失去兩千九百七十七條無辜生命的沉重日子過去十年之後，德魯大學（Drew University）和伊利諾大學（University of Illinois）的學者，發表一項名為「從迪士尼樂園被驅逐」（The Expulsion from Disneyland）的研究，探討911對美國人民造成的社會心理影響，其中大部分內容你可能都已想像得到。這個國家的領土，從未被這樣攻擊過。必然的事，現在已被顛覆；人們感到害怕，再也沒有什麼能覺得是安全的了，為了尋求這一切的解釋，數百萬美國人回到民族主義的慰藉。

二〇〇一年九月十一日星期二，美國龍頭超市沃爾瑪（Walmart）光是這天下午，就賣出了十一萬六千面美國國旗，相當驚人！成千上萬的美國人，藉由攤開國旗的方式，回應尚未被揭露的事件。九月十二日星期三，沃爾瑪又賣出二十五萬面國旗。到了星期四早上，該公司的國旗庫存已完全沒剩。

沒過多久，揮舞國旗這檔事，給了仇恨散播的機會。由於欠缺目標鮮明的敵人，美國人開始幫其他人指責。這種抨擊行為出現後幾個月間，針對穆斯林美國人或是被誤認為是穆斯林，這類以種族為動機的犯罪行為成長了十倍。隨之而來的是大眾輿論的猛然轉向，這在自由與自主相關議題上尤其明顯。民調顯示，大多數美國人顯然願意為了「打擊恐怖主義」，放棄公民權力。

然而，這也不全然是件壞事。許多美國公民表示，已在重新評估自己的價值與優先順序。摯愛的人突然變得很重要，有百分之六十的人指出，攻擊事件直接造成的影響是人際關係獲得改善。利他主義增多，二〇〇一年至二〇〇二年間的捐血量大幅成長，公益捐款金額也來到美國史上新高。

貨真價實的敵人再次出現，這讓美國有了嶄新的目的與有用的感覺。

911事件也讓在位者謀得好處。事件發生之際，喬治・沃克・布希剛當上總統八個月，當時的支持率下滑到約百分之五十。不過，到了十月，也就攻擊事件發生的隔月，布希乘著民族主義的潮流，在沒有端出什麼政績的情況下，支持率來到百分之九十，成為美國歷史上最受歡迎的總統。

儘管許多陰謀論指稱布希團隊引發這起攻擊事件，但顯然不是這麼一回事。不過，做為領導人，布希無疑有從中獲益。美國帶領攻打阿富汗、伊拉克，以及追捕奧薩瑪 賓拉登（Osama bin Laden），隨著情勢越發緊張，有一件事情也越發清楚：「攻打恐怖主義」賦予這個國家新的決心。這「敵人」，可是回來了。

十五年後，唐納・川普用了同一套論述，把自己送進白宮，承諾不僅會讓美國「再次偉大」，且還要「再度安全」。到了二〇一六年，中東地區的戰事不受到歡迎，感覺有些像「十年前的事」，因此川普變出一個新威脅：外國人。

川普承諾要蓋一座「美麗的牆」來阻擋移民，阻擋想移民美國的人。他還要阻擋中國資本主義，保住美國人的就業機會，另禁止穆斯林進到美國，要永遠阻擋恐怖主義，同時還要把美國男孩從伊拉克帶回家。

軍人根本就沒有回家，那座牆也沒蓋好，不過川普倒是簽了第一三七六九號行政命令（Executive Order 13769），於短短兩個月內，阻擋來自伊朗、伊拉克、敘利亞和其他「穆斯林國家」的人民進入美國。同時川普也向中國發起貿易戰爭，此舉估計讓美國頓失三十萬個工作機會，國內生產毛額也下降了百分之零點五。

上述盡是讓人無法理解的狀況，但也不是重點。重點在於，川普的核心支持者，這群被臉書和福斯新聞（Fox News）轟傻的群眾，相信是川普讓美國變安全了。

接續四年期間，川普的總統任期組成全都是敵人，清單上有臉書、多數亞洲地區、中央情報局、聯邦調查局、希拉蕊 柯林頓、媒體圈、美國國稅局、米特・羅姆尼（Mitt Romney）、已故美國軍人的眷屬、加拿大、法國、前員工、《誰是接班人》參賽者、《誰是接班人》參賽者且還是前員工的人、歐盟、多數全球媒體、「當權派」、心智健全的人、福斯新聞、聰明的人、長相好看的人、有智慧的女人、拒絕被亂摸的女人、巴拉克 歐巴馬、美國太空總署、倫敦市長、郵寄選票，當然還有讓人恐懼的 **Antifa**。

最後幾個月握有政權的時光裡，這位總統不停在針對清單上最後一個組織所帶來的威脅，提出警告。二〇二〇年六月，川普在推特上表示，他正在想辦法徹底取締 **Antifa**，將其歸類為恐怖組織。二〇二〇年九月，川普又表示，如果他下個月若沒有再次當選的話，**Antifa** 會「攻擊你的家！」，甚至還警告該組織會「把選舉詐欺藏在你家小孩的萬聖節糖果裡」。

只要明白根本就沒有 **Antifa** 這個組織存在，你便會覺得這番論述實在是太瘋狂了。**Antifa** 一字指的是「反對法西斯主義的人」，是一種感知判斷，而非一個組織。想對 **Antifa** 發動戰爭，就像是決定跟沙拉開戰一樣。瞧瞧川普先生這人，的確不難相信他會想和沙拉鬥爭就是了。

＊＊＊

在我們的部落集體良知（tribal collective conscience）之中，對「他者」的恐懼逐步擴大，但這點也是可以好好運用的。人類大腦中的杏仁核具備反思功能，與消化、處理情緒有關，讓我們本能的對不熟悉的事物感到害怕。研究顯示，該種本能反應很難轉移掉，這或許解釋了為何有些人的仇視外國人症（xenophobic）遲遲無法治好，但前提是他們沒有以此當作藉口，這同時也說明了固執偏見依舊是威力十足的政治工具。此外，更能解釋為何英國選民見到政府花費數十億英鎊，添置很有可能完全用不到的航空母艦和核子潛艇，可是仍有許多人民仰賴食物銀行過活的時候，依舊感到開心無比。

構築敵人組成物的觀念，可以總結成一個便利的字母縮寫，我稱之為BETS。

B代表Barbarians，野蠻人，未文明化的「野人」，從各地而來，還摧毀掉路途上的每樣東西。古早時候，有維京人、歌德人、大批蒙古人、一戰裡的德軍。現代的話，則是由「尋求庇護所的難民」」、「穆斯林」、「恐部分子」取代野人的位置。

E代表Enemies within，內部敵人，從第五縱隊（fifth columnists，共產主義）到歐盟狂熱者、全球化銀行家、Antifa、脫歐支持者、民主黨人士、環保人士等皆是，端看你的感知評價了。他們的目的是什麼？毀滅一切，但原因不明。

T代表Traditional enemies，傳統敵人，絕不可信任的對象。他們把車子開在錯的那一邊，吃很奇怪的食物，而且常會讓我想起自己，試想法國與德國、牛津與劍橋、約克郡（Yorkshire）居民與其隔壁的蘭開斯特郡（Lancaster）鄰居。

S代表Schrödinger's Foe，薛丁格敵人。

奧地利物理學家歐文・薛丁格（Erwin Schrödinger）提出一項思想實驗假設，實驗中把一隻貓咪放進密封的箱子裡，而這隻貓可能接觸過放射線性毒物，但也可能沒有實際接觸過，因此同時可以判定這隻貓是活著，也是死的。薛丁格的標籤——社群媒體上現在很流行的那種標籤——後來就被用來指稱矛盾情況，即兩個看似異常的議題卻同時都有在運作。

因此，「薛丁格移民」來到這裡，同時拿走所有的福利和偷走你的工作。「薛丁格敵人」是曾經釀成無可想像威脅的各種敵人，但卻同時很滑稽可笑、笨拙無能、愚昧不堪。到了十九世紀時的現代，拿破崙被形塑成「骨瘦小子」，即是典型的「薛丁格敵人」之作。正如我們稍後會談到的，現今對北韓領導人的描述也是有同樣的狀況。

我們離家越遠，對「他者」的感知就越發卡通化。對一些歐洲人而言，土耳其博斯普魯斯海峽（Bosporus）以東的一切，幾乎都是「薛丁格敵人」的領地。

伊朗或許有非常豐富的文化傳統，也有種名為「塔洛斯」（taarof）的古老禮儀，而該國與全球多數已開發國家並駕齊驅之處，在於當地年輕人的識字率高達百分之九十八——不過，因為該國有「神職人員與戴面紗」（cleric and veil）的觀念，因而被貶為原教旨主義者（fundamentalist）的閉塞之地，充斥著大聲嚷嚷、揮舞槍枝的人。幾乎每到一個其他「中東」國家，皆會出現類似的情況，實在悲哀；接著來到中亞，情況更加惡化。哈薩克（Kazakhstan），這個全球第九大的國家被徹底「硼酸化」（Boratised），西方少數有幾個國家認真把該國視為一個國家。若說哈薩克是個茁壯成長的民主國家，恐怕會被認為是在誇大，然而 LGBTQ+ 族群在該國可以放心過生活，無須害怕擔心會受到迫害[1]。此外，該國還是個成長中的區域政權，哈薩克從二〇〇二年開始起計，國內生產毛額已成長六倍，貧窮問題大幅縮減。這不是一個只有驢子和沙子路的國家，但多虧了薩夏・拜倫・柯恩（Sachs Baron-Cohen）的喜劇與西方人的愚昧，讓哈薩克仍常出現各地的酒吧，被當成開玩笑的笑柄。

位在哈薩克南方的鄰居土庫曼（Turkmenistan），命運也沒好到哪裡去。上網 Google 該國資訊，首先跳出來的搜尋結果是總統別爾德穆哈梅多夫（President

1 同性關係在哈薩克是合法的，法定結婚年齡為十六歲。不過，公眾對 LGBTQ+ 族群仍會投以敵意，許多哈薩克的同性戀者會覺得必須隱藏不顯露出自己的性向。

Berdymukhamedov）於二〇一五年豎立一座自己騎馬的巨型雕像，以及二〇二〇年為愛犬打造黃金雕像。當我們不重視土庫曼這個國家，只把該國當作成差不多就是真實版《辛普森家庭》（Simpsons）的劇情時，該國政治失靈持續未解和人權記錄不良的問題，全都遭到粉飾。

再繼續往東走，越可發現西方人眼中的看法並沒有改變太多。中國現在已是公認的主要新興強權，但大部分西方世界還是瞧不起中國。新冠病毒爆發後，帶來的後果就是：觀感沒有改善。二〇二〇年十一月，一項在英、法、德、澳等十四個國家所做的調查顯示，百分之七十三的回應者表示對中華人民共和國保持著負面或是「非常負面」的觀感。

其中有些原因是能夠理解的，這是看到中國反應、處理新冠病毒爆發的感受，以及中國許多人權迫害問題越來越受到關注與審視所致。此外，還有中國對待少數民族維吾爾族（Uyghur）的方式，報導指出集中營會「再教育」，甚至還有受國家批准的處決案等例子。就跟掩蓋中國新冠病毒防疫不彰的消息一樣，中國政府也是以同樣的手段對待維吾爾族。

不過，大部分的中國仇恨與恐懼起源都很廣，紮根程度肯定超過舊時糟糕的恐華症一些。

中國，就跟以前的日本一樣，或許正在現代化、正在改變，但西方世界還是混雜著害怕與鄙視之情看待該國。中國人也太常遇到老掉牙的種族歧視觀點和錯誤認知，其中多根源於以前留下來的舊時看法，全是對「來自東方的人」的普遍猜想。

電影《風雲人物》（It's a Wonderful Life）的導演法蘭克・卡普拉（Frank Capra），於一九四五年為美國軍隊完成了一支影片《認識你的敵人：日本》（Know Your Enemy: Japan），這部電影即符合 BETS 裡的每一項刻板觀念。

日本人被形塑成未開化的原始「野蠻人」，這也是「薛丁格敵人」——既聰明又惡毒。其矮小身形被評論只有「五呎三」（約一百六十公分），更形容「士兵就像是用同一張底片洗出來的」。

日本人也是「內部敵人」。我們被告知，珍珠港事件前的加州日本理髮師是不跟客戶講話的，因為他們有任務在身，要幫間諜首腦進行大規模竊聽。他們全都成了瑪塔・哈里（Mata Haris）這類的神祕間諜，手拿扁梳和剪刀，同時巧妙難操作的捲髮夾，噴定型液之餘，還要在背地裡記下美國海軍部署的筆記。

電影《認識你的敵人：日本》結尾中，美國海軍陸戰隊攻下硫磺島，在精心安排的知名畫面裡，豎起美國國旗，十足的政治宣傳噱頭。其中的訊息很清楚，良善的一方勝出，惡魔被擊倒了。不過沒有呈現出來的是，影片上映這天，第二顆打戰使用的核彈「胖子」（Fat Man），從巴克車（Bockscar）B-29 轟炸機投出，徹底摧毀三萬英呎（約九公里）下的長崎市，致使整座城市從地圖上消失，三萬五千名男人、女人、小孩在眨眼瞬間喪命。

戰爭結束之後，政治人物、歷史學家、媒體記者共謀，把風向說成兩顆炸彈皆「縮短了戰事」，而且日本那幫野蠻人可是會戰到最後一個倒下才肯罷休，所以他們這麼做是必要的。如果真是如此的話，為何日本在死了幾萬人之後就投降了呢？一點都不合理，對吧？原因正是，這說法是虛構歷史。

一九四五年五月起，日本人積極商討和平條件，希望能夠脫離戰爭。六月時，昭和天皇（**Emperor Hirohito**）要求其政府提出終止戰爭的「具體計畫」。在這之中，蘇聯被視為潛在的居中協調者。到了七月，同盟國頒布波茲坦宣言（**Potsdam Declaration**），要求日本「無條件投降」。

不過，那個年代裡，昭和天皇仍被視為神的後代，其地位對於日本社會文化的保存有著重要作用。神的後代不能認輸，所以日本做不到無條件投降。就在日本人猶豫拖延之際，美國人已在籌謀如何終結此一回合。

那時美方對於新的超級武器——原子彈——躍躍欲試，想藉由新武器傳遞點訊息給蘇聯，因為華府當時也在擔心戰後盟友史達林會有什麼舉動。總統楚門（**Truman**）很想展現他指尖上的威力，要是能展示這項新武器，證明可以摧毀整座城市，那麼蘇聯可能就會捨棄愚蠢念頭，乖乖聽話。

這樣的想法在當時是公認、接受的。一九四六年，海軍上將威廉．弗雷德里克・海爾賽（Admiral William F. Halsey）為第三艦隊（Third Fleet）指揮官，他表示科學家手上有「玩具，想要試一試」，並又表示此為「一場沒必要的實驗，投下去就是錯了」。

這樣的說法有必要性且持續，因為同盟國已打算要當好人，而且好人是不殺孩童的。一九四五年往後幾年的民調結果不變，顯示好人一說有順利傳遞出去，約有百分之八十到九十的美國人仍將此轟炸一事，視為是理由充分之舉。歷史的撰寫也多是由戰勝方編造而成，因此美國的行為就此被視為無可非議。

不過，日本戰時領導人並未因此而擺脫罪責。日本軍隊犯下二次世界大戰（以及戰前時期）中極為惡質的殘暴罪行，嚴重程度足以與納粹相比擬。一九三〇年代，太陽帝國（Empire of the Sun）橫行亞洲之際，四處屠殺反抗的群眾，還奴役了上百萬人。

甚至在二戰開始之前，太陽帝國就已犯下許多殘暴行為。一九三七年十二月，中國抗日戰爭期間，日本軍隊在中國南京屠殺了約四萬到三十萬名手中沒有武器的士兵與平民，接著還做出強暴、凌虐、殘殺、強劫等殘暴行徑。

日本後來加入二次世界大戰，殘暴對待犯人，在占領地區也常施暴，甚至還說著為了把大家「從西方帝國主義中解放」的謊言。共計有超過二十萬名婦女被迫成為性奴隸，從事「慰安婦」的工作，而且一九三七年至一九四五年間，估計有六百萬到一千萬名罪犯和奴隸被迫工作到死。此外，除了一萬二千到一萬三千名大英國協的士兵之外，總計有超過十萬名中國人、印尼人(荷蘭東印度的住民)、菲律賓人、韓國人死於建造泰甸鐵路(Burma Railway,又稱死亡鐵路),也就是名導演大衛.連(David Lean)的巨作《桂河大橋》(The Bridge on the River Kwai)所講述的故事。

上述——以及更多——有關日本人的惡行,在後續幾十年間不斷逗留、沒有消失。包含我父親在內,許多老兵還願意逐步接受戰後的西德回歸,但卻遠遠不樂意原諒日本人。這也是為何我父親遲遲不肯接受日本科技技術的原因之一,而且這種人肯定不只有我父親一位。

這一份仇恨感,大多是架構於「日本沒有對二戰期間的行為出面道歉」之上。可是呢……早從一九四五年八月開始,昭和天皇就在尋求海外敵對手的原諒,日本持續致歉了七十年之久——不過總無法讓受創國滿意。另外,日本退伍士兵和右翼政治人物堅持「沒有必要」道歉的態度,對整體情勢毫無助益,更惹怒了日本暴行下的倖存者,以及罹難死者的親屬。

不過,正如同我們所見——政治道歉往往會變成無意義行為。事件逐漸遠離後,功績也顯得越來越少。當使壞的人物遠離了,受害者也遠離了,那麼遲來的贖罪之舉,又算得上多麼有誠意呢?

針對日本、中國與其鄰國的仇恨,大多是源自糟糕的舊時種族歧視,以及西方人心裡的恐懼，稱為「黃禍」（Yellow Peril）。「黃禍」是十九世紀的種族歧視字眼，認為東方的亞洲人是劣等的，跟猴子一樣，淫蕩好色之外，還都是野蠻人。這個詞是雅克．諾維科（Jacques Novicow）這位親法分子喊出來的，他具有俄羅斯與希臘血緣，但卻無法容忍歷史更悠久的中國人和日本人。

十九世紀「來自歐洲的美國人」恐懼「黃禍」，充斥著敵意，聲稱中國人「搶走他們的工作」，進而有了《一八八二年美國排華法案》（US Chinese Exclusion Act of 1882）。該法案明文禁止中國人移民進來，並廢除在美中國居民成為公民的權力。直到一九六五年《哈特—塞勒移民法》（Hart-Celler Act）通過之後，才取消對特定國家的移民限制。

然而，「黃禍」議題並沒有就此消失。新冠病毒肆虐期間，共和黨參議院全國委員會（National Republican Senatorial Committee）發表一份厚達五十七頁的文件，提出論證表示，把新冠病毒稱為「中國病毒」（Chinese Virus）並非種族歧視的作為。

川普屢屢想把美國幾十萬人因新冠病毒死亡的罪責賴給中國人，並於二〇二〇年七月表示，中國政府「得對掩蓋病毒消息，導致病毒傳播到全世界，負起全責」。

如同所有漂亮的政治宣傳一樣，這裡頭是有那麼幾分真實性。病毒的確是源自中國，中國政府也的確掩蓋消息。但是不能因為這樣就原諒川普的失職，他沒有嚴謹面對疫情，團隊面對危機也是嚴重失能。

「黃禍」是非常好用的代罪羔羊。此外，病毒是在中國武漢實驗室製造出來的，或是病毒是因為東亞有吃野味的習俗才跑出來的，這些說法都可以加重這項怪罪。許多哏圖把病毒歸咎於吃蝙蝠，就算這照片是疫情開始前好幾年拍的也無所謂——鮮少有人會停下來檢查內容是否屬實。這些有奇怪習慣和好笑風俗的中國人，應該要對這場危機負起責任——非常明顯——而且臉書上有照片可以佐證。

＊＊＊

用足夠的力量拉扯「黃禍」這條線，可以一路拉出成吉思汗。大家都知道成吉思汗的故事，十二、十三世紀突然從蒙古竄出頭的人物，往西方、東方、南方席捲而去，掠奪、摧毀途經的一切。十二世紀波斯編年史家拉施德丁·哈馬達尼（Rashid-al-Din Hamadani）在其著作《史集》（Jami-al-ta-warikh）中，引述了成吉思汗的動機：「最大的快樂就是把敵人打到四處奔散，在後頭頻頻驅趕他們，看他們的城鎮化為灰燼，看他們哭泣抱著摯愛的人裹著屍布，並把他們的妻女擁入自己的懷中。」

再厲害的公關高手，恐怕都很難修復成吉思汗的形象和聲譽了。

蒙古人聲名狼藉，人未到，臭名倒是先到了。不喜歡城鎮，所以就毀掉，屠殺住在裡頭的所有人。成吉思汗的人馬才剛到，城鎮裡的居民就只能不情願的開啟城門，因為基本上成吉思汗是生化戰爭的始祖，他會隔著城牆發射感染瘟疫的屍體入城。

蒙古人對於殺戮非常在行，致使整個地區的人口總數下滑。根據估算，成吉思汗一生殺了四千萬人，全球人口為此縮減了百分之十這麼多。這數字包含一二二一年圍攻波斯帝國的內沙布爾（Nishapur）時，在短短一小時之內，斬首了一百七十四萬八千人。

殺戮規模之大，甚至還扭轉了氣候變遷。二〇一一年，茱莉亞・龐格拉茲（Julia Pongratz）與卡內基研究所全球生態部門（Department of Global Ecology, the Carnegie Institution）的同事，一同發表一項研究成果，指出當年全球人口大幅銳減，森林再次成長茁壯，吸收二氧化碳。不過短期之內，成吉思汗也很難取代瑞典小女孩格蕾塔・桑伯格（Greta Thunberg），成為環保綠色運動的指標人物。

一七四八年，法國哲學家孟德斯鳩（Montesquieu）為成吉思汗的傳奇下了總結：「亞洲被毀滅，從印度甚至是到地中海地區，於是波斯東部的國土全都成了沙漠。」大家著急想問：「為何這麼做？」

如果想要征服世界，想讓自己變強大、變有錢，為何要摧毀一切呢？這沒有道理呀！死人不會上繳稅賦，燒焦的土壤不會肥沃，不毛之地也不會種出糧食。一二二七年成吉思汗過世時，並沒有成就出史上面積最大的帝國，但他到死都懷抱著這個夢想。若你是不值得同情的野蠻人，只是一小群混亂毫無章法的人，成天無所事事，四處殺人和強奪的話，那麼是很難創建大帝國的。

成吉思汗取得的領土範圍之大，實在讓人歎為觀止，連亞歷山大帝也被比了下去；其領土一路可延伸到烏克蘭與大部分的俄羅斯領土，甚至還侵略到現今奧地利、保加利亞、匈牙利、波蘭。至於南邊，成吉思汗占領了整個中國，孫子忽必烈還創建了龐大的元朝。如此廣大的疆域，終究是難以維繫，隨後分裂成四塊，但還是個很大的區域。根據估計，一二九四年忽必烈統治的土地面積，達兩千三百五十萬平方公里，約當比現今俄羅斯總面積要大上一倍半。

如果蒙古人一直都如大家所想的，是四處掠奪的野蠻人，而其領導人成吉思汗是殺人成魔的精神病患，那麼是無從打造出王朝的。

在成吉思汗崛起取得權力之前，蒙古漂泊的部落長期為暗鬥所苦。成吉思汗出生時的名字叫做鐵木真，父親為一個小型遊牧部落的族長，孩提時期父親便遇害身亡。鐵木真想盡辦法凝聚蒙古人，當年的他較少使用殘酷手段，而是藉由外交、哄騙的手法達成。四十四歲時，他自封為「成吉思汗」，又稱「世界帝王」（Universal Emperor），然後就出發去征服世界了。往後二十年間，鐵木真陸續占領了中國北部、中亞，以及波斯的花剌子模。

蒙古人相當擅長駕馭馬匹，不只是行動敏捷，更以大地為家。百分之六十的蒙古軍力都是「輕騎兵」，可輕易智取拿下十三世紀裝備厚重的歐洲騎士。蒙古人的配備比較好，武器也比較優異，其中有個神祕的東西，叫做「火藥」，用途就是為了毀滅。

然而，他們最強大的武器是那惡名昭彰的風聲。成吉思汗就和前人亞歷山大一樣，很會操弄政治宣傳，即便他的人馬還沒到，就已經成功向敵軍灌輸恐懼的心理。與其正面對決，許多掌權者乾脆直接投降，而且蒙古人也比較喜歡這種結果。若平和屈服了，那麼成吉思汗會要求對方前來致意，並將其納入帝國版圖，往後幾乎就不再理睬干預，任其自主管理。但若沒有主動投降的話，成吉思汗就毫不留情了，為的是要樹立警告，好讓下一個城鎮自行投誠。這樣看來，也不說是壞事。

成吉思汗是個有遠見、通融的領導人，他治理的蒙古盛世（Pax Mongolica，給十三、十四世紀相對穩定的時期所取的名稱）帶來了貿易交流與繁榮發展。面對新占領的地區，成吉思汗採取包容的態度，另採取菁英管理制度，只要有能力就能往上爬，而非靠關係晉升，此外對宗教的包容度也是前所為見。

同時，商人也享有從未有過的移動自由。有了蒙古人管理絲路，首度讓東方與西方能安全往來，此乃歷史創舉。

蒙古人擅長創造，發明第一張紙鈔，還創立馬匹郵遞服務，稱為「驛站」，並於帝國各地設立轉運站，鼎盛時期的「驛站」可在一天之內，把信件傳遞三百公里之遠。在成吉思汗的治理之下，還統一了十進制的度量衡，並頒布一套通用的法律，稱為亞薩（Yassa）。

要說蒙古人是擁抱大自然的雅痞，那倒是有點牽強。他們的確很冷酷，但與時代的人相比，其實差不了多少，但蒙古人造成的死傷規模則是明顯誇大了。以一二二一年四月，攻下波斯帝國內沙布爾的斬首處決來說，一個鐘頭要砍下一百七十四萬八千顆人頭的話，那麼一分鐘得砍兩萬九千人才行。這氣味恐怕很難聞，老實說……就像是蒙古馬匹的糞便。

無可否認的是，十三、十四世紀的時候，中國與歐亞的人口減少非常多，實際原因仍不清楚，但不能把責任都推給一二二七年就過世的成吉思汗。原因很有可能是鼠疫，也可能是因為當時全球天氣現象出現劇烈變動，即「但丁反常」（Dantean Anomaly）。這現象始於一三一五年，直到一三二一年但丁離世這年才結束，期間氣候起了變化，糧食短缺，有飢荒，也有大規模遷徙。

人口劇烈減少的另一個原因，可能是因為發生這麼多事情之後，記錄發生錯誤。畢竟鼠疫期間，人口普查員可是超級傳播者，下場應該不會太好。

成吉思汗和亞歷山大大帝，雖然相隔一千年，兩人明顯很相似。亞歷山大英年早逝，自此享受著正面輿論，但大眾至今對成吉思汗的觀點，卻依舊如某位歷史學家所描述的「畏懼與鄙視」。或許這是因為我們西方人比較喜歡東方的敵人有這樣的形象。古怪、可怕的「黃禍」、「薛丁格敵人」，從成吉思汗到日本人，再到當今北韓金氏家族，全都有相同的遭遇。

當想要理性寫點有關北韓的議題時，作家立即會面臨困難，因為有關金氏家族政權的一切，大多十分瘋狂。一開場就是兩位現任領導人的死亡，永遠的主席（**Eternal President**）金日成（**Kim Il-sung**，文後簡稱一號金）死於一九九四年，兒子是勞動黨永遠的秘書長（**Eternal General Secretary**）金正日（**Kim Jong-il**，文後簡稱二號金）死於二〇一一年。

一號金提出的國家思想，主體思想（**Juche**），指引北韓人民的生活，其四大原則為：

主體（Juche）：本國自立自強理念
自主（Chaju）：政治獨立，不依賴其他國家
獨立（Charip）：自行決定經濟決策的權力
鞏固（Chawi）：軍事獨立，不依賴其他國家

北韓大大小小的事都要照著主體思想來執行，甚至還推出「主體曆」（Juche calendar）。當世界各地在過一九一二年時，該月曆稱之為「元年」，因為永遠的主席就誕生在這一年。

主體思想的象徵核心座落在白頭山（Paektu，長白山），朝鮮半島上最高、最神聖的山，國家創辦人檀君（Dangun）的出生地，而檀君是由一位從熊修煉成人的女子與天神的兒子所生。檀君曾一度被視為「虛構」人物，但一九九四年二號金就地扶正該說法，派出考古學家找尋檀君的陵墓，證明其真實性。聽到這群考古學家成功找到了陵墓，你應該也不會太意外。

韓國人被告知，二號金是在一九四一年於白頭山出生。不過，其父當時人是在祕密基地領導抗日，所以比較有可能的出生地應該是蘇聯。

金氏家族握有神賦予的治理大權，理由就是相信金氏家族跟檀君一樣，有著「白頭山血統」——獨一無二的血脈，還擁有天神才會的「縮地法」（chukjibeop，道教神話裡的一種遁地術），即折疊空間與時間，如瞬間移動的能力。因為有這道能力，金日成才能擊敗日本人，並啟發許多詩詞、書籍等創作，以及一首極受歡迎的歌曲《將軍施展縮地法》（The General Uses Warp），重複唱著好記的歌詞：

白頭山上的策略就是天神的策略將軍施展縮地法

自從金正恩（Kim Jong-un，即三號金）握有政權之後，便不再強調「使用神力」之說，國營報刊《勞動新聞報》（Rodong Sinmun）還曾直言表示：「如果真有『縮地法』，那也是人民的『縮地法』。」

惟恐有人忘記，北韓到處都有紀念金氏家族有多偉大的碑與塔，光是金日成的雕像就有四萬座。其過世後三年弔念期間，還計畫要建造三千座「永生塔」（Yeong Saeng Tower），位在首都平壤的這一座，高超過九十公尺，寬則橫跨六條車道。

正當讚頌自己的領導人之際，北韓也沒忘要醜化敵人。把對日本的仇恨寫進憲法裡，此外與南邊鄰居長期戰爭之故，所以得處處控制人民生活。

如同所有能夠撐下來的獨裁者一樣，金氏家族把自己設定為蠱惑民心政客的保護者。有上千幅繪畫都是在緬懷他們，其中最出名的是金正日騎乘一匹美麗的白馬，橫越下著雪的白頭山，但這其實是從拿破崙橫越阿爾卑斯山抄襲而來。

主體思想之中，兒童文學非常重要，此乃洗腦工作的關鍵。二號金寫道：「只有屬於我們特色的兒童文學，才能把我們孩子培養成具備主體思想的韓國革命中間分子。」

如果你相信政治宣傳的話，那麼二號金可是位多產的作家，據稱他大學畢業前就寫了一千五百本書，而且二號金有點像是心煩意亂的誇張型演員，把許多闡述其理念的出版作品拿到劇院與電影院裡演出。有個典型的例子，這是一九七一年一個感染力十足的標題《齊創作革命歌劇，豐沛的理念與藝術品質，謹遵血海類型革命歌劇之原則》（Let Us Produce Revolutionary Operas That Are High in Ideological and Artistic Quality by Strictly Applying the Principle of Creating Revolutionary Operas of the Type of the Sea of Blood）。

二號金也寫歌劇，但比較有可能的是他要求作曲人改放上自己的名字。一九七〇年代，六大重要歌劇作品皆有深刻的「主體思想」，最廣為人知的是《黨的好女兒》（A True Daughter of the Party）一作，二號金的自傳作者形容該作「好過音樂史上所有的作品」。

如果你相信二號金這些毫無根據的看法，也相信他不只是世界上最偉大的政治人物、詩人、作曲家——他也發明了漢堡（一九九〇年代晚期）。韓國人稱之為兩片麵包夾肉（Gogigyeopbbang），也相信這位深受愛戴的將軍後來又發明了兩片麵包夾肉夾起司，首都各區三大星（Samtaesong）連鎖餐廳有在販售，這間餐廳裡的服務生都是穿著方格花紋的美女。

同時，二號金也是世界上最厲害的高爾夫球員。一九九四年時，儘管當時還沒有打過高爾夫球，但二號金還是在平壤高爾夫球場打出低於標準桿三十四桿的驚人成績。雖然沒有現場的照片，但我們知道這都是真的，因為球場負責人都這樣說了，況且金氏家族從不撒謊的！金氏家族的人也都不用上廁所的，所有白頭山血統的人沒有這種需求。

二號金過世的時候，大家都知道該國上下開始哭泣，成千上萬北韓人民哭啼，用拳頭往地上捶的照片傳遍全世界。

如果相信國家機器，那麼你很快就會認為三號金也跟祖先一樣。由於有著白頭山血統，三號金三週大時就會走路，五歲成了神槍手，還出奇勇猛果敢。三號金的早期成就之中，有一項就是向日本奪回在一九一九年偷走的半個小時[2]。

真是太厲害了！也因為在三號金的領導之下，北韓全球頂尖科學家找到治療愛滋病、癌症、伊波拉病毒（Ebola）的解藥，另外還發現大蒜、洋蔥、蜂蜜可以阻擋新冠病毒。

如同每一位偉大的治理者一樣，三號金也有放鬆享樂的一面。身為東亞的賽門・考威爾（Simon Cowell，英國選秀節目的毒舌評審），三號金為世界帶來女子流行樂團「牡丹峰樂團」（Moranbong），其暢銷歌曲包含有《紅旗飄揚》（Fluttering Red Flag）、《沒

2 因為當年遭日本殖民，被迫與日本統一時區，所以刻意調整半小時，以示區隔。

有偉大領導人的關愛我們活不下去》（We Can't Live Without Our Great Leader's Care），以及最成功的單曲《我的祖國最棒》（My Country is the Best）。

很難衡量到底一般民眾有多相信這些內容，因為外國遊客隨時受到嚴密管控，而且網路依舊是個幾乎不存在的東西，要與北緯三十八度外建立通訊簡直不可行。無所不在的恐懼緊抓著極權主義國家，說明該國人民即便是私底下，也很害怕表達自己顧慮。

人權運動家朴研美（**Park Yeon-mi**）以批判北韓出了名，表示父母從小就教導她要把意見和想法藏在心裡——要知道隨時可能都會有人在偷聽。十三歲時，朴研美與母親成功逃離北韓，除了出聲批評北韓政權，同時也為遺留在北韓的人民發聲。

二〇一四年，朴研美與《衛報》讀者進行問答時說道：「我們必須知道，北韓民眾就跟你我一樣，都只是一般人。是的，（他們）是被洗腦了，也過著與我們截然不同的生活，但是他們也都還是人，所以我們得避免讓他們喪失人性。」

此論點不可輕描淡寫帶過，北韓人民——是二十一世紀全球大型政治賽局裡面無表情的小兵——更是金氏政權最大的受害者，這群人等於是被困在大型的國家監獄裡。至今，西方評論家看待北韓民眾時，仍混雜著譏笑與好奇的心態，也似乎依舊把東亞人民看成「可笑的一群人」。

從朴研美這些叛逃者的證詞看來，他們很可能不如許多人期望的那樣愚昧。同樣的，取笑金氏家族也是小看他們了！精神錯亂的瘋子是無法支撐起一個帝國的，倒楣的蠢蛋也無法掌控兩千五百萬人的生計七十多年。

金正恩本人及其國家政治宣傳，並不如西方認知想像的那麼愚昧，或許是俗氣了點，但效果確實了得。對於二號金的文學作品，我無法說些什麼，因為我沒有讀過，但他的歌劇並非像你想得那麼恐怖。撰寫本書之際，仍可在YouTube上找到《黨的好女兒》整部歌劇影片，這部作品出奇的激勵人心，或許很直率、鮮明，卻也有其能量、風格與音樂表現，而且——依據評論家的說法——這作品還具備了某程度的劇場藝術特性。舞台佈置也不會輸給倫敦西區音樂劇的長青作品《悲慘世界》（Les Misérables）和《西貢小姐》（Miss Saigon）。誇張點來說，《黨的好女兒》很有機會在倫敦音樂劇締造好票房，而且要不是劇情是在稱頌這地球上數一數二糟糕的獨裁者，你的腳想隨著音樂打拍子也是無妨。

外表上看來，北韓政府想在人民與來訪者心中，留下驚嘆的印象。平壤的大型雕像、建築物、紀念碑就是場佈，精心安排的展示、音樂歌曲、人民本身、臨時演員，以及——傳說故事裡的英雄——金正恩這位政治宣傳的核心人物，全都要一起與外頭的資本敵軍較勁。

的確，希特勒也做過這類的行為，有個好理由：因為很有用！因此，我們低估北韓是很危險的。強大的支配力，真實的畏懼感，操控範圍更是全面。

有關北韓對付內部敵人的殘忍傳說非常多，金正恩掌權後兩年，即二〇一三年，南韓《朝鮮日報》（Chosun Ilbo）的報導指出，女子團體牡丹峰樂團主唱玄松月（Hyon Song-wol）遭到處決，原因是被抓到在販售狂歡自拍影片……以及《聖經》。該報聲稱，玄松月是在「王在山輕音樂樂隊（Wangjaesan Light Music Band）……一旁觀看之下」被機關槍處決。

同年，張成澤（Jang Soeng-thaek）遭到清算，此人為三號金的姑丈，曾為北韓的二號人物。張成澤被形塑成「長久以來一心追求自身政治發展的壞人、騙子、叛徒」，後來當然就是被赤裸裸的扔進被刻意餓肚子的狗群之中，遭撕裂之餘，還直接啃其骨頭。

二〇一六年，據稱金正恩用「高射炮」處決了兩位高階官員，其中一人是因為開會的時候睡著了，另一人則是因為狗膽提出新政策想法。全世界的報章和電視台都非常盡職，以一種恐懼夾雜興奮的異常之態刊出報導。

嚴格來說，這當中沒有一丁點是真的。三號金的姑丈是槍殺身亡，「餓肚子的狗群」這說法是中國社群媒體諷刺創作者「平壤崔成浩」（Pyongyang Choi Seongho）捏造出來的，但看起來卻似乎很可信，所以香港報刊就報導了，接著刊登的就是深具影響力的新加坡英文報刊《海峽時報》（The Straits Times）。故事就這麼傳播開來，急著讓瘋狂的「薛丁格敵人」感到恐懼，許多人也就跟著採信這一段故事。

關於使用高射炮的故事來源，可回推至南韓情報單位，但也可能是虛構的。至少可以確認的是，其中一位據稱已被處決了的人，後來又出現在國家電視節目裡。至於主唱玄松月，她還活得好好的，繼續從事音樂工作，同時也涉獵國際外交任務，關於縱慾影片和販售聖經而被處決一事則是假新聞。

殘忍行徑的謠言，在北韓肯定有刻意的目的。就跟成吉思汗一樣，金氏家族是為了展現自己有冷酷無情的一面，要讓有不同意見的人、違抗政府的人感到懼怕，如此一來國內的敵人和想反對抗命的人就會乖乖不敢踰矩。

在國外的部分，金正恩被看做一場精心策劃出來的笑話，帶領一個荒唐喜劇片般的國家。然而，這當中沒有哪一部分特別好笑，存在的威脅是真實的，至少對北韓鄰近國家而言真是如此。十多年來，北韓持續在發展核彈頭，分析師還非常擔心北韓已經研發成功。歐洲為何沒有認真看待此項威脅，乃是因為這是「東方」的事，「距離遠得很」。

北韓人民生活在恐懼和極為貧窮之中，這一點可不像是喜劇片！未經訴訟程序的法外處決，在北韓境內是常見之事。一九九〇年代，領導人的疏忽與不當治理，造成北韓糧食短缺，後來還演變成飢荒，釀成數百萬人死亡。

成立於二〇〇三年的北韓人權資料庫中心（Database Center for North Korean Human Rights）特別點出該國的人權迫害問題，推估該國自一九九〇年代起，在成千上萬的處決案之中，總計有百分之八十七都是公開處決，幾乎都沒有走完應有的程序，而且大宗案件都是發生在獨裁政權特有的戰俘營裡頭。

北韓唯二的蓬勃發展，一是最高領導人的腰圍尺寸，二是持續擴大的勞動營。同時，北韓——就跟各個時代的敵人一樣——為我們帶來各種爭議事件，以及許多嚴肅的修昔底德課題。

德國大詩人赫曼．赫塞（Hermann Hesse）寫道：「厭惡某人時，你討厭的是此人身上有部分的自己，至於我們所沒有的也就惹不了我們心煩了。」

聽來或許奇怪，但北韓的古怪暴行卻非獨有。虛構歷史，就跟容易上當受騙一樣，都不是北韓才有的特有文化。

綜觀全球，領導階層的菁英分子變得很容易對歷史抱持否定主義，也就是說，為了符合時下的目的，刻意重寫歷史或是竄改過去的行為。舉例來說，在普丁政權之下，不再教授俄羅斯學生《一九三九年德蘇互不侵犯條約》（1939 Molotov-Ribbentrop Pact），也就是蘇聯與德國納粹瓜分波蘭的這段歷史。

波蘭這邊也是有同樣的作為。二〇一八年，總統安德魯．杜達（Andrzej Duda）通過一項法令，凡指稱波蘭人在納粹占領期間共謀猶太大屠殺，會視為可被監禁的犯罪行為。此舉根本就是在掩蓋歷史的真相，因為許多文件顯示戰爭期間，波蘭確實有人勾結這黨事，協助積極施行納粹反猶太人的政策。

再往南邊走，保加利亞人更是致力從歷史書籍裡，抹去與土耳其共有的五百年過往。土耳其這邊，則是通過一條禁止討論亞美尼亞種族屠殺（Armenian genocide）的法規，至今至少有六名記者因而遭到起訴。

只要看看英國對自身過往的看法有多扭曲，就可以知道這地方也有同樣的狀況。控制人民生活的北韓政府或許是與日本和韓國長期對立，但我們也是如此。不同的地方在於，當金氏家族用嘴巴說要打仗時，美國和英國正積極參與戰事，從伊拉克打到阿富汗並到更遠的地方；然而，可以拿出來對比的東西，可不止於此。

在許多西方世界的眼裡，網路流傳北韓民眾因二號金過世放聲哭泣的哏圖看來滑稽，還把他們看成「瘋狂的北韓人民」，不過浮誇的哭天搶地看來的確是怪異。然而，一九九七年，黛安娜王妃喪禮的影片看起來也是差不多怪異，不必調大聲量就能明白這群人哀痛欲絕的程度；隨著送喪隊伍離開肯辛頓宮（Kensington palace），行經這群跟黛安娜王妃完全沒有私交的民眾身邊時，各個都哭得傷痛不已。

皇室成員可能不會同意把溫莎家族和金氏家族拿來比較，但他們同樣都是生來就握有權力，同樣自比有天神賦予的權利與「特殊血統」。

白頭山血統的觀念，並沒有比藍色血統滑稽。但過分的尊敬、奉承討好的人群、向「偉大領導人」彎腰鞠躬，這些在每個國家都一樣。溫莎家族和金氏家族兩者同樣，終究是綑綁在早已過時的封建制度上。總歸來說，我們會之所以會認為「我們」那些非民選的領導人不差，只因為這些非民選的領導人終究還是「我們的人」。

瘋狂紀念碑也是如此！儘管士庫曼有個用來推崇狗兒血統的巨大紀念碑，但倫敦也有個用以緬懷「在戰爭中喪命的動物」的大型紀念碑，裡頭有象、驢、馬、狗、駱駝。在曼徹斯特的索爾福德市（**Salford**），還有個紀念派翠（**Petra**）於一九七七年死亡的銅像，一隻電視節目《藍色彼得》（**Blue Peter**）裡的狗兒，這時間點就發生在法國最後一次使用斷頭台處決人的前幾個月。當然了，這幾個英格蘭紀念碑都沒用金光閃閃的金箔製作而成，不過仍是充滿情感，而且會有這些怪異的動物銅像，其實只是為了滿足豎起銅像的人。

另外建築物也是！來到法西斯風格的華盛頓，不能不到林肯的紀念館走走。一間偌大的新古典主義寺廟裡，放了一尊十六世紀美國總統的巨型雕像，這場景要是出現在蘇聯或是納粹德國，一點也不會格格不入。縱然北韓有非常、非常多座紀念金氏家族的雕像，但美國光是林肯的雕像就有兩百座，紀念華盛頓、葛蘭特將軍（**General Grant**，美國第十八任總統）等人的也有十幾座，這些紀念雕像都成了神聖不可侵犯的物品。要是想對上述雕像提出質疑，英國的雕像亦然——即使是某座奴隸制度主人的雕像——你都會被指責是在企圖「重寫」或是「抹滅」歷史。

至於北韓瘋狂的主體思想，訴求特殊主義、不倚靠他人、政治與軍事獨立，這又與英國脫歐有何不同呢？訴求不就完全一致？我們沒什麼資格譏笑北韓教科書裡的政治宣傳，講著一個又一個有關國家過往與偉大領導人的神話故事，因為我們的英國政府也花費了很多年在推廣《島國故事》，以及其他講述戰爭與帝國的小瓢蟲圖書自由主義。

近年來，西方世界民主主義人士越發強勢、越發有個性。唐納．川普真的重新寫過自己發跡的故事，此舉與二號金如出一轍。多年以來，川普聲稱其祖父母雖然出生於巴伐利亞，但實際上是來自北歐。當上總統後，川普開始堅稱自己的父親是「出生在德國一個非常美麗的地方」，但根本就是在紐約出生的。

真相為何，川普一點也不在乎。凡對他的目的沒有幫助的，就不必浪費時間。在西方民主社會裡，川普應該要為說出口的謊言負起責任，並為執政期間所有惡劣的行徑負責。畢竟，「這麼做」才會凸顯我們與金氏家族支持者的不同之處——這是我們聽到的。

但多數的狀況是，川普就直接一走了之。

二〇一九年十一月，《華盛頓郵報》估算，川普執政期間共講了一萬四千個謊言，數量真是驚人。改寫自己的歷史之餘，川普也重寫美國的歷史。二〇一九年七月，在美國獨立日這天的演說之中，川普主張華盛頓在（一七七五年）獨立戰爭期間的軍力，可是握有制空權並能「控制機場」——這整整比萊特兄弟成功完成第一趟動力飛行早了一百二十八年。

二〇二〇年九月，川普開始攻擊美國歷史課教學，於華盛頓一場會議中表示，孩童都被洗腦了，「幾十年來都被灌輸右翼理念」。

川普認為，應該要教導美國孩童，「這是世界歷史上最與眾不同的國家，而且他們是這個國家的人民」，至於教導奴隸制度與公民權都是「有害的政治宣權」。

川普一派認為自己是在捍衛美國——免受敵人的傷害。然而，就跟金氏家族一樣，美國這四年混亂期間最大的威脅——乃是川普這個人，實實在在的內部敵人。

一個國家的政治宣傳和虛構歷史，正是另一個國家的快樂抑或是恐懼的來源。就算我們為東方的「薛丁格敵人」發愁，也應該要多多檢視自身的問題比較好。

結論：昔日的美好時光

萊特兄弟飛上天空之前，人類是持續不斷從高空中墜落。九世紀阿拉伯智者阿拔斯・伊本・弗納斯（Abbas ibn Firnas）在身上綁上某種翅膀，然後從丘陵地上一躍而下，然後就摔死了。過了一百年，哈薩克的辭典編纂家伊斯梅爾・伊本・賈瓦里（Ismail ibn al-Jawhari），從波斯的內沙布爾市一處清真寺屋頂縱身一跳，隨後也死了。又幾年過去，修道士馬姆斯伯里的艾默（Eilmer of Malmesbury），緩緩走離修道院的屋頂，結果仍摔斷了雙腿。

一七八五年六月，法國皮耶・羅滿（Pierre Romain）和傑昂・弗朗索瓦・皮拉特・霍奇（Jean-François Pilâtre de Rozier），兩人成為現代飛行意外事件簿中頭個死亡記錄，他們是因駕駛熱氣球撞毀身亡。過了一段安靜的時日，來到一八九六年，奧地利滑翔先驅奧托・李林塔爾（Otto Lilienthal）因展示自己的飛機而身亡。後來，上了高空的每個人都跟飛蠅一樣，接連摔回地面。

一九〇九年，法國尤金·勒菲爾（Eugène Lefebvre）成了歷史上首位因駕駛電動馬達飛機而過世的飛行員。之後，世界首支飛行表演隊「萊特飛機」（Wright Fliers）的創始成員，接續步上勒菲爾的後塵，全都在一九〇九年八月到一九一〇年新年元旦之間，因失誤而死亡。同年，查爾斯·羅伊斯（Charles Royce，與勞斯萊斯，Rolls-Royce 有關聯的那一位），喪命於英國多塞特郡的南布溫一帶（Southbourne, Dorset），原因是飛機尾翼斷裂，成為英國第一起空難。伊蒂絲·莫德·庫克（Edith Maud Cook）是英國首位駕駛飛機的女性，一九一〇年——您應該猜到了——飛機墜毀死亡。

還有其他先驅死於空難意外，一九一二年是第一位飛越英吉利海峽的女性哈莉特·昆比（Harriet Quimby），接著美國馬戲團明星山姆·寇弟（Sam Cody），他也是第一位在英國飛行的飛行員，於一九一三年因展示新飛機而身亡。首位做到繞圈飛行的林肯·畢奇（Lincoln Beachey）則是在一九一五年剛又再一次完成繞圈飛行後喪命的。一九一九年，又有三位先行者身亡：第一位飛越大西洋的約翰·阿爾科克（John Alcock）、第一位飛越阿爾卑斯山的瑞士飛行員奧斯卡·拜德（Oskar Bider），以及首位拿到飛行員證照的女性雷蒙德·拉赫司（Raymonde de Laroche）則是在家鄉法國試飛時機毀人亡。比起其他飛行同伴，貝絲·科爾曼（Bessie Coleman）算是多活了幾年——這位果敢無懼的飛行先驅是媒體的寵兒——不僅是美國第一位取得飛行員證照的黑人，更是首位出生於美國且取得飛行證照的美國人；不過科爾曼也於一九二六年，在美國佛州的一場飛行表演中意外身亡。

顯而易見，當時是需要有個人來發明降落傘才行。

其實，當時還真有降落傘。一七八三年，法國路易．賽巴斯汀．李諾蒙（Louis-Sébastien Lenormand）成功從樹上戴著降落傘跳下。不過，後續的發展倒也不是一帆風順。一八三七年有這麼一段廣為流傳的故事，六十一歲的英格蘭水彩畫家羅伯特．柯金（Robert Cocking）未曾搭過熱氣球，但第一次搭乘就在格林威治上方兩千公尺的高空跳下，身上穿戴著自己特別設計的圓錐狀降落傘試作品。不過跳離熱氣球之後，柯金精心製作的奇怪裝置，完美演示了「如同大象乘坐蒸汽火車墜落時會遇到的空氣阻力」，隨後他本人就面朝地重摔在離倫敦里區（Lee）一帶五英里（約八公里）遠的地方。自此以後，柯金就沒再提筆畫過水彩。

有了這些慘痛經驗的教訓，無怪乎十九世紀的其他時間裡，以及二十世紀的頭十年裡，歐美都沒有再有降落傘致命事故記錄。

整體局面，在飛機發明後，獲得扭轉。

先前嘗試使用降落傘從飛機上逃生時所遇到的問題，乃是因為當時的飛機是高速低空飛行所致，太快也太低。一九〇三年，從美國小鷹鎮（Kitty Hawk）起飛的萊特飛機，其飛行速度為每小時四十八公里。六年之後，飛機的速度提升到每小時七十公里。到了一九一一年，飛機以每小時一百三十三公里的高速疾駛。這段時間，飛行傷亡的人數逐日增長。

法國——航空發明的起源地——也成了飛行殺戮的主要現場，為了讓盜墓賊沒有墳墓可挖，得趕緊找到解決辦法才行。

一九一一年十一月，一位名為「蘭斯先生」（Monsieur Lalance）的神祕金主寫信給法國航空俱樂部（Aéro-Club de France），表示要提供一萬法郎（約當於二〇二一年的十二萬英鎊）給成功設計發明降落傘的人，然而新發明的降落傘不僅總重得低於二十五公斤，還要能在低海拔從飛機上順利安全逃生。這項發明競賽吸引許多熱血的人，有發明家，也有怪胎，連奧地利、捷克一帶的裁縫師弗朗茲．雷謝勒（Franz Reichelt）也躍躍欲試。一八九八年，弗朗茲移民到法國，已於一九〇九年歸化法國籍，同年遂把名字改為弗朗索瓦（François），同時為了凸顯典型法國人的身分，很快就留了個完美的大鬍子。這位裁縫師真可說是走在時代的尖端呀！

其實早在降落傘發明競賽宣布之前，弗朗茲就已開始研究降落傘設計，但他不大懂空氣流速，也不懂降落傘的原理，僅是有一股熱忱罷了。先前，弗朗茲就曾拿著早期試作的樣品到法國國家航空聯盟（French National Air League），這是弗朗茲的第一次，也是最後一次，在法國的美好年代（Belle Époque）裡，開口表達有關高空的 mots（法文，話語的意思）。但是，聯盟認為弗朗索瓦的設計不周全，便把他請回家了，另外也建議他還是專心縫製衣服和鈕扣就好。

弗朗茲沒有非得要製作出降落傘的必要，但他給自己灌輸過多的自信，所以才會想要證明專家是錯的。當然了，優渥的獎金肯定也是誘因，成名也是同樣誘人。弗朗茲是有夢想的，不情願當個沒沒無聞的移民裁縫師——他其實想要成功，想要成為一名爭奪者。

因此，一九一一年的整個冬季，弗朗茲全然投入這項任務，沒多久就讓人體模特兒穿上它的發明，然後從其工廠的五層樓扔出去。可惜的是，弗朗茲精心製作而成的降落傘裝置，屢屢測試失敗。每一次測試的時候，裁縫師的人體模特兒在抵達鵝卵石地面時，都已經四分五裂、慘不忍睹。

顯然，世界上最棒的降落傘測試地點是在更高的地方，就位在巴黎第七區（7th Arrondissement）的塞納河河畔。於是弗朗茲開始四處遊說，要巴黎有關當局同意他登上艾菲爾鐵塔測試降落傘。他的努力不懈，終於有了成果，巴黎當局總算點了頭，不過條件是得使用假人上場。

每一位發明家在測試新發明時，都曉得「失敗機率」的存在。一九一二年二月四日，這是個相當寒冷的週日上午，弗朗茲出發前往艾菲爾鐵塔的時候，他本人倒是百分之百相信一定會成功。

弗朗茲原本答應巴黎當局會使用假人，但他當天帶出門的只有假鬼假怪的自己。在擺擺姿勢、拍拍照之後，弗朗茲回絕友人和支持者的憂心提醒，然後開始往上攀爬到鐵塔的第一層，身後緊跟著的是一位攝影師。影片記錄顯示，弗朗茲當時煞有其事的爬上一張看來就不是很穩固的木椅，而且這張木椅還擺放在搖搖晃晃的桌子上，隨後他跟兩位戴著帽子前來關心的旁觀者講話，由於影片沒有收音，我們不知道他們講了些什麼，但可以確認的是差不多就是在這個時候，弗朗茲告訴官方單位：「這次的測試，我要親自上場！不要任何花招，我要證明我的發明非常有價值！」

猶豫了一小段的時間之後，早上八點二十二分整，弗朗茲一躍而下。三秒鐘過後，他便已一命嗚呼。

巴黎《小日報》（**Le Petit Journal**）的頭版刊登了這次測試的照片，可見到憲兵在事發之後，立即跑到弗朗茲落地撞出的大坑洞旁拍照。這魯莽輕蔑生命的態度，確實讓弗朗茲實現了夢寐以求的出名，但卻不是他想要的那一種出名。由於這次測試有攝影記錄，因此弗朗茲成為史上第一位演示「鄧寧—克魯格效應」（**Dunning-Kruger effect**）並被拍成影片的人類。

這是一種認知偏差，其命名源自社會心理學家大衛．鄧寧（**David Dunning**）和賈斯丁克魯格（**Justin Kruger**）。兩人於一九九九年發現了此一效應，好發於知識、能力、才能有限的人身上，這類人會有錯覺認為自己非常在行，但事實上卻是毫無能力。

鄧寧依據的是一樁銀行搶劫案件，歹徒麥克阿瑟・惠勒（McArthur Wheeler）閱讀到文章說明檸檬汁能讓事物隱形之後，便把檸檬汁灑在自己臉上，然後跑去搶劫兩間銀行。惠勒非常自信，堅信一定會成功，進出銀行時還跑到監視器前面揮舞。後來被抓了，惠勒大呼：「可是我有噴檸檬汁啊！」這麼一句話倒是讓他成名了！

惠勒的邏輯實在是太瘋狂，因此找來專家協助。經過一翻評估和檢查過後，州政府的精神科醫師給了個無情的結論。麥克阿瑟・惠勒沒有心理方面的疾病，他只是非常非常的笨，這股無可救藥的蠢勁，還結合上天生認定自己相當有才能的信念。

弗朗茲・雷謝勒在九十年前也同樣是有「優越幻覺」（illusory superiority，或稱虛幻優越感），因為他的降落傘是顯然無效。法國國家航空聯盟的專家已經告訴弗朗茲他的設計不可行，他自己也親眼看到假人摔壞，但是鄧寧——克魯格效應卻讓他說服自己設計是沒問題的。

弗朗茲・雷謝勒相信自己是專家，非常懂降落傘，但事實上卻根本不是如此，至於下場就是害死自己。

鄧寧—克魯格效應並不是蠢蛋的專利，我們每一個人都很容易患上這樣的毛病。

一九八三年，美國和瑞典有份研究，請駕駛拿自己的開車技術和平均水準做比較、打分數。結果，居然有高達百分之九十三的美國駕駛，以及百分之六十九的瑞典駕駛，認為自己算是「很會開車的那一半」，這是在統計學上根本就不可能成立的數據。

更多有關「優越幻覺」的研究顯示，多數人都高估了自己的ＩＱ、自己能避免偏見的能力、自己受歡迎的程度、自己的記憶能力，連自己的床上功夫也都給出過高的評價。

一九七七年，有項調查發現美國教授之中，有百分之九十四的老師認為自己比其他老師教得好——又是個在統計學上無法成立的結果。

非正式調查顯示，有非常非常多人認為自己很會唱歌，但其實都難聽到不行。

英國舉行脫離歐盟公投之前，即便多位專家學者及政治人物仍表示，尚未能釐清英國與歐盟之間的複雜關係，當時支持與反對的選民卻表示都已經懂了。英國花了四年時間，努力籌備脫離歐盟且不留下永久性損害，期間總算是看清楚了這段關係有多複雜。二〇二一年一月英國正式脫離歐盟，接續幾個月裡，推特上隨處可見到飽受苦難的漁夫上傳影片認錯，表示支持脫歐是錯誤的決定，當初也不知道下場會是如此。

在極為嚴重的情況之下，鄧寧—克魯格效應可用來解釋比英國脫歐還要重大的議題。那就是發生在希特勒身上的魯莽愚昧現象，絕大原因是他本人的優越幻覺，再加上周圍的人選擇相信希特勒的謊言；納粹黨領袖相信希特勒是天才，與生俱來的才能，思想優秀，更是歷史上（除了成吉思汗以外）唯一一位能成功攻下俄羅斯的人物，然而這一切卻都不是真的。

二〇一九年，大衛．鄧寧在YouTube頻道《危害報導》（The Damage Report）的訪問指出：「人們缺乏的是知識，缺乏看清自己是無知的知識。」這個解釋相當完美。了解歷史的真實本質，與認識鄧寧—克魯格效應，一樣都很重要。

許多人寧可沉浸在理解假象的安慰之中，而且往往都會接受符合既有世界想法的說辭。與其去尋求真理、接受錯綜複雜，倒不如選擇偷懶，像是「取回掌控權」、「大轟炸精神」、「敦克爾克精神」，甚至面對家族事件，也是接受虛構的安慰說法。要是國家集體共識是讓我們待在童話故事裡，讓我們獲得慰藉，那又為何要挑戰這集體共識的基石呢？

歷史相當細微奧妙又複雜，老實說，也會讓人常常感到不滿。我們所相信的內容和採信的「好故事」，未必符合每一起事件的真相。民粹主義的敘述從容自信，其華而不實的外表，在廣受歡迎的童書作家亨禮雅妲．伊麗莎白．馬歇爾，以及英國脫歐領袖奈傑爾．法拉奇的糖衣包裝之下，顯得易於消化吸收，有時甚至還比實情更具吸引力。

人們想要相信的是，發明斷頭台的人最後也是死在斷頭台上，哥倫布是位偉大的探險家，同行水手都相信地球是平的，還有英國大兵在敦克爾克是被一大批「小船隻」拯救回來的，以及邱吉爾是天選之人、史上最偉大的英國人。為何要毀掉這些想法？為何要拿說法不一的恐怖真相，和會帶來更多問題的證據來取而代之呢？

可是，真相很重要。在網際網路的時代裡，每件事情都只需要按幾個鍵便可查清真相，那麼大家就沒有理由要採信謊言而迷失了。

就跟北韓的兩片麵包夾肉的故事一樣，我們或許可以選擇開心接受假面的E-numbers（歐盟認可的食物添加物編號），但其實卻會傷害我們大眾的健康。極端而言，虛構歷史會成為各個國家和民主，自願成為祭品的火葬場。

認為自己的國家是「最棒的」，自己的歷史比較豐富且比其他歷史都更能引起共鳴，這種想法能讓人感到欣慰。有些人很積極希望我們就保持這樣的想法，好讓更多市民小民也願意跟著這麼想。政治人物和紀錄片製作非常適合用來做這類的陳述，這麼一來就「終於」可以在新聞節目裡取得絕佳的版位。虛構歷史是「虛幻社群」和「自傲如我」的基石，更是維繫優越理論——民粹主義賴以成長茁壯的狗屎肥料——之命脈。

＊＊＊

每個時代回頭往後看的時候，都會心生羨慕。

上期舊石器時代住在斯瓦比亞阿爾卑斯山裡的中年成人，肯定常常掛在嘴邊說，懷念大家手捧著史前獅子人雕像傳來傳去的「美好舊時日」。希臘人遙想的是天神還在的時候，羅馬人則是懷念希臘人，大英帝國倒是回想羅馬人，以此類推。

對許多現在的英國人來說，那個讓人痛惜逝去的伊甸美好時光，正是愛德華統治英格蘭的永恆夏天。在那輝煌的年代，男人玩著板球，女人身穿白色棉質洋裝。在帝國友善的照護之下，整個世界都是美好的，但後來可怕的德國人發起陸戰亂鬥，打亂這恬淡、怡靜的情景。

英國脫歐的核心想法是：如果我們信念夠強的話，只要把印有英國國旗的室內拖鞋團結在一起的話，那麼便可以克服一切，然後或許還可以回到以前光榮的時代。經過這番重寫的表述，讓我們相信一九一四年之前的英格蘭，是個比較安全、祥和、更有秩序的地方；是個像唐頓莊園一樣有家族在治理一切，心存感念的村民整日就待在有茅草屋頂的酒吧喝蘋果酒。其實啊！愛德華時代的英國可說不上是個烏托邦。

當時的人均壽命是四十八歲，而且照理來說是「地球上最偉大的民主國家」，但女性沒有投票權，男性也約有高達百分之四十的人不能投票。嬰幼兒的夭折率相當高，約有百分之十的嬰兒無法活到滿週歲。此外，即便處在日不落國的中心，但還是有百分之二十五的英國人過著貧困的生活，有百分之十的人民生活在極度貧窮之中，許多孩童終日赤著腳，更別說是填飽肚子了。

我外祖父母年輕時的「偉大的英國」沒有全民健保制度，也沒有退休年金的規劃。如果你既窮又病，那麼你的問題可就大了。當時是有幾家慈善醫院，但你得住在附近才有可能享有免付費的醫療，不然就是期待發生好事，又或者是等死。

由於沒有疫苗，多數人在成年之前就會死亡，而且患上的都是現今已能預防的疾病。當時與健康和安全相關的法規都非常基本，職場意外與死亡案件亦是相當常見。成千上萬個家庭生計都是倚賴勞力吃重又危險的粗活，像是挖礦之類的。即便不是在地底下工作勉強過活，然後發生意外身亡或是重傷殘廢，也可能因患上肺塵病（黑肺病）而英年早逝。

孩童大多在十二歲的時候就不再上學，而是去從事不需要技能就能做的工作，薪資相當微薄之外，還完全沒有休假日。要是跟我那慈祥的外婆一樣，來到唐頓莊園這類型的大宅院裡當洗碗工，你沒有一天是可以休息的，只有周日早上可以去教會參加禮拜。如果生病了，又或是懷孕、結婚了，那麼你就會失去這份工作。還有，要是這裡的男主人或是主人的兒子看上你的話，那你一樣是失業了。

過去女性在職場上遭受的待遇是糟蹋；女老師不可以結婚，所以女老師只好不斷拖延婚期。一直到一九四六年，已婚女性才擁有權力從事教學工作，不在蒙受失業的恐懼。公職人員也是有同樣的「婚姻限制」，更是到一九七〇年代相關規定才撤銷。

上述環境糟糕的程度，就跟你覺得現況有多不優一樣，然而那時候的狀況已經比更早之前的時候改善許多。到了二十一世紀，儘管發生了大規模流行病、英國脫歐等震撼人心的事件，我們還是活在一個比祖先還要完善的環境。我們的時代在平等、自由、人權、就業權、繁榮、安全與和平等各方面，皆發展到空前的規模。這樣的世界，我外祖父母只能在夢裡才能遇見。

社會態度（social attitude）在過去六十年來裡的轉變，比起在此之前數千年裡的改變，其幅度可是相當的大。想想近期居然出現這麼多改變，還真叫人感到驚奇。

我外公因親身經歷過一次世界大戰，而患上創傷後壓力症候群，一輩子都沒有被診斷患病，也沒有接受治療。現今，注重心理健康不是件奇怪的事，我們多數人也越來越不會把這種事情給隱藏起來。

很明顯，社會更加開放了。意向調查顯示，多數的英國人（百分之七十一）都可以接受同性關係與婚姻。

社會也變得比較不殘酷了。英國公立學校一直到一九八六年才廢除肉體處罰，在此之前都是合法的，真是難以置信。英格蘭私立學校的話，在一九九八年之前，皆可用藤條處罰學生，蘇格蘭和北愛爾蘭則是一直到二十一世紀都可體罰學生。

我個人的話，則是和我父母一樣，學生時代的體罰算是相當普見。不過，我孩子受教育的環境裡，關心與尊重為核心價值，而且不會因為身體越線或是答錯問題而擔心受罰。

不過，不只是學校有體罰。一九四八年之前，英國政府會給年輕犯人和「不良少年」

施以笞刑。在曼島（Isle of Man）的話，最後一位受到法院制裁笞刑的犯人，於一九七六年接受施打刑罰。年僅十五歲的青少年，可能會因為輕微的蓄意破壞罪行，被判處最多十二下笞刑，而且只要「不是打到皮開肉綻的傷口」就都沒有問題。

英國直到一九六五年才廢止謀殺罪的死刑，北愛爾蘭是到一九七三年才廢除。同時，如同本書先前所談到的，死刑常會被政府用來對付無辜民眾，雖然醜陋，但卻是一勞永逸的手段。

人工流產法案（The Abortion Act）直到一九六七年才通過（北愛爾蘭當時未通過），另外讓人瞠目結舌的是，男人直到一九九一年都可以合法侵犯自己的妻子。一九六七年，英格蘭和威爾斯除罪化同性關係（惋惜的是蘇格蘭和北愛爾蘭分別到了一九八〇年和一九八二年才除罪化），不過同性婚姻直到二〇一三年才獲准。我撰寫本書的此刻，同性伴侶仍舊受到不平等的對待，無法在公立教堂結婚。

英國於一九七六年[3]通過種族關係法案（Race Relations Act），在此之前，雇主可以因膚色或人種而拒絕雇用。同樣的，儘管仍是有不少的進步空間，但過去這四十年來，面對性別、階級、殘障等議題時，態度已有了顯著轉變。

3 北愛爾蘭是於一九九七年開始施行種族關係法令（Race Relations Order）。

過去幾十年來，已開發國家人民的生活水準已提升非常多。一直到一九七〇年代中期，英國住家大多都還沒有安裝中央暖氣系統，多數家庭也沒有汽車、彩色電視機、電話等可以改善生活的裝置與設備。可見科技方面的進化速度，比不上性別平等前進的腳步。

女性長期抗爭，奮力爭取平等待遇，今日多數歐洲國家已立法保護女性的權力。我們這時代的歷史和不遠的未來，支配權無疑是在重要的女性人物手上，這是二十世紀以前長久一段時間所未曾發生的情況。

爭取平等這件事情，距離終點還遠得很！非二元性別和變性主義者，仍持續在對抗不被包容的遭遇。此外，比起西方國家，世界上多數地區的女性與 LGBTQ+ 社群身處的情況也都還是落後一大節。

爭取民主、人權在部分國家也是還有一大段路要走，像是中國、北韓等獨裁國家皆是。根據估計，世界上還有五十個專制國家。

不過，就多數地區而言，情況已有大幅改善。科技讓世界變小了，國境、國旗的區隔越來越顯得不重要。

「全球化」一詞屢遭抨擊，卻也幫了數百萬人一個大忙。貨物和電子產品越來越便宜，大家比以前更能自由移動。食物也是如此，一九七三年，英國家庭每週花在食物採買上的費用，高達收入的四分之一，但今日已降到百分之十。

我身處的地球角落——西歐——也比過去五百年來都要平和。那些深深影響父母和外祖父母人生的戰爭，已逐漸成為過去。我的孩子不需要上戰場，不需要去為了他人的野心貪念，成為一名小士兵，去打無意義的戰爭。正如馬克斯・拜格夫斯（Max Bygraves）曾經唱過的一首歌：「一切都已大不相同了！」（Fings ain't wot they used to be!）歌詞非常貼切、寫實，一切真的已經改進非常非常得多。

不過，我們不能把這一切轉變視為理所當然，因為這過程裡有許多人老想著把我們帶回到過去。就英國、法國和其他地方的整個政治範疇而言，有很多人仍認為那逝去的美好時光比較好、比較開心。我們都已經歷過帶來分裂、孤立、破壞的民族主義時代了，真難相信還是有人在懷念以前的日子，但真就是有人在緬懷啊！正如同英國脫歐所展現出來的，仍有數百萬人願意投票支持脫歐。

虛構歷史的核心便是懷舊之情，而懷舊根本是在胡扯，一種能誘惑人的胡說八道，而且還助長了具破壞力的二十一世紀民粹主義，更帶起川普和仿效川普這類的人物。

希臘歷史學家修昔底德表示，我們一定不能重蹈覆轍，反倒是要從以前的過錯記起教訓。此條教訓於一九四五年發展到高峰，歷經戰爭的那個世代為我們組織了聯合國、英國國民健保、北大西洋公約組織（NATO）與歐盟。

知識就是關鍵，能克服、擊倒釀成時下許多政治災難的兩個魔頭，即民粹主義和不實訊息。

前往烏托邦沒有捷徑，那道路也不是用噴火戰鬥機和偉人紀念碑鋪設的。有群人相信奈傑爾·法拉奇所承諾的道路，但他們會發現，只有在錯誤記載的歷史、漏洞百出的陳述、不切實際的野心，以及最關鍵的，一個不再存在且也可能從未存在過的世界之中，才能找到他們所想看到的。為能擁抱現在和未來，我們得先了解我們過往的真相。

臉書上的貝瑞大叔（Uncle Berry）沉浸在不真實的懷舊之情裡；邱吉爾的人生又長又複雜，而貝瑞大叔對邱吉爾人生的了解程度，恐怕就跟對難民緣由的理解差不多而已。尼克先生（Nick），這位前英國脫歐黨（Brexit Party）的候選人，可能是有看過《血染雪山堡》（Where Eagles Dare）和《惡棍特工》（Inglourious Basterds）兩部電影，但這不表示他就成了深度認識一次世界大戰和《凡爾賽條約》（Treaty of Versailles）的專家。

鄧寧—克魯格效應和優越幻覺鼓舞了這一類人，也激起了更多人有不同的想法。「懷舊之情等於歷史」的這道分量，肯定小於「真相等於謊言」的程度。

虛構歷史就跟假新聞一樣，對我們每一個人都是有害的；不僅會扭曲我們共有的世界觀，也會把現代歷史形塑成「最終會對每個人都會造成傷害」的模樣。因此，我們每個人都有責任要起來對抗，開啟內在的胡扯偵測器，別人告訴我們的話都得再三查證，並不時提出至關重要的提問：

「這是真的嗎？」「真有發生這樣的事？」「誰會因此受益？」

我們也要接受犯錯並非是件可恥的事，相反的，犯錯恰巧就是取得知識的路徑。願意去學習、理解，乃是人類能夠從斯瓦比亞阿爾卑斯山的山洞演化至今的關鍵所在。

萊特兄弟不是第一次試飛就成功，他們倆兄弟可是花了好幾年的時間研究舉力方程式（**lift equation**）和如何製造風洞（**wind tunnel**），一路走來就是從錯誤中學習成長。經由追求理解的過程、富有決心和開放的態度，萊特兄弟才獲得成功。

一九〇三年十二月十七日，奧維爾．萊特（**Orville Wright**）用單車零件、雲杉木和帆布組合成一架飛機，裝上一顆九千瓦的小引擎後，順利在半空中飛翔！這段短短的首次飛行，共飛了三十七公尺，高度大約是四公尺。但是，才過了六十五年，尼爾．阿姆斯壯（**Neil Armstrong**）就從「阿波羅十一號」的太空艙走出來，踏上月球的表面。

人類只要擺脫掉優越幻覺的危害，改投向知識的懷抱，那麼就可以做出非常驚奇的事蹟。

我們應該多成為像是修昔底德和萊特兄弟這一類的人物，遠離像是弗朗茲．雷謝勒這一類人，也遠離散播虛構歷史的人。同時，還要記得一件事情——最美好的日子都不在過去——相反的，最美好的日子通常是即將要到來的。

【備註】第十章裡，我講了幾個有關唐納．川普的故事，其中有一個是貨真價實的謊言，真是抱歉了！

致謝

非常感謝我的經紀人道格．楊（Doug Young）說服我寫了這本書，也很感激奧利弗．霍登雷（Oliver Holden-Rea）與維爾貝克（Welbeck）出版團隊。

寫這本書的時候，正值新冠病毒流行的疫情期間，在此感謝收到我那不請自來的電話與電子郵件，而且還願意給出回應的每一位人士。特別要謝謝倫敦帝國戰爭博物館的伊恩．菊池和尚恩．雷林，協助從資料庫中翻找有關敦克爾克事件與「添仁號」的資料。還要謝謝伊巴．瓦哈卜告訴我有關瑪莎拉烤雞的故事，謝謝內維爾．莫立的研究文章幫助我在短時間內了解修昔底德，謝謝馬修．史威特博士（Dr Matthew Sweet）首度激發我對「小瓢蟲圖書自由主義人士」的思辨。

我衷心感謝彼得．費爾班克斯和皮帕．費爾班克斯（Pippa Fairbanks）對希特勒創作藝術所投入的心血，也謝謝他們不屈不撓的支持。

《署名時報》（Byline Times）團隊——彼得．朱克斯（Peter Jukes）、哈迪．馬特魯（Hardeep Matharu）、史蒂夫．科爾格羅夫（Stephen Colegrave）——給了我前所未有的

自由創作空間，讓我撰寫過去幾年來一直很感興趣的內容。有一些想法是先在《署名時報》開始做的討論，然後才在本書進行深入探討。同樣的，《歐洲政治報》（Politico Europe）的史蒂夫．法瑞絲（Stephan Faris）和埃斯特．金（Esther King），第一篇毫不具意義的致歉文就是他們來找我寫的，而我在《歐洲政治報》發表了幾篇文章，關於虛構歷史在英國脫歐討論中扮演的角色，對於促成本書也有著重要的作用。

我還要大大感謝家人、朋友、學者，你們是本書的檢測人員，也是一直鼓勵我的人，特別是泰沙．范東尼（Tessa Fantoni）、唐．貝克（Dawn Beck）、波．拉冷（Per Laleng）、托比．湯普森（Toby Thompson）、馬特．特姆斯（Matt Tombs）、羅迪．布雷特博士（Dr Roddy Brett）、the Dalys 以及 Team Bradley's。

若沒有小時候教導我的老師，那麼也不會有這本書出現。海厄姆老師、布羅姆利老師（Mr Bromley）、佩德利老師（Mr Pedley）——無論你們現在在哪裡——謝謝你們啟發我對歷史的熱忱，你們瞧，我還是有在專心上課的嘛！同時，也要謝謝艾倫．貝克（Alan Beck）——我的大學導師——也就是教導我寫作的人。

最後，我要把我的愛和感謝傳遞給長期忍讓我的妻子海倫（Helen），你是最棒的！也要遞給我的好孩子，詹姆士（James）和蘇菲亞（Sophia）。你們是我的首位受眾、首位評論家，沒有你們，一切都會沒了意義。

Grant, Oliver Juche – How to live well the North Korean Way (satire) (Bantam, 2020)
Graves, Robert, Goodbye to All That (Penguin, 1929)
Herodotus, The Histories, tran. Aubrey de Sélincourt (Penguin)
Hopkins, Donald R, The Greatest Killer – Smallpox in History (University of Chicago Press, 2002)
Irving, Washington, A History of the Life and Voyages of Christopher Columbus (1828)
Jenkins, Roy, Churchill (Pan 2001)
Johnson, Boris, The Churchill Factor (Hodder Stoughton, 2015)
Johnson, David The Man Who Didn't Shoot Hitler (History Press, 2014)
Lack, Clem, Story of Cape York Peninsula (archive)
Langer, Walter, The Mind of Adolf Hitler (Basic Books, 1972, via US OSS)
Lee, Grace, 'The Political Philosophy of Juche' (Time.com, 2014)
Marshall, H E, Our Island Story (Civitas, 2007) (Also Our Empire Story and This Country of Ours via Gutenberg)
McCrum, Robert, William, Cran, MacNeil Robert, The Story of English (Faber Faber, 2011)
Millard, Candice, Hero of the Empire (Doubleday, 2016)
Mitford, Nancy (ed.) Noblesse Oblige (Penguin 1956)
Montague-Smith, Patrick (ed.), Debrett's Correct Form (Debrett's, 1970)
Morgan, Scott G, Wisneski Daniel C, Skitka Linda J, 'The expulsion from Disneyland: the social psychological impact of 9/11', research at University of Illinois at Chicago (2011)
Morley, Neville, Sphinx, collected blogs (thesphinxblog.com)
Orwell, George, 'Notes of Nationalism' (essay) (Penguin, 1945)
Peet, John, The Long Engagement (Fourth Estate, 1989)
Rutherford, Adam, 'You're Descended from Royalty and So is Everyone Else' ex. from A Brief History of Everyone Who Ever Lived (Nautilus, 2018)
Sardar, Ziauddin, Balti Britain (Grantam 2009)
Scott, Harry, 'My Dear Everybody', letters (SOAS archives, London)
Silvester, Christopher (ed.) Penguin Book of Interviews (Penguin, 1994)
Snyder, Timothy The Road to Unfreedom (Vintage, 2018)
Venerable Bede; An Ecclesiastical History of the English People, eds. Judith McClure, Roger Collins (Oxford Classics)
Weber, Jacob, 'Patterns in British Height 1770–1845' – essay (2018)
Yeatman, R J and Sellar, W C 1066 and All That (Methuen, 1930)

參考資料

下列媒體提供非常有幫助的來源資訊

新聞網站 Politico、《旁觀者》（The Spectator）、CNN 電視台、《每日電訊報》（The Daily Telegraph）、《衛報》（The Guardian）、《觀察家報》（Observer）、《新政治家》（New Statesman）、《每日先驅報》（Daily Herald）、《每日郵報》（Daily Mail）、BBC 網路資料庫、《今日歷史》（History Today）、《歷史特刊》（History Extra）、新聞網站 Vox、《世界報》（Le Monde）、百代資料庫（Pathé archive）、First-WorldWar.com、Quartär（雨果 歐伯麥亞協會〔the Hugo Obermaier Society〕的期刊，從事冰河與石器時期的研究）、名句引述調查網站（Quote Investigator）、事實查核網站 Snopes、柴契爾夫人基金會（Margaret Thatcher Foundation）的資料庫、英國國會資料庫、史密斯森研究協會（Smithsonian）、國家資料庫（National Archive）、大型觀測資料庫（Mass Observation Archive）、邱吉爾國際協會（International Churchill Society）的官網與資料庫、《紐約時報》（New York Times）、敦克爾克小船協會（Association of Dunkirk Little Ships）的資料庫、世界歷史百科全書（World History Encyclopedia）等等。

參考書目精選

古騰堡計畫（Project Gutenberg）成為疫情期間絕佳的資料來源，順利透過網路取得數十本原著，諸如華盛頓 ‧ 歐文的哥倫布傳記、納粹時期給兒童看的歷史書籍、修昔底德的作品等等。

下列書目也提供了重要資料

Armitstead, Claire: ‘The Ladybird Phenomenon’ in the Guardian (Feb 2017)
Buckle, Richard, U and Non-U Revisited (Debrett’s 1978)
Burgess, Anthony A Mouthful of Air (William Morrow and Co. 1993)
Burrows, Simon, British Propaganda for Russia in the Napoleonic Wars: the ‘Courier d’Angleterre’, NZ Slavonic Journal (1993), pp. 85–100
Chatterji, Joya and Washbrook, David (eds) Routledge Handbook of the South Asia Diaspora (Routledge, 2013)
Clayton, Tim This Dark Business: The Secret War Against Napoleon (Little, Brown, 2018)
Crystal, David, The Stories of English (Penguin, 2004)
Churchill, Winston My Early Life (1930
Dalrymple, William, The White Mughals (Penguin, 2002)
Devine, Sir Tom, The Scottish Clearances – a history of the dispossessed 160–1900 (Penguin 2018)

查無此史

哥倫布沒有發現新大陸？
印度其實沒有咖哩？
西班牙人沒有滅掉阿茲特克？
深度尋訪歷史上最「偉大」的謊言與真實

作　　者　奧托・英格利希（Otto English）
翻　　譯　吳盈慧

責任編輯　蔡穎如
封面設計　兒日設計
內頁編排　林詩婷

行銷企劃　辛政遠
　　　　　楊惠潔
總 編 輯　姚蜀芸
副 社 長　黃錫鉉
總 經 理　吳濱伶
首席執行長　何飛鵬

出　　版　創意市集
發　　行　英屬蓋曼群島商家庭傳媒股份有限公司城邦分公司
　　　　　Distributed by Home Media Group Limited Cite Branch
地　　址　104 臺北市民生東路二段141號7樓
　　　　　7F No. 141 Sec. 2 Minsheng E. Rd. Taipei 104 Taiwan

讀者服務專線　0800-020-299 周一至周五09:30～12:00、13:30～18:00
讀者服務傳真　(02)2517-0999、(02)2517-9666
E - m a i l　service@readingclub.com.tw
城邦書店　城邦讀書花園 www.cite.com.tw
地　　址　104臺北市民生東路二段141號7樓
電　　話　(02) 2500-1919　營業時間：09:00～18:30

I S B N　978-626-7149-15-7
版　　次　2022年11月初版1刷
定　　價　新台幣550元 / 港幣183元

製版印刷　凱林彩印股份有限公司

◎書籍外觀若有破損、缺頁、裝訂錯誤等不完整現象，想要換書、退書或有大量購書需求等，
請洽讀者服務專線。

國家圖書館預行編目(CIP)資料

查無此史：哥倫布沒有發現新大陸？印度其實沒有咖哩？西班牙人沒有滅掉阿茲特克？深度尋訪歷史上最「偉大」的謊言與真實 / 奧托.英格利希(Otto English)；吳盈慧 譯. -- 初版. -- 臺北市：創意市集出版：英屬蓋曼群島商家庭傳媒股份有限公司城邦分公司發行， 2022.11
面；　公分
譯自：Fake history : ten great lies and how they shaped the world

ISBN 978-626-7149-15-7（平裝）

1. 世界史

711　　111011429

香港發行所　城邦（香港）出版集團有限公司
香港灣仔駱克道 193 號東超商業中心 1 樓
電話：(852) 2508-6231
傳真：(852) 2578-9337
信箱：hkcite@biznetvigator.com

城邦（馬新）出版集團 Cite (M) Sdn Bhd
41, Jalan Radin Anum, Bandar Baru Sri Petaling,
57000 Kuala Lumpur, Malaysia.
電話：(603) 90563833
傳真：(603) 90576622
信箱：services@cite.my